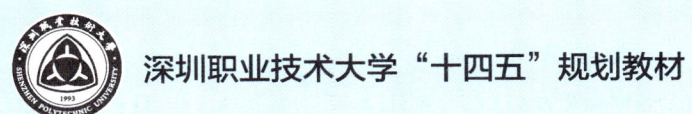深圳职业技术大学"十四五"规划教材

办公室管理
Office Management

主　编◎魏红英　张秋菊
副主编◎陆　露　牛莹芳

同济大学 出版社
TONGJI UNIVERSITY PRESS
·上海·

内 容 简 介

本书采用项目化教学模式,将办公室管理精髓凝练为六大核心项目:环境管理、接待工作、日常事务、上级事务、文书工作及会务工作。采用项目化、任务驱动教学法,设计模拟情境、角色扮演及实战项目,让学生在高度仿真的工作环境中进行实践探索与技能锤炼。

本书适合高校行政管理、公共管理、秘书学、人力资源管理等专业的学生,也可供职场新人及办公室工作人员、企业事业单位管理人员、创业者及小微企业主,以及对办公室管理感兴趣的自学者使用。

图书在版编目(CIP)数据

办公室管理 / 魏红英,张秋菊主编;陆露,牛莹芳副主编. --上海:同济大学出版社,2025.1. -- ISBN 978-7-5765-1516-9

Ⅰ. C931.4

中国国家版本馆 CIP 数据核字第 2025F2J126 号

办公室管理

魏红英　张秋菊　**主编**　陆　露　牛莹芳　**副主编**
责任编辑　杨　艳　**助理编辑**　郭紫月　**责任校对**　徐逢乔　**封面设计**　渲彩轩

出版发行	同济大学出版社　www.tongjipress.com.cn
	(地址:上海市四平路 1239 号　邮编:200092　电话:021-65985622)
经　　销	全国各地新华书店
排　　版	南京文脉图文设计制作有限公司
印　　刷	常熟市大宏印刷有限公司
开　　本	787mm×1092mm　1/16
印　　张	16
字　　数	360 000
版　　次	2025 年 1 月第 1 版
印　　次	2025 年 1 月第 1 次印刷
书　　号	ISBN 978-7-5765-1516-9
定　　价	58.00 元

本书若有印装质量问题,请向本社发行部调换　　版权所有　侵权必究

前　言

在当今复杂多变的社会环境中,办公室作为组织内外信息交汇、决策产生、协作创新的综合管理机构,其管理水平对组织的运营效率、文化氛围及整体竞争力具有直接影响。为此,我们精心编撰了这本集实践性、理论性、综合性于一体的《办公室管理》,旨在为读者提供完整系统、全面实用的管理知识和技巧,构建既传统又现代、高效且规范的办公室管理知识与技能图谱体系。

一、编写理念与团队特色

本书秉承"实践引领、理论筑基、创新驱动"的核心理念,汇聚了业界实践经验丰富的管理精英与学术造诣深厚的学者,确保所编内容既前沿又实用,紧贴行业发展趋势与人才需求。团队广泛吸纳行业专家及一线工作者的建议,使内容贴近实际工作环境,满足职场对高素质管理人才的需求。本书的编写理念主要体现在:

1. 强化实践导向

本书摒弃纯理论讲授模式,采用项目化、任务驱动教学法,设计模拟情境、角色扮演及实战项目,让学生在高度仿真的工作环境中进行实践探索与技能锤炼。这一过程不仅使学生熟练掌握办公室管理的基本理论、方法与技能,更有助于其在解决实际问题中锻炼应变能力、团队协作能力与创新思维能力,真正实现"学以致用、知行合一"。

2. 紧跟时代潮流

本书紧跟新技术、新工艺、新规范,确保学生所学知识无缝对接职场需求。

3. 融入真实项目

本书在内容组织上进行了深度重构。依据办公室管理工作的内在逻辑与流程,划分出六个独立但相互关联的项目模块,融入真实工作任务与典型案例,提升学生解决复杂问题的能力。

4. 坚持价值引领

本书高度重视课程思政,融入社会责任感、职业道德与人文素养教育,引导学生树立正确的价值观、职业观与道德观。

二、内容编排与设计思路

本书采用项目化教学模式,将办公室管理的内容凝练为六大核心项目:环境管理、接待工作、日常事务、上级事务、文书工作及会务工作。每个项目细化为具体任务,形成独立又相互关联的任务体系。主要内容有:

1. 环境管理

以营造舒适、安全、高效的工作环境为目标,涵盖办公室认知、空间布局、环境美化、检查维护及数字化管理等任务,强调以人为本的设计理念。

2. 接待工作

从心理准备、仪容仪表仪态准备到专业接待技能准备,再到涉外接待,通过模拟真实场景,培养学生的沟通能力和服务意识。

3. 日常事务

通过项目化模拟,让学生掌握通信、值班、用品管理、印章管理、保密等工作的高效处理方法,培养细致入微的工作习惯。

4. 上级事务

聚焦于时间管理、约见安排、上级差旅事务、信息与调研等工作,强化学生的沟通协调与问题解决能力。

5. 文书工作

详细解析公文种类、格式、拟制、收发流程及档案管理,提高学生处理公文的规范性、准确性和时效性。

6. 会务工作

从策划到执行,再到后续跟进,全面覆盖会议管理的各个环节,提升学生的组织协调与团队协作能力。

各项目的设计思路:

1. 模块化设计,实践导向

各模块围绕核心主题展开,理论与实践相结合,便于教师灵活教学与学生系统学习。

2. 任务驱动,理实一体

以任务为核心驱动力,将理论知识融入项目实践中,提升学生学习效果。

3. 数字化融合,互动参与

配套丰富的数字化资源,通过二维码与纸质教材紧密连接,促进个性化学习与互动参与。

4. 多媒体与信息技术应用

运用图片、图表、视频等多种形式展现知识内容,提高学习效率与效果。

本书以其创新性的编写体例和形式,实现了模块化设计、项目化驱动、理论与实践并重等目标,通过纸质教材与数字化资源的深度融合,以及多媒体与信息技术的广泛应用,为学生提供了全面、立体、高效的学习体验。

三、特色与创新亮点

1. 全面性与系统性并重

六大核心项目深度覆盖办公室管理全领域，构建全面系统的办公室管理知识体系。

2. 实用性与操作性突出

秉承"工学结合、理实结合"理念，将理论知识与实际操作紧密结合，增强学生实践能力。

3. 教学资源多元化呈现

融入数字化资源，提升学生学习体验，增强学生学习兴趣与参与度。此外，本书配有课程标准、教案、课件、习题库及教学视频，配套资源丰富。有需要的读者可联系出版社或发邮件至 hywei@szpu.edu.cn 获取。

4. 思政融合的价值引领

本书以"固核心价值观、植爱国爱岗情怀、养专业科学思维、培严慎细实的职业操守"为思政教学主线，挖掘思政元素，构建思政体系，引导学生树立正确的价值观。

5. 紧跟时代的前沿性展现

借鉴国内外先进理念，探讨前沿技术应用，遵循最新公文处理规范，体现绿色生态与人本管理思想。

6. "互联网+"的资源共享

本书配备二维码学习资源，支持即时与个性化学习。"办公室管理"线上课程采用教师、同伴、自我及过程性多元评价，确保评估全面公正。结合微信等现代技术，构建即时反馈机制，帮助学生随时发现并改进不足，促进持续进步。

本书适合高校行政管理、公共管理、秘书学、人力资源管理等专业的学生，也可供职场新人及办公室工作人员、企业事业单位管理人员、创业者及小微企业主，以及对办公室管理感兴趣的自学者使用。

本书由深圳职业技术大学魏红英、深圳市标准技术研究院张秋菊担任主编，由深圳职业技术大学陆露、牛莹芳担任副主编。具体分工如下：魏红英、张秋菊负责全书框架构建；项目一、三、五由魏红英编写，项目二、四、六由张秋菊、牛莹芳、陆露编写；全书由魏红英、张秋菊总纂、修改后定稿。

衷心感谢所有为本书撰写提供支持和帮助的专家、学者和实践者，也感谢读者的关注与支持。由于编写时间仓促，书中难免存在疏漏和不妥之处，敬请广大读者批评指正。

编者

2024 年 11 月

目 录

前言

项目一　环境管理
- 任务一　认识办公室　002
- 任务二　布局办公室空间　010
- 任务三　美化办公室环境　018
- 任务四　检查维护办公环境　023
- 任务五　办公室数字化　030

项目二　接待工作
- 任务一　接待方案　037
- 任务二　接待前准备　044
- 任务三　展示接待礼仪　052
- 任务四　涉外接待　062

项目三　日常事务
- 任务一　通信工作　072
- 任务二　值班工作　079
- 任务三　用品管理　091
- 任务四　印章管理　104
- 任务五　保密工作　112

项目四　上级事务
- 任务一　时间管理　121
- 任务二　约见安排　132
- 任务三　差旅安排　142
- 任务四　信息与调研工作　152

项目五 文书工作	任务一 识别文书	162
	任务二 公文拟制	175
	任务三 收发文办理	184
	任务四 档案管理	194

项目六 会务工作	任务一 会议识别与筹备	207
	任务二 会前组织与管理	220
	任务三 会间服务与协调	229
	任务四 会议善后与跟进	239

参考文献　　　　　　　　　　　　　　　　　246

后记　　　　　　　　　　　　　　　　　　　247

项目一 环境管理

 学习目标

项目名称	任务分解	知识目标	能力目标	素质目标
环境管理	任务一 认识办公室	1. 了解办公室的含义、分类、作用； 2. 掌握办公室工作的内容、特点； 3. 掌握办公室管理的内容、机构设置； 4. 熟悉办公室工作人员要具备的素质、能力要求	1. 能够识别办公室构成要素； 2. 能够了解办公室职能和办公室人员岗位需求； 3. 能够对办公室工作进行合理分工	1. 提高服务意识，培养敬业精神，展示文明窗口形象； 2. 通过中国书画等的应用，增强文化自信； 3. 树立责任担当意识和安全意识，培养节俭美德； 4. 培养口头和书面表达能力，以及人际沟通能力； 5. 培养科学素养
	任务二 布局办公室空间	1. 了解办公室环境构成； 2. 了解办公室空间布局的三种模式； 3. 掌握办公室空间布局原则和具体要求	1. 能够对办公室环境进行分类； 2. 能够描述办公室空间布局三种模式的优缺点； 3. 能够按照人、物、空间关系布局办公室空间	
	任务三 美化办公室环境	1. 了解美化办公室室内环境的基本原则； 2. 掌握运用植物和字画美化办公室的要求	1. 能够整理办公室； 2. 能够根据工作需要和职能运用植物和字画合理美化装饰办公室	
	任务四 检查维护办公环境	1. 了解办公室物理环境的基本要求； 2. 熟悉三个区域的物理环境维护的基本要求； 3. 熟悉办公场所和设备常见的隐患类型及处理方法	1. 能够有意识地维护三个区域的物理环境； 2. 能够识别办公场所和设备的隐患并排除； 3. 能够制作隐患记录及处理表和设备故障登记表	
	任务五 办公室数字化	1. 了解数字化办公室的特点和未来趋势； 2. 了解数字化办公室建设内容	1. 能够区分数字化办公室与数字化办公关系； 2. 能够制定数字化办公室建设方案	

任务一 认识办公室

> **实训任务 1-1　写岗前培训讲话稿并演讲**
>
> 　　深职集团成立于 20 世纪 90 年代,是一个从事职业教育与培训、技术服务与开发咨询、技术交流与转让推广、企业管理与信息咨询服务、社会公共服务等的高科技企业,有着近 30 年的行业经验,具备厚实的技术开发力量。公司坚持"客户至上"的经营原则,持续不断地为广大客户提供优质服务,并不断发展壮大。为此,今年新招聘了一批办公室文员。
> 　　这天,魏莱上班,陈总布置工作:"魏莱,这次公司招聘了一批办公室文员,我打算在岗前培训班上讲一讲办公室有关知识,重点讲办公室工作的内容、特点以及对办公室文员的基本要求。这个讲话稿就由你来起草吧!"
> 　　**任务**:请分 5 组,帮助魏莱写出这份讲话稿并演讲。
> 　　**要求**:结合相关知识,注意讲话人的身份、目的和要求,并在小组演讲。
> 　　**评价**:组员评价、组间评价和老师点评。

一、办公室

(一) 办公室的定义

办公室是指办理或处理公共事务的房间场所。在古代,办公室通常是宫殿或大型庙宇中的一部分,指处理公事的房间,与会客室对应。在现代,主要有四种含义。

(1) 广义。泛指一切办公场所、办公的屋子,也称为办事处。不同类型的企业,办公场所有所不同,但都由办公设备、办公人员及相关公共服务事项组成,如教师办公室、财务办公室、接待办公室等。

(2) 狭义。指某一类职业人员或某一级职务人员的办公场所,如管理人员和文职人员日常工作的地方。

(3) 专业界定。指党政机关、企业事业单位、社会组织内办理行政性事务、辅助管理的综合办事机构,是单位内部设立的办理行政性事务的部门。规模大、级别高的称为办公厅,中级或基层的称为办公室。职责是直接协助上级,综合办理行政事务和辅助管理。本书中的"办公室"采用此定义。

(4)特定界定。指某种专门的独立工作机构,如国务院台湾事务办公室、重庆市南岸区城乡统筹办公室。

(二)办公室的构成要素

办公室由办公目的、办公人员、办公事务、办公制度、办公环境等组成,具体内容见表1-1。

表1-1 办公室的构成要素及其内容和要求

序号	要素名称	内容	要求
1	办公目的	服务公司、服务上级、处理综合性事务、发挥枢纽中心窗口作用	明确
2	办公人员	工作主体,如文员	精干
3	办公事务	办事、办文、办会等工作内容	具体
4	办公制度	工作流程、工作管理制度、行为规则	健全
5	办公环境	办公设备、办公自动化系统等硬件和组织文化等软件	匹配

(三)办公室的职能

1. 服务保障

办公室的服务工作主要有:一是服务上级。主要包括为上级做好参谋咨询工作,服务上级决策工作;做好上级的时间管理、安排上级的约见和差旅工作,服务上级日常工作等。做到大事不误,小事不漏。二是服务各个部门。主要包括为各部门提供办公用品、印章与介绍信服务、文书处理、会务工作等。三是服务基层和公众。例如,处理下级或客户的公文,处理公众来信来访,听取和征集公众意见和建议等。办公室人员应强化服务意识,为公司目标的实现提供物资、信息、安全保障。

2. 综合协调

一是统筹兼顾。作为一个沟通上下、联系各方的综合管理机构,办公室要站位高,具备大局意识和整体意识,围绕其工作中心,统筹协调,使各部门、职级人员行动统一、相互配合、减少内耗,从而最大限度地调动单位和个人的积极性,发挥整体的最优效能。二是化解矛盾。办公室作为综合机构,处于相对"超脱"的地位。当局部利益与全局利益发生冲突时,办公室要坚持原则,站在公允的立场上来进行利益的协调和矛盾的调解处理,促使双方以大局为重,互谅互让。三是合理安排。办公室人员要合理安排各项工作,使物资、时间、人员得到合理利用,使各方积极性得到发挥,做到多方都满意。

3. 参谋咨询

办公室人员作为上级的智囊与助手,须精通上级指示,掌握单位工作规划及执行进度,洞悉员工思想动态,并通过信息收集、及时调研提出有效建议以辅助决策与管理。

4. 督导督查

办公室需协助上级督促相关部门或人员落实交办工作。办公室人员应清楚有关部门

办公室管理

或人员的任务分工,借助各种方式随时了解任务进度,检查工作质量。依据党和国家的方针政策及本地区、本部门实际情况,提出具体贯彻执行意见与方案,以指导下属机构工作。

(四)办公室的作用

1. 枢纽作用

办公室是组织运转的中心,连接上级与各方。它辅助上级决策管理,推进工作进程,并协调各职能部门,确保组织运作顺畅。办公室在组织内起着承上启下、左右协调的关键作用。

2. 中心作用

办公室集办事、办文、办会于一体,是推动工作、促进沟通、实现上下联动的桥梁。作为信息网络中心,它要汇集并整合党政方针、上级指示、组织规划、重大事件、部门反馈及各方情报等多源信息,发挥综合信息处理效能。办公室还作为决策助手,为工作实施提供支撑,是确保单位正常运转的中枢。

3. 窗口作用

办公室作为连接内外的"窗口",与外界沟通频繁,是外界评估本组织的重要一环。办公室担任信息网络与联络站角色,处理来往文件、接待视察、管理公务往来及群众访问。外界多通过办公室与本组织初步接触,其形象、作风、管理及效率直接影响外界观感。办公室是接收外界信息的首要渠道,对内则作为服务部门,致力于满足基层、群众、上级及其他科室的需求。

二、办公室工作

(一)办公室工作的类型

办公室的职能和作用决定着它需要承担许多工作。办公室工作是办公室职能的具体化。一般来说,办公室主要协助上级处理日常工作;承担内外联络、协调和日常接待工作;负责单位的办文、办会、信访及督促检查工作;处理各上级办公室要求的日常事务工作;负责机关保密、保卫、社会治安综合治理;负责机关行政事务和后勤保障工作等。这些工作按照不同的分类标准,可分为不同的类型,见表1-2。

表1-2 办公室工作分类及其具体工作内容

分类标准	办公室工作类型	办公室具体工作内容
项目	办事	环境管理事务、接待事务、日常事务、上级事务
	办文	识别文书、文书制作、收文发文处理、档案工作
	办会	会前筹备工作、会前组织管理、会间服务协调、会后整理总结
具体承担工作	数据和文字处理	制作文件、信息收集整理及计算存储等
	传递功能	以电话、会议、会谈、文件等方式对信息进行分发或传递
	实时管理	主要安排会议或会谈时间、程序、地点
	判断决策	文件的报审、批准、问题讨论确定

（续表）

分类标准	办公室工作类型	办公室具体工作内容
工作性质	确定型事务处理	收发室、档案室等工作，印章管理、物品发放、常规会议筹备
	非确定型决策处理	实时通知等文件的制作发送、政策研究咨询、调研工作
	混合型工作处理	会议工作、文书工作、接待工作

（二）办公室工作的"三办"事项

根据办公室工作流程和工作难易程度，办公室工作可以分为办事、办文、办会三方面。办文工作主要围绕文书、文字材料开展；办会工作主要围绕上级和组织所举办的会议、会晤及相关活动展开，是对以"会"为核心的一系列相关事务的办理；除了"办文""办会"以外的其他事务都可以归于"办事"，办事工作主要指以办公室日常工作为主的事务办理。它们具体包括的项目和任务如下。

1. 办事工作

（1）环境管理：包括办公室认知、空间布局、室内美化、物理环境维护和安全检查等任务。

（2）接待工作：包括拟定接待方案、接待前准备、展示接待礼仪和涉外接待四项任务。

（3）日常事务：包括通信工作、值班工作、用品管理、印章管理和保密工作。

（4）上级事务：包括时间管理、约见安排、差旅安排和信息与调研工作等。

办事有四条原则：按法规办事、按程序安排办事、按规则办事、按职责办事。

2. 办文工作

（1）识别文书：包括文书种类、公文种类、公文行文规则和公文规范等。

（2）公文拟制：包括公文办理、公文拟制步骤等。

（3）收发文办理：包括收文处理、发文处理。

（4）档案管理：包括档案分类、档案收集整理鉴定、档案保管利用和电子档案管理等。

3. 办会工作

（1）会议识别与筹备：识别会议和会务工作、撰写会议筹备方案。

（2）会前组织与管理：包括准备会议文件、发出通知、布置会场、安排座次和准备会议物资设备等。

（3）会间服务与协调：包括组织签到和登记、会议控制、会议记录、会中后勤保卫工作和保密工作。

（4）会改善后与跟进：包括送别会议人员、会场清理、文件归档、会务总结、财务决算、会后催办和反馈工作。

（三）办公室工作的特点

1. 政策性

国家政策直接影响公司决策与事业发展，办公室人员需不断学习提升政策理解力。

2. 服务性

办公室人员应树立服务意识，不越权不失职，具备前瞻性，为上级提供所需信息及决策支持，此为核心职能。

3. 综合性

建立上下左右内外渠道顺畅、反应迅速、衔接密切、运转灵活的工作机制和行为规范，加强对各部门工作的支持、协助和服务，充分发挥办公室的作用。

4. 保密性

办公室处于一个社会集团的中枢位置，是直接为上级服务的重要职能部门，随时都会产生和接触大量的国家秘密、组织秘密，为了维护国家和本组织的利益，办公室人员必须有很强的保密意识，确保国家和组织的秘密不外漏。

5. 繁杂性

办公室工作涉及方方面面，如人事管理、财务结算、办公物品管理、人员接待、会议安排、资料准备、用餐安排、车辆出行安排、出差交通工具安排等，有些组织还会把党务工作也交给办公室来做。

三、办公室管理

从某种意义上说，办公室工作包括了办公室事务工作和办公室管理工作。只是管理的对象有时是物品，如办公环境、办公用品、办公信息、办公室印章、办公文件等；有时是事情，如时间、差旅、接待、会务等。办公室管理旨在通过合理指导与资金运用，构建适宜环境，配置必要设备，优化人力配置，以实现高效办公的协同作业。

（一）办公室管理的基本要求

1. 按法规办事

现实生活中，必须严格遵守法律法规制度的规定。实践一再证明，只要能够坚持按法规办事，许多难办的事情反而不难，许多矛盾反而好解决了。

2. 按程序办事

程序是经验的总结。按程序运转，分层次处理，是做好办公室工作的重要一环。程序坚持得好，可以减少矛盾，提高办事效率，否则会贻害无穷。办文、办会要按程序去做，办事更要按程序去办。特别是遇到一些重大问题、敏感问题时，一定要慎重处理，该请示的要请示，该汇报的要汇报，该研究的要提交研究，不得擅作主张，随意处理。

3. 按规则办事

规则可能是明文规定，也可能是常识性约定。不论何种形式，都应严格遵守，以确保事情顺利进行。办公室人员应了解并遵守规则，避免常识性错误。

4. 按职责办事

按职责办事一是指要尽职，二是指不能越职。尽职即把自己职责内要办的事情办好，不能推托给别人。不能越职指要按级尽责、谨防"多管闲事"。也就是说，一级管好一级的事，一级尽好一级的责，不乱插手职责以外的事。

（二）办公室机构的设置原则

1. 精简原则

精简是办公室组织的核心目标，需根据工作任务灵活调整组织形式，以满足管理需求，达到精简效果。

2. 效率原则

办公室兼具执行与检查职责，这要求人员具备高度责任感，审时度势，高效完成工作任务。

3. 目标原则

办公室采购的用品应与办公活动的任务相关，以保证实现办公目标。

4. 层级管理原则

上下级间，行政指令垂直下达并贯彻执行。这一设置具有事权集中、权责明确、指挥统一、便于控制等优点。

5. 责、权、利一致原则

责、权、利是相辅相成、相互制约、相互作用的，只有责、权、利对等，才能调动人员积极性，即承担什么样的责任，就应具有相应权力，同时应取得相对应的利益。责、权、利一致原则要求做到：责任承担者同时拥有权力并享受利益，实现三位一体。

四、办公室人员

办公室人员，即文员，是办公室工作、办公室管理的主体，当然也是管理的对象。办公室人员发挥着助手、参谋、协调的作用，因此需要相应的素质、能力和一定的工作方法。

（一）办公室人员的基本素质

1. 政治素质

政治素质是人的综合素质的核心。办公室人员需要具备敏锐的、过硬的政治素质，坚持用先进理论武装头脑，要把习近平新时代中国特色社会主义思想与马克思列宁主义、毛泽东思想、邓小平理论、"三个代表"重要思想、科学发展观紧密地结合起来认真学习，提高自身的政治素质，避免工作中的片面性，准确把握大局，有效地为上级决策提供服务。

2. 思想素质

思想素质是指人的思想觉悟和理想信念，居功不傲、不争名利是良好的思想素质的体现。办公室工作事务繁杂，办公室人员应该爱岗敬业、任劳任怨；要一切从实际出发，讲实话、办实事、求实效；对上级交办的事精心筹划，尽心尽责；严格要求自己，决不打着上级的名义任意妄为；加强学习，不断提高自身素质。

3. 道德素质

办公室工作中的道德素质是指办公室人员与自身工作和职业活动密切相关的行为规范，主要指服从上级、埋头苦干、公道正派、严守机密等。要努力做到不为名所累、不为利所缚、不为欲所惑，对待名利始终保持一颗平常心。

4. 文化素质

文化素质是指个人内在的文化品质，包括知识水平、能力、情感等综合发展的状况和特点。办公室人员要根据行业性质和办公室工作性质需要来完善知识结构，把关系密切的知识作为核心，把相关联的知识作为外层、边缘知识层。只有基础知识牢固，才有利于进一步学习其他方面的知识，才能更准确地理解党的政策，领会上级意图，提高工作能力。

5. 业务素质

业务素质是指办公室人员的专业技能，如调研、分析、交际及运用现代办公设备的能力。这些素质直接影响工作质量与效率，故需不断提升，以胜任岗位。

（二）办公室人员的基本能力

办公室工作的综合性、辅助性、机要性、政策性和事务性等特点要求办公室人员具备五项能力：表达、应变、组织协调、现代化办公与创新。提升这些能力是办公室工作的重点。

1. 表达能力

分口头表达与文字表达。口头表达要求敏捷、清晰、准确，语言简明生动；文字表达要求擅布局、懂语法逻辑，熟悉公文规范，文字运用能力强。

2. 应变能力

应变能力是办公室人员应当具有的基本能力之一。面对突发情况，如何迅速地展开分析是处理事件的关键，当事人需要具有良好的应变能力。应变能力主要表现在：能在变化中产生应对的创意和策略；能审时度势，随机应变；能在变动中辨明方向，遇事沉着冷静，学会自我检查、自我监督、自我鼓励。

3. 组织协调能力

办公室是综合协调部门，办公室人员要善于处理人际关系，善于发现上级与下级之间、部门与部门之间及办公室内部的矛盾，及时加以沟通，起到辅助管理的作用。讲究协调艺术和方法，坚持原则性和灵活性的统一，对上协调能发挥服务作用，横向协调能发挥中枢作用，对下协调能发挥指导作用，保证上级决策实施，促进工作有效地开展。

4. 现代化办公能力

办公现代化是对办公室工作提出的新要求和高要求。现代办公设备和办公系统的出现和运用，提高了办公效率，节约了办公成本。随着办公自动化和现代化的普及，办公室人员必须具备运用现代办公系统和办公设备的能力，如办公自动化系统（OA系统）、计算机、复印机、照相机、摄影机、录音笔、扫描仪等。

5. 创新能力

创新能力也是推动工作发展的必备素质。面对新形势、新任务和新环境，办公室人员在工作思路、方式方法等方面要不断探索求新，要学会根据自己的知识积累，结合实际情况，出主意，想办法，创造性地开展工作，要坚持与时俱进，始终把创新当成一种追求，体现在思路中，落实在措施上，贯穿在实践中，不断增强工作的创造性。

（三）办公室人员的工作方法

在具体的工作中,做到"六""三""四"。这就要求办公室人员在政治、思想、道德、文化和业务等方面具备相应的基本素质。

（1）"六"——"六种意识"：全局意识、学习意识、服务意识、成本意识、勤俭意识、廉政意识。

（2）"三"——"三种精神"：敬业精神,要有上进心；奉献精神,有"吃亏是福"的心态；忍让精神,具备宽容之心。

（3）"四"——"四性"：主动性、预见性、开放性、创造性。

办公室人员除了需具备以上办公室基本素质外,还要掌握办公室小秘诀——工作"三字经"：想得到、管得宽、做得细、碰得硬、按程序、抓得实等。

任务二 布局办公室空间

> **实训任务 1-2** 办公室布局
>
> 深职集团因业务的需要,公司整体搬迁到一个新的商务写字楼办公。行政部主管请魏莱为他布置办公室。具体条件如下:
>
> 1. 面积、设备及工作人员要求
>
> 办公室面积:30平方米。
>
> 办公人员:主管1人,文员1人,下属3人。
>
> 办公设备:文件柜2个,公用电脑5台,办公桌5张。
>
> 2. 个人办公需求
>
> 主管:多项(个人任务,给文员安排任务,接待访客)。文员:两项(个人任务,接受主管安排的任务)。下属:单项(个人任务)。
>
> **任务**:请分5组,按照上述条件设计办公室空间,合理处理人与人、人与设备、设备与设备的关系。
>
> **要求**:画出几种设计图并给出设计说明。
>
> **评价**:组间评价和老师点评。

一、识别办公室环境要素

(一)办公室环境的含义

环境是影响工作绩效的外部因素。办公室环境是指影响办公过程的各种外部因素的总和。广义上,它涵盖公司全体成员所处的大环境;狭义上,它特指办公室工作的具体环境。此环境复杂多变,包含有利与不利因素,需分别保护或调整,以提升工作效率。

环境对办公室工作的影响主要体现在:

(1) 决定、影响或制约办公室工作。

(2) 办公室工作需适应环境。

(3) 环境变化促使办公室工作调整。

(4) 办公室工作能改善或污染环境。

（二）办公室环境的类型

环境按不同的划分标准有不同的类型。

1. 按照影响范围及可控性划分

（1）宏观环境，又称为一般环境，或大社会环境，是指组织外部的不可控环境，需监测并适应，包括政治法律（如党的政策、国家法律、国际规则）、经济（如经济发展、产业政策）、科技（如改变工作方式的办公自动化设备）及文化环境（提供智力支持、文化条件）。

（2）中观环境，指办公室所处组织的性质、制度与结构方面的环境，包括单位职能机构的组织划分。它对办公室工作有着重要的影响，一般难以控制，但是也可以通过参与决策、给上级建议加以改变。

（3）微观环境，特指办公室内部空间环境，直接受办公室布局管理影响。它涵盖办公室的自然环境，具体包括：①空间环境，涉及房屋建筑、空间分配、大小及家具布局；②视觉环境，包括色彩搭配与光线调节；③听觉环境，涉及有益与无益声音的管控；④空气环境，涉及温度、湿度、通风与空气质量的整体氛围；⑤健康与安全环境，确保办公室环境的健康与安全标准。

2. 按照环境性质划分

办公室环境广义上指与办公室工作有关的物理环境和社会环境。物理环境，也称硬环境，指直接影响办公室人员工作的空气、光线、声音、设备等；社会环境，也称软环境，指所处的工作团队的自然人组成的工作氛围，包括团队精神、团队沟通、团队技能等。

办公室环境狭义上指人的工作场所周边的物理空间，如办公室、工厂车间等，即为工作环境。分析工作环境可从个体、人际、组织三个维度入手。在个体层面，主要关注直接影响工作的环境条件，如工作场所的尺寸、照明条件、通风状况以及噪声水平等。

工作环境包括：①自然环境，指工作时所处的地理环境，包括地理位置、空气条件等；②作业环境，指工作时所处的人为布置的与工作相关的环境，包括设施、设备、工具、周边工厂企业等；③团队环境，指所处的工作团队的自然人组成的工作氛围，包括团队精神、团队沟通、团队技能等。

3. 按照环境组成要素划分

按照环境组成要素可分为空气环境、光线环境、颜色环境、声音环境、设备环境和安全环境。

按照环境组成要素，环境还可分为大气环境、水环境、土壤环境、生物环境、地质环境和地貌环境等。水环境又可分为地表水环境、地下水环境、海洋环境和冰川环境等。地貌环境又可分为山地环境、平原环境等。

（三）办公室环境的特点

1. 多元复杂性

环境涵盖社会、自然、物质、精神等多个层面，从宏观至微观，构成相互关联的多类型系统，展现出复杂多样的特征，是多方面、多层次、多因素的综合体现。

2. 差异性

不同国家、地区及单位的办公室环境各具特色，形成了各自独特的工作风格。

3. 动态变化性

环境随社会变迁而不断变化，要求办公室工作必须持续调整，以适应环境的新变化。

（四）办公室环境的管理原则

办公室环境管理旨在合理设计、组织及调控办公室环境，以满足文员工作需求，提升效率，达成组织目标。管理时，需遵循以下原则。

1. 便捷原则

办公室布局应便于工作协调与同步，相关部门的办公室及办公设备应尽量相邻，减少工作中的人员往返时间，提升效率。

2. 整洁舒适原则

办公室、桌椅及抽屉等应保持整洁，文具摆放有序，避免无关物品干扰。

3. 和谐一致原则

办公桌椅、文件柜及办公自动化设备等的大小、格式、颜色应协调统一，既美化办公环境，又强化平等观念，营造和谐工作氛围。

4. 安全原则

布置时需考虑周边环境安全，确保财物安全存放，纸质文件及电子数据安全保密，同时避免电器、电线布局对人员构成生理危害。

二、布局办公室空间的目的和原则

办公室空间布局是指按照一定原则，对办公室的人员、办公设备以及其他环境进行人为有序安排的活动。它是办公环境管理的一部分，其对象包括：各职能部门的场地设计、工作中心的设计、开放式办公场地的设计、办公房间的空间设计等。

（一）布局办公室空间的目的

布局办公室空间的目的主要有以下几个方面。

1. 提高工作效率

合理的办公室布局可以优化工作流程，减少员工在办公室内的移动距离和时间，从而提高工作效率。例如，将相关部门的工位相邻设置，可以方便员工之间的沟通和协作。

2. 提升员工舒适度

舒适的办公环境对于员工的身心健康和工作满意度至关重要。通过合理的布局，如提供足够的自然光、适宜的温度和湿度、舒适的座椅和办公桌等，可以创造出一个让员工感到放松和愉悦的工作环境。

3. 促进团队协作

良好的办公室布局有助于促进员工之间的交流和合作。例如，设置开放式的办公区域、共享的工作空间或协作区,鼓励员工互动和协作,增强凝聚力。

4. 展示公司文化和形象

办公室布局也是公司文化和形象的一种展现。精心设计的布局可以传达出公司的价值观、理念和品牌形象,增强员工对公司的认同感和归属感。

5. 优化利用空间

合理的布局可以最大化利用办公空间,避免空间浪费。通过科学的规划和设计,办公室空间会更加紧凑、利用更加高效。设计时可以将部分区域进行分隔,有利于保密工作。

(二) 布局办公室空间的原则

办公室空间布局至关重要,它影响着人员的生理与心理状态,进而在一定程度上直接关系到决策质量、管理成效及工作效率。进行办公室布局时,要考虑它是否有利于人员的工作安排;是否有利于工作的顺利进行;是否能够建立高效的工作交流机制;是否有利于人员之间的沟通和监督;等等。进行办公室空间布局时,需要遵循合理便利、规范有序、安全环保等原则。

1. 合理便利

办公室空间布局的合理便利指办公室的空间需要合理分区,办公室科室及人员的位置需要考虑功能区使用的便利。在经济实用、美观大方、独具品位,符合行业特点和部门的工作性质的前提下,要遵循合理便利原则。

(1) 办公室功能合理分区。办公室空间一般分为办公区、接待区、会议室、休闲区、会客区、茶水间、洗手间等基本功能区。各区的位置和空间需要合理便利。如前台接待区的面积要与整个办公室的面积相适应。办公室区域太大,前台区就不能太小,那样会让人有种身重头轻的失重感。会客室通常位于前台区附近,主要用于接待来访者、招聘面试等沟通和洽谈。如果公司足够大,前台也可以按照所需分出不同的功能通道。应该安排出面试者通道、访客通道、员工通道、其他人员(包括外卖、送餐、维修等人员)通道。

(2) 重要部门布局合理。布局前需要考虑重要部门的位置和面积。一般来说,除了上级的个人偏好之外,一般根据工作需要将重要部门布置在中位、公司最隐蔽的地方、走廊尽头或者最角落处。档案部门的办公室因为涉及公司的机密,则要布置在一个相对隐蔽的位置。重要部门的面积则要根据实际需求进行布局,不能超过相关标准的规定面积。

(3) 位置设置要合理。办公室科室的位置布局应按工作流程和职位安排,讲究合理有序、错落有致、功能清楚、互不干扰、利于沟通、便于监督,力求人员方便省时。

办公室的布局绝不是简单的设施摆放,要考虑办公室人员工作时的便利性和合理性。主管座位位于下属之后,便于上司观察工作时发生的事情。接待室或接待区应置于入口处。饮水机、咖啡机等置于不致引起职员分心及不拥挤的地方,但又不能离员工太远。相关的部门应置于相邻的办公地点。

开放的办公区域需要考虑到办公区域内的工作人员数量。独立办公工位一般都是长1.4米,宽1.4米,走道大约宽1米,每个工位的基本需求是3平方米,同时也要预留一定的活动空间,《办公建筑设计标准》(JGJ/T 67—2019)规定,普通办公室每人使用面积不应小于 6 平方米。会议室的规模和数量要取决于公司需求、人员数量、组织结构。

2. 规范有序

办公室设备布局应规范统一，即办公桌椅、文件柜及自动化设备等在尺寸、样式、色彩上保持协调，此举既美化办公环境，又强化平等意识，利于营造和谐工作氛围。办公家具、文具、办公设备的摆放要井然有序；办公室的物理环境（如温度、湿度、光线强度等）要使人体感觉相对比较舒服。具体要求如下：

（1）使用同样大小的桌椅、档案柜、文件架等。档案柜应背对背放置，或可考虑将档案柜放置在墙角。采用直线对称的布置，避免不对称、弯曲与成角度的排列。

（2）公告板、公示栏需刊载内部人员的周知事项，应置于出入办公场所的必经之地。

（3）员工办公桌椅及设备须远离电源与热源，自然光宜来自左侧或斜后方。

（4）配备足够电插座，满足办公设备需求。

（5）嘈杂设备与机械应置于隔音区或独立房间，避免干扰其他部门。

（6）如果条件允许，应设休息处，作为公余休息、自由交谈及用午膳之所。应预留充分的空间，为员工提供休息场所，或应对未来的变化。

（7）装饰物需和谐，与单位性质和企业文化相适应。如从事养老服务的机构，在选择花卉植物时，尽量避免白花、黄花，而尽量选择红色、寓意好的植物花卉；还要考虑适度，不要太多、太杂。

3. 安全环保

布置办公室时，需确保周边环境及财物安全，保障纸质文件与电子数据安全保密。同时，设备电线安装需注重安全，避免电源、电线及器物摆放对人员造成潜在伤害。

三、办公室空间布局的三种模式

现行的办公室布局模式大体上有开放式、封闭式和混合式三种。

（一）开放式

开放式办公室是指将大工作空间分隔为多个独立工作单元。把组织内部各职能部门的所有工作人员，按照工作程序安排在各工作单元中开展工作。大家都在一个看得见的空间内，视线、声音没有被遮挡，只是工作台有隔离，这就是开放式。适合能够相互激励的工作岗位，及流程一体化清晰的部门，如营销部门、生产管理部门。

许多公司在选择装修布局方式时出于空间利用率的考虑，更多选择开放布局的方式，尤其是空间面积较小的创业型公司。这种布局方式也更有利于加强公司内部之间的沟通与联系，具有极高的灵活性，提高办公设施利用率的同时，还能方便管理。缺点是隐私性不够，不适合需要独立空间的岗位或行业。

1. 开放式布局的优点

（1）成本比较低。每个人的办公空间运用板材分割成一个一个的方格即可，不需要砌墙，不需要门窗，不需要隔音，可以共用设备。

(2）空间利用率高。能减少墙体、门、窗、设备等占地面积。
（3）重新布局灵活。需要改变办公室布局时比较方便。
（4）易于沟通。由于相互之间看得见，说话听得见，沟通非常方便。
（5）易于监督。相互之间看得见，便于互相监督。
（6）易于集中化服务。办公室的公共服务方便集中，技术服务和生活服务集中在一起。

2. 开放式布局的缺点

（1）缺乏私密性。
（2）不易集中精力，噪声太大。因为人多，并且空间是开放的，所以相互之间容易受到干扰，不容易集中精力。

（二）封闭式

封闭式办公室是指将各职能部门分别设置于独立小房间内，形成多个小型办公空间。每个办公室都是封闭的，独立一体。

封闭式布局是一种较为传统的布局。它的优缺点与开放式布局的优缺点正好相反。封闭式布局的优点显而易见，不仅安静，受到外界的打扰和干扰也比较小，适合隐私性强、需要更多独立空间的行业。

1. 封闭式布局的优点

封闭式布局自成一体，更加安全，更能保护隐私。不受其他人员的干扰，就能更好地集中注意力。适合专业性很强的研发型工作人员，如高校教师、企业研发部门人员。

2. 封闭式布局的缺点

需要较大办公空间才能实现，往往因位置因素导致独立空间内部采光不好，可能需要通过落地玻璃窗或人工照明的方式采光，分割隔间也会导致装修成本上升。办公室需要单独建立门窗、墙体，需要单独配置一些相应的设施，需要独立的服务，建筑成本高。此外，封闭式布局的人员之间的沟通没有面对面沟通容易、方便。

（三）混合式

混合式办公室就是将开放式和封闭式布局融合在一起的办公室，这也是目前较为流行的一种布局方式。开放式布局应用在公共办公区，布置一些交互性更强、需要更多沟通交流的岗位与部门，选择简单方便的共享式工位；封闭式布局的独立空间安排为公司中高层人员的办公室，或待客品茶区，或是需要更多个人空间、隐私性更强的部门，如财务部门；会议室可以根据企业性质自由决定布局方式。混合式布局既能提高空间利用率，又能节省成本，还能保证个人隐私性，一举多得。

1. 混合式布局的优点

（1）提高工作效率。混合式办公室允许员工根据个人需求和任务特点，选择最适合的工作环境和时间。这种灵活性使得员工能够更好地平衡工作和生活，提高工作效率。同时，混合式办公室也支持团队协作，员工可以随时随地与团队成员沟通交流，从而加快工作进度。

（2）灵活性与多样性。混合式办公室打破了传统办公室的固定空间布局，员工可以根据自己的喜好和需求，选择适合自己的办公地点。这种灵活性和多样性有助于提高员工的创造力和积极性，使他们能够更好地适应不同的工作场景和需求。

（3）促进员工交流。混合式办公室鼓励员工在需要时聚在一起讨论问题、分享经验，从而加强团队凝聚力。同时，通过在线协作工具，员工也可以随时随地进行远程交流，实现信息的即时共享和沟通。这种交流方式有助于增进员工之间的信任和了解，提升团队绩效。

2. 混合式布局的缺点

（1）办公成本增加。实施混合式办公室布局需要企业投入更多的资源，包括购买和维护远程办公设备、支付网络费用等。这些额外的成本可能会给企业的财务状况带来一定压力。

（2）噪声与干扰问题。混合式办公室环境中，员工需要在开放或共享空间中工作，这可能导致噪声和干扰问题。过多的噪声和干扰可能影响员工的专注度和工作效率。

（3）隐私泄露。在混合式办公室中，员工可能需要在家或其他公共场所进行远程办公，这增加了隐私泄露的风险。企业需要加强对员工隐私的保护，确保个人信息和工作内容的机密性。

（4）安全管理难度提升。随着员工在不同地点和环境下工作，混合式办公室的安全管理变得更加复杂。企业需要制定更加全面的安全策略，确保数据和设备的安全，并防范潜在的网络攻击和其他安全风险。

四、办公室合理布局设计建议

（一）动静分区

按照不同部门的工作习惯，把它们放在不同的区域中。如公司的销售、商务等，都会被安排在靠近门口的地方，方便进出，而设计、编辑等技术类岗位的员工需要清静的地方，则可以安置在区域的内侧，以免被打扰。把财务部门放在更私密的地方，因为这是公司最重要的秘密场所，而总经理的办公室则尽可能地安置在可以从整体上看到所有员工的地方。

（二）通道合理

尽量将办公室的走廊都改成直线，这样既不浪费空间，又方便通行。特别是对于一些小办公室来说，复杂的走廊不但占用了空间，也浪费了员工的时间。

对于很多公司来说，走廊是一个很好的展示公司文化的场所，在不影响员工的工作和活动的前提下，可以设置一些有趣的墙面陈列，如公司的事迹、员工的团建、年会的照片、公司的奖项、公司的荣誉、优秀员工照片等。

（三）室内灯光合理

照明设计绝不仅仅是在办公室里装上几盏灯，而是以科学研究为依据布置灯光。首先，从不同角度观察天光（太阳光）的强度。为了适应自然光线，室内光线的强度应按照

"北＞西＞东＞南"进行布置,这样既能充分利用自然光,又能合理地补充人造光,既能保证光照的需要,又能减少照明费用。

(四)办公室布局设计要注重色差

在装修的过程中注重颜色的搭配,基础色调要和公司 logo 的主要颜色搭配,不然会影响整体的布置。

(五)按照空间设计的流程进行布局

(1) 根据部门工作内容,确定开放式、封闭式或混合式布局。
(2) 依据人员数量及办公需求,设定空间大小。
(3) 明确职责,根据部门及员工间关系决定位置。
(4) 按需列出家具、桌椅及办公设备清单。
(5) 绘制座位布置图,获上级批准后实施。

(六)办公室空间布局的考虑要素

(1) 成本。办公空间是一种必须支付成本的资源,首先要有成本意识。
(2) 公司性质。依据公司经营内容及空间需求,决定部室数量。
(3) 布局模式。选择空间布局模式:开放式、封闭式、混合式。
(4) 岗位性质。根据工作性质、工作流程和职位安排布局。
(5) 人员关系。上级办公室宜独立设置,确保无干扰。
(6) 物理环境。室内光线、空气、温度以及色调、美化等也必须充分考虑。

任务三 美化办公室环境

> **实训任务 1-3　美化办公室环境**
>
> 深职集团近期完成了办公室搬迁,新的办公室空间布局已经初步完成。现在,作为行政部主管的得力助手,魏莱将负责下一步的任务——美化办公室环境。
>
> 具体条件如下:
>
> 1. 办公室空间布局:已经按照上一个实训任务进行了布局设计,主管、文员及下属的办公区域已划分清晰。
>
> 2. 美化材料预算:根据公司规定,办公室美化材料预算为 5 000 元人民币。
>
> 3. 美化需求:办公室环境需要营造出一个既专业又舒适的工作氛围,既能体现公司形象,又能让员工在轻松的环境中高效工作。
>
> **任务**:根据现有布局和预算,提出美化办公室环境的方案,并画出设计草图。
>
> **要求**:考虑到员工的工作环境、心理感受以及公司的形象展示,美化方案需包括但不限于墙面装饰、办公桌及办公区域装饰、照明及绿植布置等。
>
> **评价**:组间评价和老师点评。

一、办公室不同空间美化特点

按业务性质分,办公空间可分为行政、商业、专业性及综合性四类。

(一)行政办公空间

行政办公空间服务于机关、团体、事业单位,以文案处理为主,特点为部门多、分工细,追求系统高效。设计风格朴实实用,体现时代特色。

(二)商业办公空间

商业办公空间服务于商业和服务单位,装饰风格体现行业特性与企业形象,注重塑造受顾客信任的专业形象。

(三)专业性办公空间

专业性办公空间针对性强,按行业功能需求设计,涵盖咨询、广告、设计、科研、金融等专业场所,装饰风格与企业形象统一。以交流、创造、制作为核心,职能部门平行协作,共同完成任务。

(四)综合性办公空间

综合性办公空间为大型公共服务单位,融合办公、服务、旅游、工商业等多个领域。内设宣传联络、行政管理、业务开发等部门,纵横关系交织。随着行业细化,新型办公空间将持续涌现。

二、办公室美化原则

(一)人本原则

人本原则是办公室美化的基本原则,即以人为本,以满足人与人际活动需求为核心。重视人体工程、环境及审美心理学研究,综合处理人、环境、交往关系,兼顾功能、效益、舒适与环境氛围。合理设计、控制办公室自然环境,协调人、设备、环境关系。后工业、信息社会更强调"以人为本",人体工程学备受关注。人体工程学是研究人与环境尺度关系的科学,强调人、物、环境系统的相互联系及人的主体作用。在办公环境管理中,应用人体工程学应以人为主体,考虑生理、心理特点,优化外观、视听、空气及安全环境,使办公空间更符合人员需求,提高工作效率与舒适度。

(二)匹配原则

办公室环境美化的匹配原则是指在设计和布置办公室时,要确保各种元素和要素之间和谐统一,既符合美学要求,又能满足员工的工作需求和心理感受。

1. 企业文化与室内设计匹配

室内设计风格应与企业文化和品牌形象相契合,通过色彩、材质等元素传达企业精神。巧妙地将企业标志、口号等文化元素融入办公室装饰中,增强团队凝聚力和归属感。

2. 工作流程与空间布局匹配

根据工作流程合理划分功能区域,如休息区、会议区、工作区等,确保工作流畅无阻。除此之外也要注意私密与开放空间结合,既提供私密的工作空间,也设置开放的交流区域,促进团队协作和信息共享。

3. 环境因素与员工需求匹配

空气质量与健康适应,通过绿植、空气净化器等手段改善室内空气质量,保障员工健康。选择适合工作氛围的照明方式,如柔和的暖色调灯光有助于营造温馨、放松的环境。

4. 家具与人体工学匹配

选择符合人体工学的办公家具,如可调节高度的椅子、符合脊椎曲线的桌子等,以提高工作效率和舒适度。家具不仅要美观大方，还需具备良好的耐用性和易维护性，以减少更换频率和成本。

（三）适度原则

一个既美观又实用的办公环境应遵循适度原则，在室内设计、装潢、装饰品点缀及日常管理中寻求最佳平衡，力求舒适与功能性并重。

1. 装饰与功能性的平衡

美观与实用：装饰品和摆件应以不影响工作效率为前提，确保既美观又实用。避免过度装饰导致空间拥挤或视线受阻。

个性化与统一：虽然个性化的装饰能增添办公室活力，但应避免过度。允许适度的个性化装饰，如员工个人照片或小型艺术品，但需保持整体风格的一致性和协调性。建议将个性化物品（如照片、小摆件等）放置在个人抽屉或隐蔽角落，以免影响整体办公环境的专业性和整洁度。适量摆放绿植（如盆栽植物），不仅能美化环境，还能净化空气，提升室内氧气含量，有益员工身心健康。

2. 环境因素的适度调控

光线与照明：自然光线与人工照明相结合，确保光线柔和、均匀，避免光线过强或过弱影响视力和工作效率。

噪声与舒适度：采取隔音措施，控制噪声水平，创造宁静的工作氛围。同时，保持适宜的温度和湿度，提升整体舒适度。

3. 空间布局与设施配置

灵活性与效率：空间布局应便于调整，以适应不同的工作需求。家具配置需符合人体工学，以提高工作效率和健康水平。

整洁与有序：鼓励员工保持桌面整洁，合理利用收纳工具，避免杂乱无章的环境影响工作效率和心情。

三、利用植物美化环境

（一）适合放在室内的花卉植物

（1）绿萝。这种植物是公认的室内最佳花卉植物之一，因为绿萝的叶片长得繁茂，养护方式比较简单，不仅好养护，而且还可以吸收空气中的一些有害气体，并释放出大量氧气，达到清新空气的效果。

（2）吊兰。吊兰也是一种性价比很高的花卉植物，养护方式简单，耐阴耐旱。其茂密的叶片能够吸附空气当中的灰尘，释放出氧气，能够使室内的空气变得清新。

（3）虎尾兰。虎尾兰是一种非常美丽、别具风情的多肉质植物，只需要用疏松透气的沙土养护，放在房间的小角落即可，不用频繁浇水。

（4）仙人球。仙人球也是深受人们喜爱的室内花卉植物之一，仙人球体积小巧，而且能吸收二氧化碳，释放氧气，提升室内负离子浓度。

(5) 常青藤。常青藤是一种非常耐阴的花卉植物,它可以放在室内光线比较阴暗的地方,而且不用经常浇水,能够达到净化空气、杀菌的作用。

(6) 长寿花。长寿花是一种开花量很大的花卉植物,同样也是多肉质植物的一类,所以不需要怎么浇水也能够养得好。每年到了秋冬季节,长寿花就会开出美丽的花朵。

(7) 龟背竹。龟背竹属于比较大型的室内植物,适合摆放在空间比较大的地方。龟背竹有很强的吸收二氧化碳能力。由于体型相比其他花卉植物大一些,龟背竹对环境的净化效果也会更好。保持通风、湿润的环境,有助于龟背竹长得更加旺盛。

(8) 白掌。白掌是一种非常小巧精美的花卉植物,叶片四季常青,而且还能够开出美丽的白色小花,像是船帆一样,所以白掌也叫作一帆风顺,喜欢生长在阴凉、通风的环境里,适合摆在卫生间养护。

(9) 龙骨。龙骨是一种多肉质植物,比仙人球大一点,但是龙骨并不会占太大地方,而且耐阴耐旱好养护。

(二) 不宜放在室内的花卉植物

(1) 兰花。香气易致兴奋,使人失眠。
(2) 紫荆花。花粉易诱发哮喘,加重咳嗽。
(3) 含羞草。含羞草碱有毒,多触易致脱发。
(4) 月季花。浓郁香味易致胸闷、呼吸困难。
(5) 百合花。香味易致中枢神经兴奋,使人失眠。
(6) 夜来香。微粒易刺激嗅觉,加重高血压、心脏病症状。
(7) 夹竹桃。乳白色液体有毒,长期接触易致人昏睡、智力下降。
(8) 松柏。香气易刺激肠胃,影响食欲,使孕妇心烦、呕吐、头晕。
(9) 洋绣球花。微粒易致人皮肤过敏,瘙痒。
(10) 郁金香。毒碱易加速毛发脱落。
(11) 黄花杜鹃。花朵含毒,误食会中毒甚至休克。
(12) 万年青。含毒酶,茎叶汁易刺激皮肤,误食会刺激口腔,致人水肿、失音。

(三) 利用花卉植物净化室内环境注意事项

(1) 忌香。夜来香、郁金香等香味浓烈,可能引起不适。
(2) 忌敏。月季等易致皮肤过敏,出现红疹、瘙痒。
(3) 忌毒。含羞草、夹竹桃等带毒,摆放需谨慎。

四、利用字画美化办公室

装饰字画的悬挂配置是为了能够更好地装扮办公室,要与办公室的环境保持协调一致。悬挂装饰字画是为了能够体现出办公者的文化修养和艺术品位,也反映出办公者的个人爱好、兴趣,所以如何选择就是关键所在。

(一)选择办公室装饰画的注意事项

1. 根据办公室的装修风格来进行选择

室内装饰画是以装饰为主要目的,所以在选择的时候可以根据办公室的整体风格来确定。不同类型的企业有不同的办公风格,因此对于办公书画的要求也不同。古典风格的办公室不适合悬挂画风太新潮的画。

2. 装饰画的悬挂位置要合适

办公室是正式场所,不仅需要关注风格样式,而且要关注如何摆放和悬挂。办公室书画的合理摆放位置一般如下:

(1)办公桌椅之后。挂在这个地方寓意着有稳定的支持,对工作是有所帮助的。悬挂上级座椅之后,体现上级的主导地位,让人进入其办公室有一种敬仰之情,同时也彰显上级高雅的艺术品位。

(2)沙发背墙或办公室的主墙。挂在这类地方旨在彰显气派。当然装饰画的内容也很讲究,应选用积极的内容为宜。

(3)挂在显眼的地方。一般都是放在进门就能看到的地方。悬挂于显眼之处,让每个员工都能领悟其中的寓意,才能达到美感与警醒的作用。

3. 字画的内容要积极向上

应选择能凝聚人心或对员工有激励作用的字画。办公室里如果悬挂书法作品,可以选择修身励志、表达企业愿景、揭示商道精髓的内容,尽量不要摆放有戾气、负能量的文字内容。如苏轼《念奴娇·赤壁怀古》"谈笑间,樯橹灰飞烟灭……人生如梦,一尊还酹江月"给人泄气的感觉。

(二)办公室宜悬挂的文字类型

1. 积极进取型

毛泽东《沁园春·雪》:"数风流人物,还看今朝。"

2. 宽容大度型

曹操《短歌行(其一)》:"山不厌高,海不厌深。周公吐哺,天下归心。"

3. 清高休闲型

陶渊明《饮酒(其五)》:"结庐在人境,而无车马喧。问君何能尔?心远地自偏。采菊东篱下,悠然见南山。山气日夕佳,飞鸟相与还。此中有真意,欲辨已忘言。"

4. 东山再起型

毛泽东《忆秦娥·娄山关》:"西风烈,长空雁叫霜晨月。霜晨月,马蹄声碎,喇叭声咽。雄关漫道真如铁,而今迈步从头越。从头越,苍山如海,残阳如血。"

任务四
检查维护办公环境

实训任务 1-4　检查维护办公室的办公环境

深职集团在新的商务写字楼中已经开始正式办公。经过前面的布局和美化,办公室环境已经初具规模,但随着时间的推移,设备使用和人员进出可能带来一些变化和挑战。根据公司的规定,办公环境需要定期进行检查维护,以确保其持续处于良好的状态。为确保办公室环境的整洁、舒适和安全,行政部主管委托魏莱检查维护办公环境。

任务: 检查维护办公室的办公环境,检查内容包括但不限于办公环境卫生、设备运行状态、安全设施完好性等。

要求: 制订一份详细的检查维护计划,明确检查内容、时间周期和责任人,发现办公室存在的问题并分析产生这些问题的原因,最后提出解决措施。

评价: 组员评价、组间评价和老师点评。

一、维护办公室的物理要素

办公室环境中的物理条件内容比较广泛,主要涵盖绿化、空气、视觉、听觉、设备与安全等环境要素。

(一)绿化环境

办公室绿化至关重要。外部应绿树成荫,美化环境并调节小气候,吸收二氧化碳,释放氧气,增加生机与色彩,提升员工安全感与工作效率。室内绿化宜精选花草,合理配置,增添室内光彩,使人心情放松。

(二)空气环境

空气环境优劣影响人的行为与心理,室内通风调节至关重要。空气环境以温度、湿度、清洁度、流动速度衡量,基本要求为清新流通。

1. 温度

空气温度影响人的舒适感及健康。办公室适宜温度为冬季 20～22℃,夏季 23～25℃,

过高或过低均不利于健康与舒适,严重可能导致中暑或感冒,影响工作效率与健康。

2. 湿度

一定的场合有一定的湿度要求。办公室需湿度适宜,以提升员工工作效率与精神状态。人体通过出汗调节体温,理想工作环境湿度为40%～60%,此范围内人会感觉清凉、精神振奋。

3. 清洁度

空气清洁度反映新鲜与洁净程度,影响人体健康与工作效率。封闭空间易致胸闷,需常通风换气。

4. 流动速度

室温在22℃左右时,空气流速0.25米/秒较适宜,此时人体保持正常散热,有微风感。常开窗换气是关键。

(三) 视觉环境

办公室视觉环境含照明与色彩。适当照明可以保护视力,避免采光不足致视觉疲劳、视力下降及健康受损。光线需适量、优质、方向适宜。

光线系统包括光线的量、光线的质、光的方向。

设计原则:多灯源降强度,用匀散光避眩光,半透明玻璃引间接光,光源置后方或左后方。

办公室内覆盖物颜色需与墙、天花板协调,营造统一和谐环境。颜色影响心理与工作,因此需依据地区、用途选色:高温区用冷色(如绿、蓝等),低温区用暖色(如橙、黄等);研究办公室选冷色,会议室、会客室选暖色。配色需遵循协调、适用、美观、高效原则,促进员工身心愉悦与健康。

(四) 听觉环境

办公室需保持适度安静以提高工作效率。嘈杂环境分散精力,影响判断,尤其对复杂脑力劳动不利,但完全无声也易致不适。理想声强为20～30分贝,员工在此范围内工作轻松愉快,不易疲劳。听觉环境要求安静、无噪声;避免户外声音干扰;避免办公室内声音干扰;避免办公设备声音干扰。

维护听觉环境的方法:消除噪声源;使用吸音材料降噪;适度播放音乐。

(五) 设备环境

提高办公效率需置办现代化办公用品。传统设备含桌椅、电话等,现代设备增加了打印机、计算机等,强化办公功能。

选购设备原则:高效、安全耐用、性能优、兼容原有设备、美观环保、按需节约。

(六) 安全环境

安全环境涵盖人身、财产、防火三方面:

（1）人身安全：加强门卫登记，重要部门武装警卫，确保办公场地人员安全。
（2）财产安全：严格安全防护，购置保险设备，专人专职管理，机密文件尤须严密保护。
（3）防火安全：办公室存放着大量档案信息，如果失火，则损失巨大。须严格执行防火制度，安装防火、灭火及避雷装置，确保办公室安全，有备无患。

二、维护办公室三个区域环境

办公室需维护的区域有三部分：个人办公区域、上级办公区域和办公室的公共区域。不同区域的环境维护有不同的要求。

（一）维护个人工作环境

1. 打扫

打扫卫生，及时消毒。保持办公桌面整洁、美观，不乱放零散物品和生活用品，无灰尘、水渍、杂物，下班前要清理桌面；废纸篓宜隐蔽放置在办公桌内侧，每日下班前清空；定期给计算机键盘、电话筒、地毯、门把手等消毒。

2. 整理

（1）文件应整齐分类存放于文件夹、架或柜中，避免散置在桌面上。桌面不得摆放与工作无关的东西。柜内物品（如书、盒等）摆放整齐，标签要统一、美观。办公用品（如笔、尺、订书机等）放进文具盒。
（2）抽屉内的物品要摆放整齐并定期整理。
（3）办公椅不要摆放在过道处，用后要把椅子摆放在办公桌下方。
（4）每日下班前，整理文件数据，归置办公用品。

3. 安全

（1）重要书面文件、保密资料一律入柜，注意取用后随时锁好文件柜。
（2）下班离开前要锁好抽屉。
（3）文件柜顶部不要堆放物品。
（4）临时摆放的物品不要阻碍通道、走廊、楼梯。

4. 管理

（1）正确使用各种办公自动化设备。
（2）打印机、传真机、复印机用纸要节约，纸张要存放整齐。
（3）下班时要关闭电脑电源。

（二）维护上级工作环境

（1）保持上级办公室整洁：常整理文件物品，清洁陈设，通风，调温度、湿度，定期清理文件柜，接待后整理。
（2）美化上级办公环境：照料花卉盆景，使其保持生机；喂食金鱼，清洁水质。
（3）维护上级办公安全环境：确保无安全隐患，设备完好；照明适宜，保护视力；管理访客,保护隐私;准备安全设备。

(三)保持公共区域整洁安全

1. 整洁

确保台面、地面、设备、家具、窗帘、门窗、墙壁清洁;窗台、花盆无杂物;沙发、茶几无尘无污;茶具整洁有序;垃圾篓及时清理。电脑、空调要干净,无灰尘、污迹。室内每天至少打扫一次,废品要及时清理。保持门窗干净、无灰尘,玻璃清洁透明。墙壁、天花板清洁,无蜘蛛网。

2. 有序

保持电脑、电话等办公自动化设备的线路整齐。报纸、杂志、资料、文件等及时清理,放到文件柜等固定地点存放。办公桌上仅置必需品,余物放入抽屉或柜子,无用即清。文件票据分类收入夹盒,整齐置于一角。公用桌椅用后归位,书籍、报纸及时分发整摆。

3. 安全

经常检查线路是否有破损,检查电源插头是否有松动等不安全的情况,电线走向要美观、规范,不可接临时线。每天或离开或下班前检查电脑、电灯、空调、抽屉、柜门是否关电、上锁。烧水壶、暖瓶、打印机等摆放整齐,表面无污垢、无灰尘等。

三、检查办公室环境

(一)检查办公室环境的目的

1. 保证人体健康

办公室环境检测这几年逐渐受到人们的重视,办公室是一个特殊的环境,封闭的空间和通风的不到位,使污染物在这个空间里恣意横行,对于长期处在室内办公的人员而言,无疑是潜在的威胁。加强办公室环境检测对于保证人体健康意义重大。

2. 及时、准确、全面地反映办公室环境

办公室环境检测旨在全面反映环境质量及趋势,为管理、控制、规划、评价办公室环境提供科学依据。具体目的包括评价环境质量、追踪污染源、研究环境容量、预测预报质量、制定修订环境标准与法律、支持科学研究。

(二)检查办公室环境的内容

办公环境的安全维护主要是做好防火、防盗、防伤害工作。
办公室环境检查的内容有以下几个方面:
(1)办公软件方面:布局、通风、软装饰、墙面、玻璃等。
(2)办公硬件方面:大型办公设备(打印机、复印机、传真机等)的摆放,办公家具的清洁破损,各种线路的整齐程度等。
(3)公共办公方面:办公室大厅、会客室、会议室保持干净,做好打扫工作等。
(4)个人办公方面:办公桌面整洁程度、文件摆放整齐程度等。

(三)检查办公室环境中的安全隐患

1. 办公室存在的安全隐患

（1）用电隐患。办公室工作的办公需求往往决定着办公室场所内存在大量的电器设施,用电多,用电频繁,线路多且繁杂,容易造成漏电和插座烧损等后果。

（2）工作区隐患。门窗、天花板等破损,光线、空气不佳,空间小,地面滑。

（3）家具设备隐患。家具破损、摆放不当、堆物过多、不符合人体工学,设备过期、接线不良、电荷大,消防设施失效。

（4）行为习惯隐患。安全意识弱或习惯不良,如站转椅举物、乱扔烟头、抽屉柜门挡道、不锁门、不关电源等。

（5）物品堆放隐患。将重物置于高处,阻塞消防通道,易燃物靠近电器,废纸堆积。

（6）火灾隐患。办公室易燃物多,存在火灾隐患。

（7）物品安全隐患。日常办公中多有接触一些办公作业工具,如切边刀、裁纸刀、钉书钉等,员工日常办公时应妥善安置,使用完毕后,不得随意摆放,避免扎伤。

（8）日常安全隐患。滑倒、绊倒、烫伤、踩翻等。

2. 维护办公室安全的工作职责

（1）认真贯彻执行国家有关安全生产法律、法规,对单位的安全生产进行综合管理,组织、推动、指导、督促、检查安全工作,充分发挥安全生产的管理监督作用。

（2）负责编制单位安全生产工作的年度工作计划,经审定后认真组织实施。

（3）负责事故隐患和危险源点的排查、登记,档案日常管理和跟踪检查工作。落实危险源监控措施和重大事故应急救援预案。

（4）督促单位执行新、改、扩工程项目安全预评制度,严格执行"三同时"制度(即主体工程项目与安全设施同时设计、同时施工、同时投入生产和使用)。

（5）督促单位执行国家法律、规定和标准,并取得必备相应资质和具备安全生产基本条件。检查特种作业人员的持证上岗和锅容管特设备持证运行的情况。

（6）协助上级有关部门做好领导、普通员工、特种作业人员等安全教育培训的组织工作,负责培训人员的报名统计工作。

（7）负责起草单位的安全生产规章制度。有关部门制定或修订安全生产规章制度和安全操作规程等,对单位安全规章制度的贯彻执行情况进行督促检查。

（8）组织开展安全大检查和各项安全生产活动。

（9）单位内发生生产安全伤亡事故时,在第一时间赶赴事故现场,并按规定及时报告上级安全生产监督管理部门。参加生产安全伤亡事故的现场勘查、调查、分析。对造成伤亡事故的责任者提出处理意见,进行职工伤亡事故的统计、分析、报告。做好事故建档的管理工作,负责填报各项事故报表。

（10）做好日常管理工作,及时记载台账,注意资料积累,研究分析职工伤亡事故的发生规律,提出预防措施。

（11）组织开展安全技术科学研究,总结、推广安全生产科研成果和先进经验。

(12)及时完成上级部门交办的各项任务。

(四)办公室环境隐患排除

1. 树立安全意识

(1)学法守法,维护公司利益,保护劳动权益。
(2)遵守安全生产、劳动保护规定及组织规章。
(3)主动识别并排除工作场所隐患。
(4)遇到异常或险情立即清晰报告上级。
(5)按规程操作设备,识别并排除隐患。
(6)设备出现故障要立即报告并登记。

2. 识别办公室安全隐患

(1)建筑隐患:地板不防滑,门窗未锁,等等。
(2)物理环境隐患:光线、温度、湿度异常,噪声超标,等等。
(3)家具隐患:摆放不当,棱角突出,堆放倾斜,等等。
(4)设备及操作隐患:电线磨损裸露,电线拖曳,显示器反光,复印机辐射,违规操作,等等。
(5)人为疏忽隐患:站转椅举物,长发卷入设备,复印遗留原件,室内吸烟,不识安全标志,等等。
(6)消防隐患:乱扔烟头,灭火设备损坏或过时,灭火器被遮挡,火灾警报失效,等等。

公司隐患记录及处理示例见表1-3。

表1-3 公司隐患记录及处理表

序号	时间	地点	发现的隐患	造成隐患的原因	隐患的危害和后果	处理人	采取的措施
1	2月16日	行政部	靠窗的电脑屏幕反光	无窗帘遮阳	有损眼睛健康	行政部主管张三	安装窗帘
2	2月18日	行政部	一名外来人员没有访客胸卡	接待人员离岗	安全和失密隐患	行政部主管张三	强调接待职责要求
3	2月21日	行政部	周末5号文件资料柜未锁	文员小李外出开会	失密隐患	行政部经理王五	周一部务会上强调职责要求

3. 进行安全检查

安全检查涵盖办公环境与设备,区分"隐患记录"与"设备故障记录"。例如,计算机故障填"设备故障登记表",屏幕反光刺眼则填"隐患记录及处理表"。

(1)安全检查的重点
① 防盗:办公大楼设24小时保安。
② 防火:定期检查电器、电线,预防火灾。
③ 防意外:教育员工养成安全工作习惯。

(2)安全检查的工作程序及处理方法
① 设定检查周期,定期对办公环境和设备进行安检。

② 发现隐患立即报告、排除。
③ 无法排除的危险需报告、跟进至解决。
④ 记录异常情况,填写"设备故障登记表",见表1-4。

表1-4　公司设备故障登记表

时间	2月19日	发现人	王×
设备名称	复印机		
故障名称	复印机在工作时发出异响		
维修要求	复印机在工作时发出正常声响	维修负责人	李××
预约维修时间	2月20日	完成维修时间	2月23日

(3) 排除办公室常见隐患
① 尽量将办公室内部设备放在安全范围内,尤其是一些易着火及易燃物品。
② 办公桌、电脑、灯具等设备要经常检查,确保安全;经常检查电路线路,尤其是漏电的检查,以防止发生火灾。
③ 办公室内部机构及环境要清洁,比较杂乱的地方要将其整理,以避免发生安全问题。
④ 应准备一些安全设施,如消防器材、灭火设备等。
⑤ 办公室内要定期检查用电设备是否通过安全检测。
⑥ 办公室的空调要定期清洁。
⑦ 办公室内部要避免放置易引起火灾的物品,如烟蒂、易燃液体等。
⑧ 办公室安全防范设备要定期检查,确保设备能够正常工作。

任务五 办公室数字化

任务导入

> **实训任务 1-5　办公室数字化升级**
>
> 随着信息技术的快速发展,数字化管理已逐渐成为现代办公室的核心要素。为提升工作效率和管理水平,深职集团决定对行政办公室进行数字化升级。行政部主管指定魏莱负责此次数字化升级项目的规划与实施。
>
> 具体条件如下:
>
> 1. 现有办公环境:办公室已经完成了布局和美化,设备齐全,但数字化程度有待提高。
>
> 2. 数字化需求:办公室需要实现文档电子化、信息共享、会议线上化等数字化功能,提高协同办公效率。
>
> 3. 技术支持:公司已有一定的信息技术支持,但可能需要引入新的数字化设备和系统。
>
> **任务**:行政办公室进行数字化升级,魏莱需要调研市场上的数字化设备和系统,提出适合公司需求的数字化升级方案。
>
> **要求**:调研市场上的数字化设备和系统,提出适合公司需求的数字化升级方案。制定详细的实施计划表,包括设备采购、系统部署、人员培训等方面。
>
> **评价**:组员评价、组间评价和老师点评。

一、数字化办公室

党的二十大报告指出,要加快建设网络强国、数字中国。建设数字中国是新时代推进中国式现代化的重要引擎。作为综合管理部门,办公室的数字化发展是未来发展的必然趋势。

(一)数字化办公室的定义

数字化办公和数字化办公室是相互关联的概念,但也有区别。

数字化办公是指利用现代信息技术手段,将办公所需的各种信息、文档、流程等数字化处理,实现信息化、自动化、协同化、智能化的办公方式。数字化办公包括了企业内部各类文档、合同、邮件、会议等信息的数字化管理，以及办公室内外业务部门之间、业务和技术之间的数字化协同和沟通。它能够实现信息实时共享、审批沟通高效、工作进程可视化，提供更加便捷、精准、高效、人性化、智能化的办公室服务。数字化办公可以包括各种应用软件、平台、工具，常见的包括电子邮件、企业级即时通信、在线办公软件、电子签名、电子文档管理系统等。它可以实现人员、物资、财务、信息等方面的数字化管理和办公。数字化办公简称为"D+N+A"，其中 D 指数字化设备 Digital，N 指网络连接 Network，A 指在数字化设备和网络连接基础上的应用 Application。应用指 TMT 的运用，即电信、媒体和科技（Telecommunications，Media，Technology）的融合。

数字化办公室指办公室的数字化改造，是数字化办公的一种具体形式，是指把数字化办公的各种工具、平台集成在一起，形成一个可视化、可操作的数字化办公环境，使得员工可以在一个统一的平台上完成各种工作任务，从而提高办公效率和协作效果。

因此，数字化办公是数字化办公室的基础，数字化办公室是数字化办公的具体实现形式。实现数字化办公需要使用各种数字化办公工具和系统，而把这些工具和系统集成在一起形成数字化办公室，则可以更好地实现数字化办公的目标。

（二）数字化办公室的特点

相较于传统的办公室，数字化办公室有以下几个特点。

1. 资源共享

如共享打印机、扫描仪等办公自动化设备，或多人同时访问、编辑、共享文档。

2. 工作流程自动化

可以通过软件或应用实现任务自动分配、工作流程自动化、提醒通知等功能，提高工作效率。

3. 数据管理可视化

能够将数据进行可视化处理，通过实时监测数据、生成报表等方式，提高数据处理和分析的效率和准确率。

4. 空间和资源利用率提高

可以通过远程会议系统、网络会议、云储存等方式，减少办公空间与资源的浪费，提高其利用率。

5. 灵活性和可扩展性强

数字化办公室可以灵活地进行升级、扩展以适应业务需求的变化，也支持移动办公及远程工作的需要。

（三）数字化办公室的优点

1. 提高办公效率

它可以自动化和简化许多常规任务，如文件管理、流程审批、沟通协作、开网络会议等，大大提高工作效率。

2. 降低成本

数字化办公室可以增加协同办公能力，使工作流程更加高效，减少人力资源的浪费和

成本,实现办公无纸化、网络化,能够提高管理效率、降低运营成本。

3. 沟通协作便捷灵活

让员工随时随地处理工作任务和通信,便于员工交流沟通、分享资源,从而提高企业竞争力、凝聚力。

4. 提升数据安全性

消除信息孤岛、资源孤岛,对数据加密、备份和监控,以保护办公室和企业的数据安全。

二、数字化办公室的发展历程

(一)国内数字化办公室的发展

一般来说,数字化办公室的发展与数字化办公技术的发展历程大体一致,国内可分为四个阶段。

第一阶段:1980—1999年,文件型办公数字化阶段。利用单机版电脑及其办公应用软件、即时通信、文档编辑、电子邮箱等工具,实现由手工办公到电脑办公的转变,实现个人办公的无纸化、电算化、信息化。这一阶段初步形成了政府电子政务和企业办公自动化(OA)的概念。

第二阶段:2000—2005年,协同型办公数字化阶段。此阶段以工作流为核心,在文件型OA基础上增加公文审批、文档管理、会议管理、资产管理等功能。强化内外部协同,建立职能部门间的沟通共享机制,实现办公自动化全面覆盖。

第三阶段:2006—2010年,知识型办公数字化阶段。随着办公自动化系统应用的逐步深入,企业和用户的要求也不断提高,办公自动化系统的发展也随之派生出全新气象,形成了以"知识管理"为主要思想、以"协同"为工作方式、以"门户"为技术手段,整合了企业内信息资源的"知识型办公自动化系统"。

第四阶段:2011年至今,智能型办公数字化阶段。随着企业组织流程的不断固化和改进,办公技术脱离实体办公,实现远程化,保障24小时运转,随时响应需求,多终端、多屏幕共享与协同,实现从在线化、自动化到智能化、数字化、协同化的升级发展,提供决策支持、知识挖掘、商务智能等服务,并且更关注企业的决策效率。同时,智能化协作也是一个动态发展的过程。

(二)国外数字化办公室的发展

数字化办公研究始于20世纪70年代末的美英日等国,技术发展历程分四阶段。

第一阶段:1975年前,单机阶段。其目标是采用单机设备完成单项工作,称为"文员级别"。

第二阶段:1975—1982年,局域网阶段。通过综合设备实现数据共享,称为"主任级别"。

第三阶段:1983—1990年,一体化阶段。利用多媒体信息通过广域网传输处理,称为"决策级别"。

第四阶段：1990年至今，多媒体传输阶段，融合语音、图像等技术，实现更加先进的智能化、信息化、自动化及无人化办公。

（三）数字化办公室的发展趋势

1. 人性化

易用、稳定、开放，促进沟通协作，构建可扩展管理平台，发挥人的潜能。

2. 智能化

邮件短信自定义、自我修复、人机对话等，界面丰富绚丽。

3. 协同化

集成管理信息系统（MIS）、企业资源计划（ERP）、财务等系统数据，统一界面账户，业务流程紧密集成，与电子政务系统无缝对接，实现OA内外协同。

4. 门户化

基于企业战略与流程优化，利用"门户"技术整合ERP、客户关系管理（CRM）等业务系统数据，在管理系统中展示，提供决策、知识挖掘、商业智能服务，推动企业数字化、知识化、虚拟化转型。此时，系统可能更名为"企业知识门户（EKP）"或"管理支撑系统（MSS）"，成为"一键直达"的综合性管理门户。

5. 网络化

随着网络与信息时代发展，OA系统与互联网的无缝衔接成为未来趋势。如谷歌推出在线文档和电子表格软件，微软实现网络资源整合与博客发布，推动移动办公。国内OA软件商需探索与互联网的有效互动，而非独立发展，以提升市场竞争力和市场地位。

三、数字化办公室的建设方向

（一）数字化办公室建设的内容

1. 建设数字化基础设施

建立高速网络、云计算、数据安全等基础设施，为数字化办公室提供支撑。

2. 推进办公信息数字化、多媒体化

办公室管理中，信息主要通过计算机以数字形式处理。多媒体技术及虚拟现实技术的应用丰富了信息处理手段与内容，支持数据、文字、图形、音频、视频等多种形式的信息处理，适应人们多感官获取及处理信息的需求。

3. 推进办公操作无纸化、简单化

通过一站式智能OA实现自动化管理，涵盖任务分配、流程审批、协同办公等，采用无纸化办公，提升速度与准确度，满足电商与电子政务需求。电子表单加速线上审批，规范审批流程。文档资料数字化处理，便于快速检索。

4. 调整组织结构，推进办公业务集成化

数字化办公需要对组织结构进行调整和优化，如采用扁平化管理模式，提高效率和灵活性。这些数字化的主要内容包括以下几个方面：

(1) 文档管理。通过文档管理系统实现文档的创建、编辑、存储、共享和查询,提高文档管理效率。

(2) 电子邮件。通过电子邮件系统实现内部和外部邮件发送、接收、筛选、归档等功能,提高沟通效率。

(3) 日程管理。通过日程管理系统实现日程安排、提醒、分享等功能,提高时间规划效率。

(4) 任务管理。通过任务管理系统实现任务分配、执行跟进、完成汇报等工作流程自动化,提高工作效率。

(5) 视频会议。通过网络会议系统实现远程视频会议、屏幕共享、在线白板等协作功能,提高跨地域协作的效率。

(6) 云存储。通过云存储功能实现文档、图片、视频等文件的备份、共享、同步等功能,提高文件存储与访问的效率。

(7) 数据分析。通过数据分析工具实现数据的汇总、分析、报表输出等功能,提高数据分析效率。

早期办公活动中,计算机系统多单机或部门独立运行,导致信息隔离。随着业务发展和信息交流需求增加,办公业务集成性要求提高。集成包括:设备集成实现异构系统数据传输与处理;应用程序集成使各应用在同一环境运行;数据集成实现数据交换、互操作和解决语义异构,真正实现数据共享。

为此,需要建立数字化软硬件系统(以服务器—电脑加上软件平台构成数据中心,提供数据库维护、系统管理及信息处理)、工作人员的协同指令系统(指令系统包括岗位职责、工作程序、工作理念及其工作制度等)、人力资源系统三个系统。

(二) 数字化办公室改造的步骤

1. 制订数字化办公计划

首先需要制订数字化办公计划,以确定数字化革新过程中需要采取的措施、在特定时间范围内实现的目标、为实现目标所需的资源和预算等。

2. 选择适当的数字化工具和软件

根据数字化办公计划,选择最适合公司需求的工具和系统,包括自动化办公软件、沟通协作工具、ERP、云存储等,确保所有工具都能够被员工使用和理解。

3. 提供培训和支持

要让员工充分掌握并使用数字化办公平台,需要为他们提供培训和技术支持。培训应该涉及使用企业内部资源和信息的最佳实践案例、数字化办公工具操作和其他必要技能的培训。

4. 监控和评估

数字化办公的实施需要监控并评估过程中遇到的任何问题,在数字化办公项目中即时改进。同时,为了持续改进,需要定期评估数字化办公的成效,以便提出进一步的优化措施。

5. 推广数字化文化

在整个公司营造数字化意识,推广数字化工具和工作方式。鼓励员工积极参与数字化办公,充分利用数字化工具和流程提高工作效率和质量。

项目二 接待工作

 学习目标

项目名称	任务分解	知识目标	能力目标	素质目标
接待工作	任务一 接待方案	1. 了解接待工作要素； 2. 熟悉接待方案制定步骤； 3. 熟悉接待计划中三个表的内容	1. 能够拟定接待方案； 2. 能够制作人员安排表、日程安排表、接待经费列支表	1. 培养大局意识和服务意识； 2. 培养一定的文字表达能力
	任务二 接待前准备	1. 熟悉接待工作内容、种类和原则； 2. 掌握接待工作的一般程序与规格； 3. 熟悉接待仪容、仪表、仪态的基本要求	1. 能够根据来宾情况确定接待类型； 2. 能够得体展示办公接待的仪容、仪表、仪态； 3. 能够明确接待规格	1. 培养办公接待工作的仪容、仪表、仪态等文明素质； 2. 既要有创新意识，也要有规则意识
	任务三 展示接待礼仪	熟悉握手、介绍、称呼、名片、用语等常用礼仪要求	能够正确展示接待工作中握手、介绍、称呼、名片、用语的交往礼仪	1. 培养较强的沟通协调能力； 2. 培养文化自信，展示礼仪之邦形象
	任务四 涉外接待	1. 了解涉外接待原则； 2. 了解国外常见习俗与禁忌； 3. 熟悉接见、会谈、宴请活动礼宾安排	1. 能够规范地接待外宾； 2. 能够正确安排礼宾次序； 3. 能够指导安排会见、会谈和宴请	爱国，保守国家秘密，维护国家利益，具有国际视野

任务一 接待方案

任务导入

实训任务 2-1　拟制接待方案

广东省某大学即将迎来新疆某高校副校长带领的一行五人、为期两天的关于校企合作经验交流考察的活动。假设你是办公室管理人员，请根据要求，拟制一份详尽且符合该校管理学院接待需求的接待方案。

任务：拟制一份详尽且符合实际的接待方案。

要求：

1. 明确接待目标：清晰阐述接待活动的目标和目的，如展示该校的校企合作经验、产业学院成果等。
2. 详细规划接待流程：详细描述接待的起止时间、接待地点、参观路线、交流活动的安排等。
3. 准备接待物品：列出所需准备的接待物品清单，如接待牌、座签、茶水、点心、纪念品等。
4. 考虑特殊情况：预先考虑可能出现的意外情况或特殊需求，如少数民族禁忌、饮食偏好、健康状况等。
5. 预算与成本控制：制定接待活动的预算，并列出各项费用的明细。
6. 请每组制作一份接待工作清单，包括流程清单、人员清单、费用清单等。

评价：组间评价和老师点评。

一、认识接待工作

（一）接待工作的定义

接待工作是指组织在交往和联络中进行的一系列迎送招待、联系洽谈等服务性活动，是沟通内部上下的"桥梁"，是联系外部的"窗口"。接待是指对来访者提供相应的服务的活动。接待工作不仅涉及对外交往的礼仪和程序，还涵盖了信息的传递、资源的调配、服务的提供等多个方面，是组织或企业展示其专业性和文化底蕴的重要窗口。

办公室文员作为沟通中介，每日接待多方访客。接待工作直接反映单位作风与形象，体现文员素质与能力，并影响着业务进展。因此，文员需高度重视接待工作。

(二)接待工作的主要内容

1. 迎接宾客

以相应规格,按照既定方案,热情、礼貌地迎接国内外来访的宾客。在接待过程中,要注意细节,如准时到场、着装得体、言谈举止恰当等,以展现良好的职业素养和组织形象。

2. 信息交流

安排主宾间的洽谈、签约、合作交流等具体事宜。接待不仅是形式上的欢迎和送别,更重要的是通过交流增进了解、建立信任。在接待过程中,要积极与来宾沟通,了解其需求,介绍组织或企业的情况,并寻求合作机会。

3. 组织活动

引导或组织来宾的参观、座谈、考察、拜访等活动。

4. 服务保障

为来宾提供必要的服务,如交通接送、餐饮安排、住宿安排等,确保其舒适、便捷地参与各项活动。同时,要关注来宾的安全和健康,做好应急预案,以应对突发情况。接待结束后,要及时整理接待资料,总结经验教训,并向相关领导汇报。同时,要与来宾保持联系,了解其后续需求或反馈意见,以便进一步巩固关系或改进工作。

总之,接待工作是一项综合性强、要求高的工作,需要接待人员具备良好的职业素养、沟通能力和应变能力。

(三)接待工作的主要类型

接待工作复杂多变,依据对象、目的及内容等标准可分为不同类型。

1. 按来宾是否提前预约划分

(1)预约接待。对事先约定的来访者,接待应正规且准备充分,避免差错。

(2)无约接待。对未约定的来访者,文员需灵活应变,礼貌处理,避免尴尬。

2. 按来宾所属单位(国别)划分

(1)内宾接待。接待国内来访者,含上级、平行、下属单位及新闻单位等,如有重要访客须上级出面。

(2)外宾接待。接待境外来访者,含海外侨胞、港澳台同胞等,须事先计划并报上级批准,由上级负责,文员协助,注意礼仪及风俗饮食习惯。

3. 按接待对象的事务类型划分

(1)公务接待。为上下级、平行机关公务活动而设,包括会议、视察、检查、参观等。

(2)商务接待。针对商务目的的接待,如经营、技术考察等。

(3)上访接待。政府部门接待上访群众。

(4)朋友接待。朋友之间为增进友谊、加强联系而进行的接待。

4. 按来访者的人数划分

(1)个别接待。这种接待也称为单独接待或一对一接待,是指服务提供者针对单一的客户进行接待并提供服务的活动。这种接待方式注重个性化服务和深度交流,以满足客户的独特需求和期望。

（2）团体接待。这种接待是指服务提供者针对一个由多人组成的团队或组织进行接待并提供服务的活动。这种接待方式注重协调性和统一性，以确保整个团队或组织能够得到高效、有序的服务。

（四）接待工作的原则

接待工作的原则是多方面的，旨在确保接待活动的顺利进行并达到预期效果。以下是一些主要的接待工作原则。

1. 热情相待原则

（1）一视同仁。对任何接待对象都应当一视同仁，热情相待，杜绝以貌取人、以职待人。

（2）避免不良印象。切忌给人"门难进、脸难看、事难办"的不良印象，确保接待过程中始终展现出友好和热情的态度。

2. 礼仪对等原则

（1）内宾接待。接待内宾时，应根据宾客的职务、职称、地位、声望、年龄、性别等因素，安排地位年龄相当、职务职称相等的人接待。

（2）外宾接待。接待外宾时，应体现我国在国际交往中"国家不分大小、一律平等"的原则，充分重视被接待者的民族风俗和习惯，尊重对方的愿望和要求，做到服饰、举止端庄大方，态度不卑不亢。

3. 内外有别原则

内外有别的接待工作原则，指的是在接待活动中应根据来宾的性质、身份及其与本公司的关系等因素，采取不同的接待方式和标准。对内接待时，注重营造亲切、和谐的工作氛围，促进内部沟通与协作，强化团队凝聚力。而对外接待，则需更加注重礼节、尊重与专业性，展示公司的良好形象和实力，以促进对外合作与交流。这一原则要求接待人员在工作中具备敏锐的洞察力和应变能力，确保接待活动既符合礼仪规范，又能有效促进内外关系的和谐发展。

4. 讲求实效原则

（1）高质量完成。接待工作是展示单位形象的关键，须高度重视，树立机遇与责任意识，确保每次接待任务圆满完成。

（2）树立形象。通过接待工作展示认真、高效、严谨的工作作风，对外树立良好形象。

5. 其他重要原则

（1）细致周到。接待工作应细致入微，考虑周全，确保来宾在各个环节都能感受到舒适和便利。

（2）俭省节约。在接待过程中要注重节约，避免铺张浪费，合理控制接待成本。

（3）按章办事。接待工作应遵守相关规章制度和程序，确保接待活动的规范性和合法性。

（4）保守秘密。对于涉及机密或敏感信息的接待活动，应严格遵守保密规定，确保信息安全。自己职权范围之外的事情不随便谈论，自己单位的技术秘密、经济秘密不随便泄露，

未经领导批准的事项不随便表态。

综上所述，接待工作的原则是多方面的，旨在确保接待活动的顺利进行并达到预期效果。在实际工作中，应根据具体情况灵活运用这些原则，不断提升接待工作的质量和水平。

二、接待方案的核心要素

接待方案有五个核心要素，有人归纳为接待工作方案的"3W2H"主要内容，有人认为核心内容是确定规格、拟定日程和开列经费。这里将之综合为五个核心要素。

1. 人员及组织分工"who"

（1）接待对象。需了解来访意图、人员单位、人数、身份、性别、民族、年龄、健康状况，随行人员名单、职务、性别、民族、宗教信仰及饮食禁忌。

（2）接待人员及分工。为了使各方人员明确自己在接待活动中的任务，可制定并填写表格，告知接待人员时间、地点、事项、主要人员、陪同人员等信息。

2. 时间"when"

时间指来访具体的起止时间、来访期间活动的日程安排。

（1）来宾抵达和离开的具体时间。文员需报告来宾的抵离时间及所乘交通工具等信息，并通知相关部门和人员。

（2）接待工作安排的活动时间。包括时间点和时间长度。

（3）制定日程表。日程安排要具体，包括日期、时间、活动内容、地点、陪同人员等内容，一般以表格形式列出。

3. 地点"where"

地点包括接客地点、会谈活动地点、住宿、就餐、送客等地点。

在选择这些地点时，应考虑到来访者的事由、人数、主宾的身份等因素，以及就近原则，使各个地点相对靠近或顺路，以节省时间和精力。例如，在举行大会或典礼时，当级别较高的客人来访时，可在正式会场旁备一小型休息室，供双方上级在会前小憩和见面。所选用会谈场所的座位数宜略多于双方出席的总人数，以达到既能融洽交流又相对宽松的效果。

4. 接待规格"how"

接待规格即接待标准，体现接待档次与对来宾的重视程度，可分为高格接待、对等接待和低格接待。

5. 接待经费列支"how much"

（1）工作经费：会议室租借、资料打印。

（2）住宿、餐饮费。

（3）劳务费：讲课、演讲、加班。

（4）交通、游览娱乐费。

（5）纪念品、宣传公关费。

（6）其他费用。

三、接待方案拟定的流程

制定接待方案的流程包括了解基本情况、确定接待规格,拟定接待方案,形成接待方案文件,主管上级审批。

(一)了解来宾基本情况,确定接待规格

接到通知时,需掌握来宾基本情况,包括来访意图、单位、人数、身份详情、抵离时间及交通信息。确定接待规格后,向上级主管部门报告,并通知相关部门人员。

(二)拟定接待方案

"凡事预则立",制定接待方案尤为重要:一是确保接待有序,二是帮助接待人员提前规划。方案含接待规格、日程、经费。规格与来访意图决定了人员配置、日程及经费。

接待要点涵盖:来宾单位、目的、要求、人数、性别、身份、习惯、抵离日;日程安排;高管、陪同及接待人员配置;住宿标准、房间数;会见时间、地点、人员配置,含主谈判者、谈判团队、翻译、后勤及必要时的律师;宴请详情;参观游览或娱乐安排;交通规划;安全保障,含饮食、人身及财产安全;经费预算含住宿、餐饮、劳务、交通、工作经费、娱乐费、纪念品、宣传公关费及其他费用。

若来宾自己负责住宿、交通等费用,需提前通知费用及日程。联合接待需明确经费分担。接待计划获批后,组织资源,明确人员任务责任,确保接待成功。

(三)形成接待方案文件

接待计划中需填制人员安排表(表2-1)、日程安排表(表2-2)和接待经费列支表(表2-3)。

表2-1 公司接待工作人员安排表

序号	项目	具体内容	负责部门	负责人
1	制定接待方案、预案,安排接待日程	根据实际情况和要求,拟写接待工作方案和活动预案,做好预算。部署接待工作,跟进、协调、落实接待后续事务	总经办	王××
2	来访信息确认	与接待对象对接,确认来访意图、目的、时间、人数、人员名单、单位、职务等信息	总经办、行政部	张××
3	会议室、活动场所的预订和布置	视情况提前摆放会议包、水杯、水、水果、纸巾、公司宣传资料、记录簿、签到册、投影仪、翻页笔、电脑、茶、咖啡;制作欢迎牌、指示牌;摆放名牌;会前检查会议室物品配备;与会期间做好饮品添加、台面清洁等服务;根据方案要求摆放花卉及盆栽	行政部	刘××
4	会谈所需器材准备	准备电脑、投影仪、音响、麦克风等设备	策划部	徐××
5	和来宾联系沟通	了解对方需要以及行程变化,及时向我方接待人员作出工作调整	总经办、行政部	李××
6	摄影、摄像及宣传报道	视需要安排摄影摄像,制作相册或相框,进行内外部宣传报道	策划部	魏××
7	迎送	接站接机、送站送机的人员车辆安排,视情况准备鲜花、接站牌等	总经办、行政部	钟××

(续表)

序号	项目	具体内容	负责部门	负责人
8	餐饮	确认用餐时间、菜单、标准、形式、酒水和主次桌及其他相关安排	总经办、行政部	吴××

表 2-2　公司接待工作日程安排表

日期	时间	内容	地点	负责部门
5月22日	13:00	接机	机场	综合部
	15:00	入住	酒店	综合部
	18:00—20:00	欢迎晚宴	酒店宴会厅	综合部
5月23日	9:00—11:30	技术交流	公司会议室	综合部
	11:30—14:00	就餐休息	招待餐厅	综合部
	14:30—15:00	参观公司	公司	综合部
	15:00—18:00	退房送客	酒店、机场	综合部

表 2-3　接待经费列支表

序号	费用名称	具体内容	费用	备注
1	工作经费	租借会议室、打印资料等费用	2 000元	
2	住宿费	5人,每人350元	1 750元	
3	餐饮费	7人,每人150元	1 050元	
4	劳务费	讲课、演讲、加班等费用	—	
5	交通费	5人往返费用	3 500元	
6	参观游览娱乐费	—	—	
7	纪念品费			
8	宣传公关费			
9	其他费用			
10	总计	—	8 300元	

(四)接待方案报审批

(1)方案拟定后,报主管上级审定并签批。

(2)根据上级意见,对方案内容进行调整和修订。

(3)重大接待任务的接待方案由主管上级审定签发。

(4)接待方案审批通过后,及时印发有关部门和相关人员。

四、接待方案的实施

(一)迎接来宾

核实抵达时间,按需安排接站车辆。首次见面准备接站牌,视情况备仪仗队或鲜花。

拟定接待方案的八个方面

来宾抵达即迎接介绍,外宾按身份介绍并行礼献花。送至宾馆,提供日程表,约定下项活动时间后离开,避免在来宾房间久留。

在迎接来宾时,文员应该做的工作有:

(1)来宾乘坐的车辆到达时,要热情相迎。
(2)见到来宾,主动迎上前亲切问候,表示欢迎。
(3)帮助来宾提行李物品时,要主动热情,同时要尊重来宾的意愿。
(4)接待团体来宾时,应连续向来宾点头致意和多次重复问候语。

(二)会见、会谈的接待

会见是礼节性短会晤,会谈则专题性强,旨在交流意见、达成协议。

(1)会见、会谈前,文员需准备资料,了解对方背景,预测问题,知己知彼。接待外宾还需了解礼仪、禁忌,并提供外交资料。资料应全面,供上级参考。内部资料包括本单位情况及法律政策。非首次交往时,提供以往会见、会谈摘要。

(2)来宾抵达时,接待员在门口迎接并引导来宾至会客室,重要来宾由主见人在门口亲自迎接。

(3)会见、会谈座位有讲究:会见宾客居右,主人居左,半圆形排列;会谈则在长方形桌两边对坐。

(4)记录详尽,记下争议、未落实问题,会后跟进落实。

(5)会见、会谈结束,可安排合影,主人居中,遵循"右尊"原则,双方间隔排列,如果人多要分成多行,则按"前高后低"进行排列,避免来宾站边。

(6)会见、会谈完毕,于会客室门口握手道别,重要来宾送至大厅或大门再道别。上级同行时,文员随后。陪同送客依情况灵活处理。

(三)宴请接待

事先通知宴请详情,含时间、地点、人员及接送安排。根据来宾情况定制宴请环境、菜单及座次,特别注意外宾的饮食与宗教禁忌,避免不当食材。

宴请时,接待员在门口迎接入席。参会者应注重个人卫生,着装得体,女士适当化妆以示尊重。

(四)送客

依据来访通知决定是否代订返程票,邀请来访需确认返程详情,视情况提前订车并通知相关人员。送客时,需提前2~3小时抵达,待来宾启程后方可离开,送客规格应与迎接一致,不论谈判结果如何。

【拓展延伸】

公务接待注意事项

任务二 接待前准备

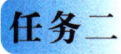 任务导入

> **实训任务 2-2** 拟制接待工作中的基本行为指南
>
> 广东省某大学即将迎来新疆某高校副校长带领的一行五人、为期两天的关于校企合作经验交流考察的活动。假设你是办公室管理人员,请根据要求,拟制一份接待工作中站坐行的基本行为要求。
>
> **任务**:列出接待工作中站坐行的基本行为指南。
> **要求**:注意性别差异;按照一定的逻辑有条理地展示行为;分组上台展示。
> **评价**:组间评价和老师点评。

一、心理准备

在接待工作中,心理准备是至关重要的,它直接影响到接待的质量和效果。接待工作应具备良好的待客心理,表现为角色意识、服务心理、诚恳心态和热情态度四个方面。

(一) 角色意识

角色意识是指接待人员对自身在接待过程中所扮演角色的清晰认识和定位。这要求接待人员明确自己的职责和使命,以专业的态度和行为来履行自己的职责。具体来说,角色意识包括以下几个方面。

(1) 责任感。接待人员应认识到自己的工作对于单位形象、客户满意度以及后续合作的重要性,从而增强责任感和使命感。

(2) 专业形象。保持整洁的仪容仪表,使用专业、礼貌的语言,展现出专业、可信的形象,使来访者感受到尊重和重视。

(3) 主动服务。主动发现来访者的需求,提供及时、有效的服务,展现积极、主动的工作态度。

(二) 服务心理

服务心理是指接待人员在接待过程中应具备的心理素质和态度。这要求接待人员以来访者为中心,关注来访者的需求和感受,提供优质的服务。具体来说,服务心理包括以下几个方面。

(1) 来访者至上。始终将来访者的需求和满意度放在首位,以提供优质服务为己任。

(2) 耐心细致。面对不同性格、不同需求的来访者,保持耐心和细致,认真倾听、积极回应,确保每位来访者都能得到满意的答复和服务。

(3) 灵活应变。在接待过程中遇到突发情况时,能够迅速调整心态和策略,灵活应对,确保接待工作的顺利进行。

(三) 诚恳心态

诚恳心态是指接待人员在接待过程中以真诚、诚实的态度面对来访者。具体来说,诚恳心态包括以下几个方面。

(1) 真诚待人。以一颗真诚的心去对待每一位来访者,不虚伪、不敷衍,让来访者感受到真诚和温暖。

(2) 实事求是。在回答来访者的问题时,坚持实事求是的原则,不夸大、不隐瞒,确保信息的真实性和准确性。

(3) 解决问题。站在来访者的角度思考问题,积极寻求解决问题的办法,帮助来访者解决实际困难。

(四) 热情态度

热情态度是指接待人员在接待过程中以积极、热情的态度面对来访者。具体来说,热情态度包括以下几个方面。

(1) 善气迎人。用和蔼可亲的态度对待来访者,一般情况下始终保持微笑,让来访者感受到友好和亲切的氛围。

(2) 主动问候。见到来访者时主动问候,使用恰当的语言和肢体语言表达欢迎和尊重。

(3) 积极回应。对来访者的询问和请求给予积极、及时的回应,让来访者感受到被重视和受关注。

(4) 周到服务。在接待过程中关注细节,提供周到、细致的服务,让来访者感受到宾至如归的舒适和便利。

二、仪容仪表准备

在接待工作中,工作人员的仪容仪表是展现专业素养和企业文化的重要方面,其基本要求可以归纳为以下几个方面。

(一) 仪容要求

1. 面部清洁

保持面部干净自然,脸上无油光、无污垢。男性应勤剃须,保持胡子整洁。女性可适当化淡妆,保持自然、清新的妆容,避免浓妆艳抹。时刻注意自己面部表情,要自然,避免愁眉苦脸。

2. 发型整齐

保持头发清洁，无头屑，颜色自然。女性头发应整齐、干净，不宜留披肩发或过于夸张的发型。避免披头散发，用纯黑色发饰束起，保持头发不遮面，刘海不应遮挡眼睛。男士以整洁、长短适中为宜。男性头发应前不过眉、侧不遮耳、后不及领，保持整洁、干练。

3. 指甲修剪

保持指甲干净、整洁，不宜过长。女性可适当涂淡色指甲油，但不宜过于鲜艳或花哨。

4. 口腔清洁

保持口腔清新，无异味，上班前避免食用有刺激性气味的食品或饮料。

（二）仪表要求

1. 着装得体

服装应整洁、大方、得体，符合职业身份和场合要求。男士可穿西装、衬衫，搭配领带和合适的鞋子；女士可穿套装、连衣裙或长裙，避免穿过于暴露、紧身或过于休闲的服装。同时，服装颜色、款式应与工作环境相协调，避免穿着奇装异服。

将工作牌戴在左胸上衣上沿或相应位置，在工作岗位上应避免佩戴华丽、抢眼的首饰。丝袜颜色应是自然肉色，工鞋款式简单，以黑色为宜，鞋跟不宜过高，要保持清洁。

遵守着装礼仪的 TPO 原则。T 指时间原则（Time），要求着装考虑时间因素，做到随"时"更衣，需要考虑每一天早中晚、每年春夏秋冬四季，及人生不同年龄阶段的着装差异。P 指地点原则（Place），需要穿着与地方、场所相适应、相协调的服饰。O 指场合原则（Occasion），需要穿着与特定场合的气氛相一致、相融合的服饰，实现人景相融。

着装需要区分三个场合，见表 2-4。

表 2-4　三个场合着装要求

场合类型	具体内容	着装要求
公务场合	执行公务时涉及的场合，包括写字间、谈判厅以及外出执行公务等情况	宜穿套装、套裙，不宜穿时装、便装，适合选择庄重保守的服装
社交场合	工作之余在公共场合与同事、商务伙伴交往应酬的场合	要求体现时尚个性，宜穿礼服、时装、民族服装等，不适合选择过分保守的服装
休闲场合	工作之余独处，或参加公共娱乐活动的场合	要求舒适自然，可选择运动装、牛仔装，以及各类非正式便装

2. 配饰简约

饰品指装饰点缀之物，含服装配件（帽子、领带、手套等）和首饰（戒指、胸花、项链、眼镜等）两类。配饰应简洁大方，不宜过多或过于复杂。男性可选择佩戴手表、领带夹等简约配饰；女性可选择佩戴耳环、项链等简单饰品，但应避免过于夸张或分散注意力的配饰。

首饰佩戴的原则要求体现在很多方面。总体上应体现个人身份与场合的和谐，遵循"符合身份，以少为佳"的原则，即选择能彰显个人品位与地位，同时避免过多堆砌的饰品，以简约精致为主。具体而言，数量上应控制在"不超过三件"，确保整体造型的清爽与平衡。在质色选择上，需注重材质与色彩的搭配，既要考虑首饰本身的品质感，也要与肤色、服装色彩相协调,体现"质色"原则。搭配时,应"讲求整体的效果",确保首饰与服装风格一致,同时兼顾季节、场合、环境等外部因素,营造出和谐统一的视觉效果。此外,佩戴首饰还需"扬长避短",利用首饰来修饰身形,增强自信,避免暴露缺点。最后,遵循"尊重习俗"原则,在不同文化背景下,了解并尊重当地的佩戴习惯与禁忌,展现良好的社交礼仪。

3. 个人卫生

保持个人身体卫生,无异味,勤洗澡、换衣,保持衣物干净整洁。保持口气清新,忌吃辛辣或有异味的食物,如蒜等。服务人员可使用气味清淡的香水,不宜使用气味浓烈的香水。避免在公共场合出现吸烟、吐痰等不良行为。

4. 神态亲切

服务人员上岗前应自检仪容,保持精神饱满,服务时面带微笑。

三、仪态准备

仪态是指一个人举止的姿态与风度,是身体显现出来的样子。姿势是指身体所呈现的样子,风度则属于内在气质的外化。

(一) 站姿挺拔

站立时,头正肩平,挺胸立腰,双脚并拢或与肩同宽,双手下垂或交叉放在身前,重心放脚掌。侧面看,头肩下肢垂直。站姿应自信稳重。

1. 具体要求

(1) 头部端正,双眼平视,面部朝前,下颌微收,颈部挺直,避免低头或仰头过度。

(2) 双肩放松,保持水平。双手自然下垂或交叉放于身前,避免出现双手插兜、抱胸等不雅动作。

(3) 挺胸收腹。腰部直立,脊椎自然直立,不前倾或后仰。

(4) 双脚并拢或微微分开,与肩同宽,脚尖指向正前方或微微外展。女性双臂垂两侧,右手覆左手于腹前,双腿V形立正时,膝跟紧贴,脚尖间距保持一拳宽,T形立正时,右脚后跟轻靠左脚内侧前端,右脚尖与左脚呈90°。男性双手可叠于腹前或握于身后,双脚与肩同宽,双手自然下垂或身前交叉。

2. 站姿五忌

(1) 忌晃动身体;

(2) 忌双腿分开;

(3) 忌双手乱舞;

(4) 忌叉腰抱胸;

(5) 忌双腿抖动。

(二) 坐姿优雅

坐姿应端正、自然,腰背挺直,肩放松,坐椅子三分之二处,双腿并拢或微微分开,双手可放在膝盖上或桌面上。坐姿应展现出舒适、自然和优雅。

1. 具体要求

（1）坐下时，应轻轻入座。只坐椅子的前三分之二部分，避免全坐或靠背。

（2）上身保持正直，背部挺直，避免驼背或前倾。对坐谈话时，身体稍向前倾，表示尊重和谦虚。坐在椅子上不得前俯后仰、摇脚跷腿或半躺半坐；不得趴在工作台上。

（3）双手自然放在膝盖或桌面上，但应避免手肘搁在桌面上。

（4）双腿并拢或自然交叠，平放在地上或根据椅子高度适当调整，避免出现跷二郎腿或抖动双脚等不雅行为。如果长时间端坐，可将双腿交叉重叠，但要注意将腿并拢。见到客人应立即站起并招呼客人。

2. 坐姿三忌

（1）忌跷二郎腿；

（2）忌双腿叉开；

（3）忌双腿抖动。

（三）走姿稳健

行走时应保持身体平衡，双眼平视前方，双臂自然摆动，步幅适中，步伐稳健有力。走姿应展现出自信和从容。

1. 具体要求

（1）抬头，双目平视前方，避免低头或左顾右盼。

（2）挺胸、收腹、双肩齐平。手臂自然前后摆动，幅度为 30～40 cm，与步伐协调一致。避免弯腰驼背或忸怩作态，避免手臂大幅度摆动。

（3）身体重心在前脚掌，脚尖朝前。尽量避免内八或外八。

（4）保持身体平衡，步伐稳健有力。行走时，速度适中，避免急匆匆或慢悠悠或摇摆不定等动作。

2. 走姿五忌

（1）忌横冲直撞；

（2）忌上身晃动；

（3）忌步态不雅；

（4）忌蹦蹦跳跳；

（5）忌制造噪声。

（四）表情举止自然

面部表情是仪态的重要组成部分，能够反映出一个人的情绪状态和内心世界。在接待中，应保持微笑，眼神温和而专注，展现出友善和真诚。同时，要注意避免过于僵硬或过于夸张的表情，以免影响交流效果。

1. 具体要求

（1）表情自然大方。在接待过程中应保持微笑，展现出亲切、和蔼、真诚的态度，避免流露出厌烦、冷漠、蔑视或愤怒的表情。

（2）言谈得体。在交谈时，应保持语速适中、声音清晰、语言准确得体。要注意倾听对方的发言，避免打断对方或插话等行为。同时，要注意避免使用粗鲁、不礼貌或侮辱性的语言，以展现尊重和理解。

（3）举止大方，避免过于拘谨或过于随意。在与人交往时，应注意细节，如主动问候、礼貌待人、遵守社交礼仪等，以展现良好的教养和风度。

（4）笑容应自然、真诚、适度。避免过于夸张或虚假的笑容。笑容应与言语内容相协调。面部表情应与内心情感相匹配，展现出真诚和自然。避免过于僵硬或过于夸张的表情，以免影响交流效果。

（5）与人交流时，应保持眼神接触，展现出真诚和尊重。注视时间应适度，避免长时间盯着对方或目光游移不定。注视部位应礼貌得体，避免直视对方的隐私部位。眼神中应透露出友善、自信和真诚的情感。

2. 表情举止三忌

（1）忌表情过于虚假或夸张；

（2）忌举止过于拘谨或随意；

（3）忌眼光直视对方隐私部位。

（五）蹲姿正确

职业人士一般采用高低式蹲姿，下蹲时双脚一前一后，双膝一高一低，臀部向下。

1. 具体要求

（1）一脚在前，一脚在后，双腿向下蹲。

（2）双膝一高一低，前脚全着地，小腿基本垂直于地面，后脚跟提起，脚掌着地。

（3）双手轻握放在左腿上。女士双腿应尽量靠紧，男士双腿可以微分。

2. 蹲姿五忌

（1）忌突然下蹲；

（2）忌距人过近；

（3）忌方位失当；

（4）忌毫无遮掩；

（5）忌蹲在物体上。

综上所述，接待工作中工作人员的仪容仪表基本要求包括仪容整洁、仪表得体、仪态端庄等方面。保持良好的仪容仪表和专业的仪态举止，可以展现出工作人员的专业素养和企业文化形象，提升接待工作的质量和效果。我们可以借鉴周恩来总理对自己仪容仪表仪态的要求。周恩来总理在南开学校读书时，在宿舍大门的大立镜旁写着："面必净、发必理、衣必整、纽必结；头容正、肩容平、胸容宽、背容直。气象：勿傲、勿暴、勿怠；颜色：宜和、宜静、宜庄。"

四、业务和专业知识准备

（一）基础业务知识和能力的准备

作为上级助手，需熟知本职及单位全况，掌握完备资料，如内部电话、外部企业电话、国外VPN密码、本地名胜、娱乐信息及其联系方式，以及本市政治、经济、文化概况。

（二）接待工作的专业知识准备

文员要了解并掌握接待工作的相关专业知识，包括接待工作的主要内容、接待工作的类型、接待程序、接待规格、接待礼仪等。

（三）接待规格的类型和确定方法

接待规格是衡量接待工作标准的关键，直接反映对来宾的重视程度。

1. 接待规格的类型

接待规格主要体现在费用支出、接待级别及接待规模上，分为高格接待、对等接待、低格接待三类。

（1）高格接待。这种接待指陪同人员职位高于来宾的接待方式，表达重视与友好。上级领导或机关派员向下级传达意见时，下级领导需陪同；兄弟单位领导来访或商讨重要事务时，本单位领导需接见并可能陪同座谈；下级领导来访以及接待单位的重要客户时，领导应陪同。

确定接待规格一定要考虑到多方面因素，并不是规格越高越好。经常用高规格接待，会产生以下三个负作用：一是会让客人轻视主方单位；二是会影响上级的工作；三是会让不同公司相互攀比，产生"厚此薄彼"的误会。

【案例分析】
难以"伺候"的客户

（2）对等接待。这种接待指陪同人员与来宾职位职称相当，为常用接待方式。

（3）低格接待。这种接待指陪同人员职位职称低于来宾，多用于基层单位或业务性接待。

2. 接待规格的其他考量因素

（1）对方关系重要性及我方发展意愿，若较为重要，常采用高格接待；

（2）突发状况，如上级无法出席，须由他人替代；

（3）历史惯例，依据以往接待规格确定。

3. 确定接待规格的方法

（1）参照国家规定。国家公务接待对不同层级的来访者有相应的接待标准和规范。这些规定通常具有强制性和指导性，是接待工作的重要依据。运用财政经费的单位需要遵照执行，企业参照执行。例如，对于处级干部的接待，有明确的住宿、餐饮、交通等方面的标准和要求。

（2）执行常规做法。每个单位或组织在长期的工作实践中，都会形成一套相对固定的接待流程和做法。这些常规做法通常是基于经验和实际情况制定的，具有一定的合理性和可操作性。

（3）目前通行方式。在特定行业或领域内，可能存在一种被广泛接受和采用的接待方式。这种方式可能并不是由国家或单位规定的，但因其符合行业特点和实际需求而被广泛采用。例如，在商务接待中，安排商务晚宴、参观企业生产线和进行产品展示等是目前较为通行的接待方式。这些活动有助于增进双方了解和促进合作。

（4）对等的常规做法。在确定接待规格时，可以参照对方在接待我方人员时所采用的规格和做法。这种做法体现了礼尚往来的原则，有助于维护双方关系的平衡和稳定。

（5）他方先例。在缺少规定或经验的情况下，可以借鉴其他单位或组织在类似情况下的成功接待经验。这种做法有助于避免重复劳动和降低接待风险。

综上所述，确定接待规格的方法多种多样，但无论采用哪种方法，都应遵循尊重、对等、适度、节约的原则，确保接待活动既符合规范又富有成效。

五、物资和环境准备

（一）接待物资准备

接待物资要根据具体接待任务确定，可参考以下物品准备。

（1）接待场所。租借会议室、房间，准备欢迎横幅。

（2）文字材料。接待事项的资料、单位介绍册、产品说明、宣传册。

（3）适当的水、茶具、咖啡、零食、水果。

（4）文具。记录纸、笔。

（5）纪念品等。

（二）接待环境准备

接待环境分硬环境与软环境。

硬环境：室内空气、光线、色彩、办公设施及布置（前台、会客室、办公室、走廊、楼梯），以及前厅与会客室的办公用品准备。会客室定期清理、换气。

软环境：会客室的工作氛围与接待人员的个人素质。接待人员需展现诚恳、热情、礼貌的态度。

【案例分析】

会客室让总经理皱起眉头

办公室管理
BANGONGSHI GUANLI

任务三　展示接待礼仪

> **实训任务 2-3　接待礼仪培训**
>
> 　　广东省某大学管理学院下周有外校老师来交流学习,假设你负责接待,在接待过程中需要展示恰当的接待礼仪。请根据以下要求编制一份接待礼仪培训计划,以展示接待礼仪及学院风范。
>
> **任务:** 接待礼仪培训。
>
> **要求:**
>
> 　　1. 分组进行实训,每组 3~4 人,每组选择一名组长负责协调。
>
> 　　2. 每组须提前准备接待所需的材料和物品,并在实训前进行演练。
>
> 　　3. 实训过程中,组员须严格按照礼仪规范进行,不得随意更改或省略步骤。
>
> 　　4. 实训结束后,每组提交一份实训报告,包括实训过程、遇到的问题及解决方法、收获和体会等。
>
> **评价:** 组员评价、组间互评和老师点评。

　　礼仪是社会交往中,受历史、风俗、宗教、时代等因素影响而形成的,为人们认同并遵守的,旨在建立和谐关系的行为准则或规范的总和。

　　办公室接待礼仪是办公室活动中迎送客人的一整套行为规范。下面就对握手、介绍、名片以及接待用语四个方面的礼仪进行介绍。

一、握手礼仪

　　握手是一种广泛存在于各种文化和社交场合中的非言语交流方式,它通常用于表示友好、欢迎、告别、合作、和解或建立联系等意图。握手时,两个人各自伸出右手,手掌相对,轻轻握住对方的手,持续几秒钟后松开。这一行为在不同文化和背景下可能有着细微的差异,但总体上都被视为一种基本的礼仪和社交规范。

　　在现代社会中,握手常常出现在商务会议、外交活动、社交聚会、朋友见面等多种场合。它不仅是一种简单的身体接触,更是一种情感和信息交流的方式。通过握手,人们可以传递出友好、尊重、信任等积极的信息,从而增进彼此之间的了解和关系。然而,值得注意的是,握手并不是在所有情况下都适用或受欢迎的。例如,在某些文化中,过于热情的握手可能被视为一种冒犯;而在某些特殊情况下,如传染病疫情期间,为了避免病毒传播,人们可能会选择避免握手而采用其他非接触式的问候方式。因此,在进行握手时,我们需要根据具体情况和文化背景来判断其是否适当和得体。

握手礼仪体现在具体细节之中,这些细节相当丰富,不仅关乎礼仪的得体性,也体现了对他人的尊重。以下是一些详细的注意事项。

(一)姿势与动作

(1)距离与站姿。握手时,两人应相距约一步之遥,站立时双足立正,上身稍向前倾,以表示尊重和热情。

(2)伸手方式。一般采用单手式。伸出右手,四指并拢,拇指张开,手掌与地面垂直,与对方的手掌相握。避免使用左手握手,这通常被视为不礼貌的行为。当然,也有采用双握式,即右手紧握对方右手,再用左手加握对方手指、手臂等。应该注意的是,这种握手方式只在情投意合和关系极为密切的人之间进行。

(3)握手力度与时间。握手的力度应适中,既不过于轻柔也不过于用力,以免让对方感到不适。握手时间一般持续3~5秒,既不过于短暂也不过于冗长。如若匆匆握一下手就松开,是冷淡、疏远的表示,给人敷衍的感觉;长时间地握着不放,又未免让人尴尬,甚至引人反感。

(4)抖动与松开。握手时可以微微抖动三四次,以增加交流的亲切感,但避免长时间紧握不放或抖动过度。完成握手后,应适时松开手,恢复原状。

(二)表情与态度

(1)目光交流。在握手时,应双目注视着对方的眼睛,以表达真诚和尊重。避免目光游离或低头不看对方,这可能会给对方留下不真诚或傲慢的印象。

(2)微笑致意。握手时应面带微笑,以展现友好和热情。微笑可以传递出积极的情感,使对方感到舒适和受欢迎。

(3)态度诚恳。握手时应保持诚恳的态度,避免敷衍了事或心不在焉。真诚的态度可以增进彼此之间的信任和好感。

(三)握手顺序

握手顺序遵循尊者优先及女士优先原则:职位高、年长、尊贵者先伸手以示尊重,但可灵活处理。上下级间,上级先伸手;长辈晚辈间,长辈先伸手;男女间,女士先伸手。特殊场合,如祝贺、慰问、下级、晚辈、男士可先伸手。宾主间握手顺序比较特殊,主人先伸手表示迎客,客人先伸手表示告别。

(四)其他注意事项

(1)特殊情况处理。忙碌或手脏湿时,应摊开手说明并致歉,条件允许则洗净手再握手。

（2）注意文化差异。跨文化握手前了解背景，避免误解冒犯。

（3）握手禁忌。避免左手或交叉握手、面无表情、戴墨镜（眼疾者除外）、立即擦手、戴手套（特定场合除外）及不洁之手握手，以免冒犯对方。

二、介绍礼仪

介绍礼仪是人们在社交场合中，为了相互了解、建立关系而遵循的一种行为规范。它旨在通过恰当的介绍方式，缩短人与人之间的距离，促进更深入的交流与沟通。介绍可以根据不同的情境和对象分为多种类型，其中自我介绍、介绍他人、介绍集体是常见的三大类别。

（一）自我介绍

自我介绍是指个人在社交场合中向他人介绍自己的情况。这种介绍方式通常发生在初次见面、求职面试、参加活动、学生入学、考试等场合。自我介绍的内容可以包括姓名、年龄、职业、兴趣爱好、个人特长等，旨在让对方快速了解自己，为后续的交流打下基础。在作自我介绍时，应注意表述清晰、语言简洁、态度诚恳，以展现自己的自信和真诚。

1. 自我介绍的类型

自我介绍的类型主要有五种，它们适用的场所不同，介绍内容也有所区别，见表2-5。

表2-5 自我介绍的类型

种类	适用场合	介绍内容
应酬式介绍	一般性社交场合	最为简洁，往往只包括姓名一项
工作式介绍	工作场合	介绍本人姓名、任职单位或部门，有时还包括职务或从事的具体工作
交流式介绍	社交活动	介绍姓名、工作、籍贯、学历、兴趣及与交往对象的某些熟人的关系
礼仪式介绍	讲座、报告、庆典仪式等正规而隆重的场合	介绍姓名、单位、职务等，同时还会加入适当的谦辞、敬辞，以体现对场合的尊重
问答式介绍	应聘、公务交往等需要一问一答的场合	有问有答，问什么就答什么，直接明了

2. 自我介绍的程序与原则

（1）程序。先向对方点头致意，获回应后介绍姓名、身份、单位等信息，并递名片。

（2）原则。简明扼要，以半分钟为宜，特殊情况不超三分钟。

3. 自我介绍的语言艺术

（1）自信镇定，清晰报名，善用体态语言传达友善、关怀、诚意，避免羞怯自卑，影响沟通。

（2）繁简得当，根据场合需要介绍姓名、籍贯、职业等，不必逐一详述。对长者、尊者谦恭，对平辈、同事明快直接。

(3) 自我评价需适度,避免极端词汇,不贬低、不夸大。作自我介绍时,表情自然亲切,注视对方,举止大方,态度镇定自信,展现结识对方的热情。

(二) 介绍他人

介绍他人是指由第三方为两个不认识的人进行介绍,使双方相互认识。一般情况下,为他人介绍都是双向的,也可只将其中一方向另一方介绍。介绍人需要了解被介绍者的基本情况,如姓名、身份、职业等,并遵循一定的介绍顺序和礼仪规范。在介绍过程中,介绍人应使用敬辞,以表达尊重。同时,被介绍者也应保持礼貌和谦逊的态度,积极回应介绍人的介绍。

1. 介绍他人应遵循的基本礼仪

(1) 尊重他人意愿,不强加介绍。
(2) 次序得体,遵循"尊者先知"原则。
(3) 使用敬词,正式场合郑重介绍,非正式场合可随意些,配以得体称谓及赞美词。
(4) 手势表情恰当,正视对方,起立致意并说礼貌用语。

2. 介绍他人的方式

介绍他人的方式见表 2-6。

表 2-6 介绍他人的方式

介绍他人的方式	适用场合	介绍内容
一般式介绍	比较正式的场合	以介绍双方的姓名、单位、职务等为主
引见式介绍	普通场合	将被介绍双方引到一起
附加式介绍	各种交际场合	用于强调其中一位被介绍者与介绍者之间的关系,以期引起另一位被介绍者的重视
简单式介绍	一般社交场合	只介绍双方姓名一项,甚至只介绍双方姓氏
礼仪式介绍	正式场合	介绍姓名、单位、职务等,在语气、表述、称呼上都更为规范和谦恭
推荐式介绍	比较正式的场合	介绍者经过精心准备,将某人举荐给另外一个人,介绍时一般会对被介绍者的优点加以重点介绍

3. 介绍他人的顺序

一般介绍顺序应遵循"尊者先知"的原则。具体介绍顺序见表 2-7。

表 2-7 不同情况下的介绍顺序

介绍他人时的不同情况	先介绍	后介绍
介绍女士与男士认识时	男士	女士
介绍长辈与晚辈认识时	晚辈	长辈
介绍年长者与年幼者认识时	年幼者	年长者
介绍同事、朋友与家人认识时	家人	同事、朋友
介绍已婚者与未婚者认识时	未婚者	已婚者

(续表)

介绍他人时的不同情况	先介绍	后介绍
介绍来宾与主人认识时	主人	来宾
介绍与会先到者与后来者认识时	后来者	先到者
介绍上下级认识时	下级	上级

商业性介绍(实业性介绍)旨在建立贸易往来,发展业务。此介绍以社会地位为衡量标准,社会地位高者优先了解对方,无论年龄性别;通常将低地位者先介绍给高地位者;仅在双方社会地位相当时,遵循先介绍女士的惯例。

(三) 介绍集体

介绍集体是指将一个群体或团队介绍给另一个群体或个人。这种介绍方式通常发生在团队展示、项目汇报、商务合作等场合。

1. 介绍群体的顺序

当被介绍的群体之间在地位或身份上存在明显差异时,应遵循"尊者先知"的原则,即先介绍地位较低或身份较普通的群体,后介绍地位较高或身份尊贵的群体。若被介绍的群体双方地位、身份不相上下或难以确定高低,可以遵循"少数服从多数"的原则,先介绍人数较少的一方,后介绍人数较多的一方。

在某些特定场合,如正式宴会、大型公务活动、涉外交往等,可能会有特定的介绍次序规则,如按照座次顺序、抵达时间先后、负责人身份等进行介绍。

若被介绍的群体人数较多且无须一一介绍时,可采取笼统的方式进行整体介绍,如"这是我们公司的销售团队""这是我们学校的篮球队"等。

若需要详细介绍每个成员,则应根据实际情况和需要确定介绍的次序。常见的做法是,当集体内部成员之间有明确的职位或身份差异时,可能会先介绍领导或职位较高的人,再介绍其他成员。这种介绍顺序并不是绝对的。在某些情况下,为了体现平等和团结,团队可能会选择按照其他顺序来介绍成员,如按照年龄、加入团队的时间或其他标准来排序。

2. 介绍集体的注意事项

(1) 信息准确。在介绍群体时,应确保信息的准确性和全面性,包括群体的名称、成员构成、主要职责或特点等,避免使用模糊或不确定的表述。

(2) 尊重礼貌。在介绍过程中,应保持尊重和礼貌的态度。使用敬辞和谦辞,以表达对被介绍群体的尊重和重视。

(3) 把握时机。注意把握介绍的时机和场合。在适当的时机进行介绍,避免打断他人的发言或影响活动的进行。同时,根据场合的不同调整介绍的语气和方式。

(4) 清晰简洁。介绍时应保持语言清晰、简洁明了。避免冗长和复杂的表述,以免让听众感到困惑或失去兴趣。

(5) 互动反馈。在介绍结束后,可以鼓励双方进行互动和交流。如邀请被介绍的群体进行自我介绍或发表简短感言等,以增强介绍的互动性和参与感。

三、名片礼仪

名片礼仪是指在使用名片进行交往时应当遵循的一系列规范和礼节。名片礼仪主要有名片的准备、递送、接收和交换等。

(一)准备名片

名片具有以下几个方面的功能:结交朋友,维持关系,业务介绍,通知变更,拜会他人,留言短信,用作礼单,替人介绍等。

办公室人员根据名片的功能和工作需要准备名片。

名片设计:名片应设计得简洁大方,信息准确,通常包括个人姓名、职务、单位名称、联系方式等基本信息。在涉外工作中,还可以考虑在名片上添加英文信息。

名片数量:在参加社交活动时,应随身携带足够的名片,以备不时之需。

名片存放:名片应存放在名片夹、公文包或上衣口袋内,保持整洁有序,避免随意乱放。

(二)递送名片

1. 名片递送原则

(1)把握时机。递送名片应选择适当的时机。通常,在初次见面、自我介绍或被介绍给对方、双方交谈融洽且有意建立进一步联系时,都是递送名片的合适时机。避免在对方用餐、与他人交谈或忙于其他事务时递送名片,以免打扰对方或引起反感。

(2)讲究顺序。在递送名片时,应遵循一定的顺序。一般来说,地位较低或身份较普通的人应先向地位较高或身份尊贵的人递送名片,体现尊重。但如果是对方先递出名片,则应大方接受并回赠自己的名片。

在多人场合中递送名片时,应按照职位高低、年龄大小或到达顺序等因素进行排序。如果无法确定具体顺序,可以采用由近及远、顺时针或逆时针方向依次递送的方式。

(3)礼貌先行。递名片前,先打招呼以示尊重,如作自我介绍或说"您好""很高兴认识您"等礼貌语,再提出交换名片意愿。

2. 名片递送礼节

(1)右手或双手递出。辈分较低者,率先以右手递出个人的名片。避免左手递送:在大多数文化中,左手被视为不洁之手,因此应避免使用左手递送名片。

(2)上司优先。上司在场时,等其先递名片;拜访时,经上司介绍后再递。

(3)名片整洁。保持名片干净平整,避免污损或书写无关内容,存放于上衣内袋。

(4)尊重意愿。交换名片时,尊重对方意愿,不强求。

3. 名片递送流程

(1)观察意愿。在递送名片前,应观察对方是否有结识的意愿。如果对方并无兴趣或正在忙碌,则不宜强行递送名片。

(2)递送名片。递送名片时,应双手或右手持名片,名片的正面朝向对方,使对方能够清晰地看到名片上的信息。如果双方距离较远,可以稍微欠身,将名片递送到对方手中。如果对方是少数民族或外宾,应当把上面印有对方认得的文字那一面面对对方。

(3)礼貌用语。在递送名片时,注视对方,可以说一些客套话,如"请多关照""请多指教"等,这有助于营造和谐的交流氛围。

(三)接收名片

接收名片的基本流程有:起身迎接、面含微笑;双手接收;认真阅读;礼貌致谢;精心存放;及时回应。

(1)起身迎接。当对方递上名片时,不论自己多忙,都应暂停手中的事务,起身站立,面含微笑双手接过名片。

(2)双手接收。尽量使用双手接过名片,这是传统的礼仪,也是对对方的尊重和重视。如果只能用一只手,也应选择用右手接过,避免使用左手。

(3)认真阅读。接过名片后,应认真阅读名片上的内容,包括对方的姓名、职务、单位名称、联系方式等,并给予一定的赞美,阅读名片也是对对方的一种尊重。

(4)礼貌致谢。在接收名片时,应使用礼貌用语向对方表示感谢,如"谢谢您的名片"或"感谢您的分享",这有助于营造和谐的交流氛围。

(5)精心存放。收到名片后,应妥善保存,避免随意丢弃或折叠。可以将名片放入名片夹、公文包、办公桌或上衣口袋内。切勿将名片放在腰以下的口袋里,这被视为不礼貌的行为。同时,也不要在名片上涂写或做其他标记。

(6)及时回应。在接收名片后,如果条件允许,应及时回赠自己的名片。如果没有名片或名片用完了,应向对方说明情况并表示歉意。此外,在后续的交流中,可以提及名片上的信息,以加深印象和联系。

(四)交换名片

1. 名片交换礼仪

(1)时机。双方有结识意愿时,如初次见面、被介绍、对方索要或提议交换。

(2)顺序。多人交换时,地位低者或访客先递名片,也可按座次顺序交换,特殊情况可按方向依次进行。

2. 索要名片的方法

(1)交易法。把自己的名片首先递给对方。

(2)明示法。直接询问,用于熟人之间。

(3)谦恭法。说法比较委婉,晚辈、年轻人对长辈提出比较合适。

(4)联络法。上级对下级、长辈对晚辈、平级之间交换。

四、接待用语礼仪

接待活动中,语言须文明诚恳,语调柔和适中,吐字清晰。称呼宜用尊称、敬称,避免爱称、昵称等,尽量不直呼其名。

(一) 常用接待语言

1. 常用礼貌用语十二字

欢迎、请、您好、谢谢、对不起、再见。

2. 不同场所的待客用语

(1) 问候语——你好、早上好、路上辛苦了。

(2) 欢迎语——欢迎光临、欢迎您前来。

(3) 送别语——您慢走、欢迎您下次光临、再见、祝您旅途愉快。

(4) 道谢语——谢谢、非常感谢。

(5) 道歉语——对不起、打扰您了、失礼了、不好意思、请稍候、请您稍等一下、实在对不起让您久等了。

(6) 应答语——好的、可以、没问题、是的、我明白了、不客气、没关系。

(7) 征询语——请问您有什么事?需要我帮您做什么吗?您还有别的事吗?请您再说一遍可以吗?

(8) 需要打断客人的谈话——对不起,打扰一下。

(二) 称呼用语

1. 对不同对象的称呼用语

对不同对象的称呼用语见表2-8。

表2-8 对不同对象的称呼用语

称呼对象	称呼方式	举例
比自己年长且德高望重的人	姓+老	李老、赵老
比自己年龄小、身份低的人	小+姓	小王、小刘
知识界、教育界、艺术界的人	姓+老师/先生	张老师、王先生
职业特征比较明确的人	姓+职业称谓	李大夫、刘医生
国家干部和有明确职位的人	姓+职位	王经理、赵局长
比较熟悉的同学、战友、同事、朋友	一般可直呼其名	略
生活中或非正式场合某些非亲属但又比较熟悉的人	以亲属称谓称呼	王姐、张阿姨、赵叔叔

2. 职场称呼类型

(1) 职务性称呼

职务性称呼是公务交往中最为常见的称呼。分三种情况:①仅称行政职务(如董事长、总经理),适用于熟人;②姓氏加行政职务(如谭董事、汪经理),适用于一般场合;③姓名加行政职务(如王惟一董事长),适用于正式场合。

(2) 职称性称呼

对拥有中高级技术职称者,可直接以此称呼,尤其在需强调技术水准时。分三种情况:①仅称职称(如总工程师),适用于熟人;②姓氏加职称(如谢教授),多用于一般场合;③姓名加职称(如柳民伟研究员),常见于正式场合。

(3) 学衔性称呼

强调科技或知识含量时,可用学衔性称呼,认可其学术水平。分四种情况:①仅称学衔(如博士),适用于熟人;②姓氏加学衔(如侯博士),适用于一般性交往;③姓名加学衔(如侯钊博士),适用于正式场合;④昄确学科的学衔加姓名(如经济学博士邹飞),最为郑重。

(4) 行业性称呼

在不了解具体职务、职称、学衔时,可用行业性称呼。分两种情况:①职业性称呼,如老师、大夫、司机、警官,可加姓氏或姓名;②约定俗成的称呼,如小姐、先生,亦可加姓氏或姓名。

3. 涉外交往中的称呼

涉外交往中,因国情文化差异,称呼有别于国内。一般交往中,根据对方职业,称呼有所不同。

(1) 商界人士

常称小姐、女士或先生,可加姓氏或姓名,如玛丽小姐、比尔·盖茨先生。多数国家不习惯称呼行政职务。

(2) 政界人士

一般称小姐、女士或先生,也可加行政职务,如市长先生。职务高者可称阁下,但美国、德国等无此称呼。

(3) 军界人士

国外常仅称其军衔不称其职务,方式有四种:仅军衔(如将军)、军衔加先生(如少校先生)、姓氏加军衔(如朱可夫元帅)、军衔加姓氏加先生(如布莱德雷上将先生),最后一个为最正规的称呼。

(4) 宗教界人士

一般称神职,如牧师、阿訇等,可加姓氏(如谢尔盖神父)或先生(如传教士先生)。

(5) 教育、科技、卫生、司法界人士

主要称其职称或学衔,如教授、工程师等。可加姓氏(如蒙代尔教授)、加先生/小姐(如法官先生)或同时加姓氏及先生/小姐(如里奈博士先生)。

4. 正式场合的忌称

公务交往中,忌用失敬称呼,主要有五种。

(1) 错误性称呼

因粗心或不用心导致。包括两种情况:①误读姓名,如翟、江等易误读姓氏;②误会身份,如将未婚女性误称夫人。

(2) 不适当称呼

正式场合应避免以下称呼:①替代性称呼,如下一个、12号等;②跨行业称呼,如同学、战友等用于界外之人；③不恰当简称，如范局、沙司等非正式称呼。同时，不打招呼也无称呼，极为不礼貌。

（3）非通行称呼

部分称呼为地区或国内专用，超出范围易产生歧义。如北京称师傅，山东称伙计，同志、爱人等不宜用于外国人。

（4）庸俗称呼

正式场合勿称兄道弟，显得不正式。

（5）绰号称呼

不应擅自用绰号称呼他人，无论自起还是听闻的绰号都不宜用，侮辱性绰号更应严禁。

（三）接待用语的技巧

（1）多用祈使句，少用命令句。如："请您稍等，总经理正开会。"

（2）多用询问句，以示尊重。如："抱歉，总经理现在没空，但陈副经理现在有空，您想和陈副总经理谈一下吗？"

（3）委婉拒绝，态度诚恳。如："主任开会，能否改时间？我会尽快安排。"

（4）恰当使用"负正法"，先负后正更易接受。如："约见推迟到明天，虽然今天让您白跑一趟，但总经理明天时间更充裕。"

（5）耐心倾听，细致观察宾客言谈举止。因人、时、地制宜，确保言辞切中要点。

任务四 涉外接待

实训任务 2-4 拟制涉外接待工作方案

本市在3个月后将举办国际电子产品博览会,市内的某电子公司将迎来来自美国、英国、印度等世界各地的上下游客户来访,为确保交流洽谈顺利进行,展现公司专业形象与文化,现对办公室接待人员进行详细的接待任务布置及要求说明。一是接待前准备资料。包括更新并打印中英文版公司介绍、产品目录及成功案例集;确保每位接待人员有足够数量的中英文名片;根据客户类型准备相应的产品演示文稿、合作提案或洽谈要点文档。二是环境布置。接待区保持整洁、明亮,布置绿植、企业标识及欢迎横幅;会议室提前预订并布置好会议室,包括投影设备、音响、茶水及座椅安排,确保设备正常运行;设置清晰的会议地点、洗手间等中英文指示牌,便于客户快速找到目的地。三是人员安排。确定接待团队名单,包括总负责人、引导员、翻译、技术支持及后勤支持人员;明确各岗位职责,确保无缝对接。

任务: 拟制一份涉外接待工作方案。
1. 列出详细的涉外接待流程清单,包括接待时间、地点、参会者、活动流程等。
2. 制定人员清单,明确每个人的职责和任务。
3. 编制费用清单,预算并控制接待成本。

要求:
1. 分组进行实训,每组3~4人,每组选择一名组长负责协调。
2. 实训结束后,每组须提交一份涉外接待工作清单、涉外接待人员清单以及费用清单。

评价: 组员评价、组间互评和老师点评。

涉外礼仪对于个人、单位乃至国家都具有重要影响。宏观上,涉外礼仪体现国家形象与地位;中观上,代表公司、社团形象,影响合作成败;个人层面上,反映个人形象、素质及文化修养。

一、涉外接待的基本原则

(一)维护国家利益

在涉外接待工作中,维护国家利益是首要且不可动摇的基本原则。这一原则贯穿于接待活动的始终，确保所有行为、决策和对外交流都符合国家的根本利益和安全。在参与涉外交往活动时，应时刻意识到在外国人眼里，自己是国家、民族、单位组织的代表，坚决维护国家的主权、安全和发展利益。在任何情况下，言行都不能有损国家尊严、利益或安全。在接待过程中，对于涉及国家秘密、商业秘密或敏感信息的内容，要严格遵守保密规定，防止信息泄露，确保国家安全和利益不受损害。涉外接待工作具有一定的复杂性和敏感性，必须时刻保持高度的安全意识，制定周密的安全预案和应急措施，确保接待活动的顺利进行和人员安全。

在涉外接待中，应保持不卑不亢的态度。既不应过分自卑或低三下四地迎合对方，也不应自大狂傲或放肆嚣张地对待对方。应做到既谨慎又不拘谨，既主动又不盲动，既注意慎独自律又不是手足无措、无所事事。这种态度可以展现出个人的自信和从容，以及国家的尊严和实力。

（二）信守时约

信守时约是国际交往中的基本礼仪，它体现了对他人的尊重与自身素养。无论是参加会议、宴会还是私人约见，都应严格遵循约定时间。过早到达可能给对方带来不便，而迟到则显得失礼，甚至可能引发误解。若因故无法准时赴约，务必提前通知并致歉，以维护双方关系。

在拜访时，特别是拜访外商，更需注重时间管理。未经预约直接造访被视为不敬，而选择合适的时间段，如上午十时或下午四时，则能体现对主人的尊重。进入对方居所或办公室前，应先请人通报并征得同意，这是基本的礼貌。

守时不仅关乎个人信用，更是对交往对象的尊重。在商务或私人场合中，准时到达不仅提高了效率，也促进了和谐氛围的营造。若因不可抗力迟到或需更改约定时间，及时沟通并诚恳道歉至关重要，这有助于维护双方的良好关系。

为避免不按时赴约而造成"礼宾事故"，我们应在约定之初就明确时间、地点等细节，并记录在日程中，以防遗忘。面对突发情况，提前通知对方并解释清楚，是展现责任感与礼貌之举。总之，信守时约是人际交往中的黄金法则，它有助于建立信任、促进合作，并让我们的社交活动更加顺畅和谐。

（三）女士优先

"女士优先"是国际礼仪原则，适用于成年异性社交。要求男士在社交场合尊重、照顾、体谅、关心、保护女性，为其排忧解难，对所有女性一视同仁，避免使女性陷入尴尬困境。

（四）尊重隐私

涉外接待需热情友好且适度，严格遵守尊重隐私原则。国际交往中，收入、年龄、婚恋、健康、住址、经历、政见、事务八大私人问题被视为隐私，即"个人隐私八不问"，应避免主动提及，以免冒犯对方或引起对方不适。

除了个人隐私问题，还有一些话题需要回避，如党派、宗教、信仰、风俗、历史等话题，一

般可选择诸如风土人情、科学教育、体育比赛、文艺演出、电影电视、风景名胜、旅游度假,还有名著、名画、名曲、当代新闻、职业爱好等双方都感兴趣,且轻松愉快的话题。

(五)以右为尊

国际交往中的"以右为尊"原则是一种普遍适用的礼仪规范,在现代国际交往、商务、社交及日常生活中广泛应用。"以右为尊"原则指的是在并排站立、行走、就座或排列时,将尊贵、重要的人安排在右侧,而左侧则相对次之。这一原则体现了对尊贵者的尊重和礼遇。该原则适用范围有国际交往,包括政治磋商、商务往来、文化交流等各个领域的国际活动;商务活动,包括商务谈判、签约仪式等;社交应酬,如私人聚会、宴会等社交场合。具体应用在:

(1)座位安排。谈判桌上,客方谈判人员通常坐在右侧,而主方谈判人员则坐在左侧;宴会厅中,面对正门时,右侧的桌位通常被视为主桌或尊贵桌位,左侧则相对次之;在同一张宴会桌上,主宾通常坐在主人右侧的席位上,以示尊重。

(2)站立与行走。在并排站立或行走时,尊贵者或客人应站在或走在右侧,而主人或身份较低者则站在或走在左侧。

(3)国旗悬挂。在国际交往中悬挂国旗时,通常按照"以右为尊"的原则进行并排悬挂。来访国国旗挂在右侧,本国国旗挂在左侧。

需要注意的是,特殊情况下,"以右为尊"的原则可能会有所调整。例如,在接待外宾时,当主人去外宾下榻的地方进行拜会或送行时,主人的身份暂时转变为"客人",此时外宾则"反客为主",在并排排列时使外宾居左,主人居右。这体现了对外宾的特别尊重和礼遇。

二、涉外接待仪容仪表

(一)涉外接待的基本要求

涉外交往礼仪的前提是尊重他人。美国学者布吉尼教授提出,尊重他人的"3A"原则:接受别人(Accept)、重视别人(Appreciate)、赞美别人(Admire)。

1. 接受别人

非原则性沟通时,视客人为正确,避免挑剌或让对方难堪,不打断、不轻易补充、不随意更正对方。

2. 重视别人

以欣赏的态度重视对方,如认真看名片、热情款待、使用尊称等,多看优点,不当众指正缺点。

3. 赞美别人

著名学者乔治·枚奥指出,尊重别人就是尊重自己,发现别人的优点,实际上就等于肯定自我,展现宽容、谦虚与好学。在涉外交往中,应适时发现并赞美他人的优点,这不仅是对他人的欣赏,也是自信的表现。

（二）涉外接待的着装

涉外交往中，要注意着装的选择与搭配、穿着的细节与规范两个问题。

1. 男士着装的选择与搭配

（1）颜色与款式。西装颜色以深色系为主，如藏蓝色、灰色等，这些颜色显得庄重、沉稳，适合正式场合。款式上，应选择剪裁合身、线条流畅的西装，避免过于宽松或紧绷的款式。

（2）衬衫与领带。内搭衬衫应为白色或浅色系，与西装颜色形成对比，显得清爽、干净。领带的选择应与西装、衬衫相协调，颜色不宜过于鲜艳或跳跃。在打领带时，要注意领带的长度和宽度，以及领带的系法，确保整洁、美观。

（3）鞋子与袜子。鞋子应选择黑色或深棕色的皮鞋，最好是系带款式，以确保穿着稳固。袜子颜色应与鞋子相匹配，深色袜子为佳，避免白色或浅色袜子，以免在坐下时露出。

2. 女士着装的选择与搭配

女性涉外接待的着装要求，旨在展现得体、尊重与专业，同时考虑不同场合的适宜性。

首先，整洁是基础。所有衣物应干净、无污渍、无破损，避免褶皱，这是展现个人形象与专业态度的第一步。

其次，颜色搭配和谐。涉外接待时，服装颜色不宜过于花哨，以不超过三种颜色为佳，整体色调以稳重、大方为主，如深蓝、灰色或米色等。

再次，款式选择得体。正式场合，女性可选择西装套裙或连衣裙，裙长应过膝。非正式场合可选择休闲装。鞋子应与服装整体风格相匹配，通常为黑色或棕色皮鞋，并保持干净、光亮。穿裙装时，应搭配肉色或深色丝袜，避免袜口外露，同时确保丝袜无破损、无抽丝。配饰方面，应选择简洁大方的款式，如简约的项链、耳环和手链，避免过于华丽或夸张。

最后，需根据具体场合调整着装。参加晚宴或舞会等正式活动，女性可选择礼服或晚装，以展现高雅与尊贵。在日常工作或会议中则应更注重服装的实用性与舒适度，同时保持整洁与专业。此外，还需注意发型、妆容和指甲等细节。

3. 穿着的细节与规范

（1）扣子的系法。西装的扣子有一定的系法规范。在站立或需要面对他人时，应系好西装上衣的扣子。对于双排扣西装，扣子应全部系上；单排两粒扣西装，只系上边一粒扣子；单排三粒扣西装，可以系中间一粒扣子或上边两粒扣子。在坐下时，可将扣子解开，以保持舒适。

（2）内衣的搭配。穿西装时，内衣要单薄，避免穿着厚重或颜色鲜艳的毛衣等。如果需要保暖，可以选择一件单色薄型的V领羊毛衫穿在衬衫外面。

（3）衣物的整洁度。西装、衬衫等衣物应保持整洁、无皱褶。在穿着前应进行熨烫处理，确保衣物平整、挺括。同时，要注意保持衣物的清洁，定期清洗和保养。

（三）涉外接待的言行举止

（1）讲究仪表和衣帽整洁。涉外接待人员应注重个人卫生和形象，保持面、手、衣履的洁净。头发、胡须应修剪整齐，指甲应保持清洁并修剪至适当长度，不留污垢。衣着应整洁笔挺，不能有褶皱，纽扣应整齐扣好，避免在公共场合整理衣物。

（2）举止得体。举止应大方得体，态度端庄和蔼，精神饱满自然。在站、坐、走时都应符合常规礼仪，避免任何失礼或不合礼仪的言行。

（3）说话客气。在涉外接待中，应注意言辞的礼貌和谦逊，避免使用粗俗或冒犯性的语言。同时，要注意自己的身份和场合，做到说话得体、有分寸。

礼貌用语是涉外接待中不可或缺的一部分。使用"你好""请""谢谢""对不起""再见"等礼仪语言，可以传达出对他人的尊重和友好，是展现个人素养和国家形象的重要方式。

三、涉外接待礼宾次序

（一）礼宾次序排定方法

礼宾次序，又称礼宾序列，是指礼仪场合中按规则和惯例排列的参加团体或个体的先后次序，体现对宾客的礼遇和平等地位，对公司形象和来宾至关重要。内容包含位次客体（大小、上下、前后，国际场合以右为尊）和位次主体（对象的大小先后，随人员及活动内容变动）。安排不当可能引发争执和误会。涉外活动礼宾位次排定常见方法有三种。

1. 按身份和职务的高低排列

这是礼宾次序排列的主要依据，但实际情况复杂，需考虑平级关系、年龄、资历、知名度、影响力及与主人的亲疏等因素，灵活统筹，不能教条化。参加者身份和职务以确认材料或正式通知为依据，不可凭主观印象或个人想法随意申报判断。

2. 按字母或笔画顺序排列

多边活动参会者不便按身份职务排列时，可采用字母或笔画顺序。按字母顺序，即按名称或姓名字母依次排列，首字母相同则按后续字母排列，多用于涉外公关活动，可按英语、法语等语种排序，但不可混用多种语种排序。

华人活动参加者应按汉字笔画顺序排列，而非拼音。排列依据为第一个字的笔画多寡，相同则按笔顺，再同则按字形结构（左右、上下、整体）。第一个字相同则依后续字排列，方法同上。同姓时，单名在双名前。无论哪种排序，需确保名称和姓名用字无误。

按字母顺序排列礼宾位次虽具普遍性和公平性，但适用性因活动性质、目的、参会者身份及国际惯例和东道国礼仪而异。

3. 按通知和抵达时间的先后排列

团体礼宾次序常依通知日期、抵达时间或答复时间排列，分为三种方式：按通知组建日期、按抵达活动地点时间、按答复派遣邀请时间。

在不互相排斥的大多数情况下，涉外接待活动的位次排列方法正是这三种排列方法的交叉结合。

（二）外宾迎送礼宾次序

接待中遵循次序礼仪能彰显来访者身份，体现尊重。要求包括：

（1）迎宾时介绍迎宾人员，适时握手，不强求拥抱，献花应在握手后，避免菊花等忌用花卉，迎客主人前行，送客主人殿后。

(2) 就座时以右为上,安排客人于上级或陪同人员右侧。

(3) 上楼客人先,下楼主人先。

(4) 进电梯时,有专人看守电梯的,客人先进、先出;无人看守电梯的,主人先进、后出并按住电钮,以防电梯门夹住客人。

(5) 介绍时,应按职务从高至低或座位顺序进行。

(6) 进门时,如果门是向外开的,把门拉开后,按住门,再请客人进;如果门是向内开的,把门推开后,请客人先进。

(7) 手势基本要领:指引方向时,手臂伸直,手指并拢,掌心向上,注视目标并确认对方能看到;避免用单指或物品指点。谈话时手势适度。递物接物均用双手,忌直接指向客人。

(三)国旗悬挂礼宾次序

国旗是国家的象征,是民族的尊严。国际交往中,一个主权国家内悬挂他国国旗有着一些公认的通行惯例。

1. 悬挂双方国旗,以右为上,左为下

两国国旗并挂,以正面为准,右挂客方国旗,左挂本国国旗。在双边活动中,如两国之间的正式访问、会谈等,通常按照上述"以右为上,左为下"的原则悬挂国旗,即客方国旗挂在右侧,主方国旗挂在左侧。在国际会议、展览会、体育比赛等多边活动中,如果需要悬挂所有参加国的国旗,则通常按照各国国名字母顺序排列。这种排列方法有助于体现各国的平等地位,并减少因位次安排不当而引起的争议。一般以英文字母排列居多,但也可能根据具体情况使用其他语种的字母顺序排列。在没有外交关系的国家参与的多边活动中,只要它是所举办活动的组织成员或东道国邀请的嘉宾,东道国也应按照上述原则悬挂该国国旗。在一些具有特殊意义的活动中,如国际文化交流节、国际和平日等,可能会根据活动的主题和目的制定特殊的国旗悬挂方案。

2. 避免倒挂和竖挂

国旗不能倒挂,因为倒挂国旗通常被视为一种不礼貌或挑衅的行为。同时,一些国家的国旗由于文字和图案的原因,也不能竖挂或反挂。有的国家明确规定,竖挂需另制旗,将图案转正。

多国并挂,规格须一致。在并排悬挂两面或多面国旗时,应确保国旗的规格、尺寸大致相等,以体现平等和尊重。

3. 其他要求

在悬挂国旗时,应确保国旗的整洁和完好,避免使用破损或污损的国旗。在升降国旗时,应遵守相关的礼仪规范,如服装整齐、立正脱帽行注目礼等。在不同场合下悬挂国旗时,还应注意遵守当地的法律法规和国际惯例,以确保活动的顺利进行和各国的尊严得到维护。

(四)宴请礼仪

1. 掌握出席时间

掌握出席时间体现了对对方的尊重,迟到、早退、短留均不宜。正点或稍晚一两分钟到

达宴会，提前或按主人要求亦可；酒会则按请柬时间到达。需提前退席时，应事先说明或届时悄悄离去。

2. 餐具的使用

中餐用碗筷，西餐用刀叉盘。中餐西吃则二者皆备。用刀叉时，右手持刀，左手持叉，切块后用叉送食。用餐时按顺序取用刀叉，吃完并排放盘内，未吃完则摆八字或刀口向内。特定食物可手撕或切小块吃。切硬肉时，叉要叉牢，刀紧贴叉下。切菜时避免撞击盘发出声音，难叉食物用刀轻推。非汤食不用匙，汤匙由内而外舀汤，盘可外托防声响，热汤不吹待凉饮。腥味食品配柠檬，手挤汁去腥。

3. 餐巾的使用

餐桌上的餐巾不能擦脸，也不能用来擦餐具，一般是铺在膝盖上，防止弄脏衣服。手、嘴巴脏了，可以用餐巾擦擦手指头或者嘴巴，但不能拿餐巾擦鼻涕、吐痰。用完餐巾后，把它放到餐桌上即可，不用折叠好。吃饭时左手位置有热毛巾，用来擦拭脸上的汗水，但擦脸的动作不要过于夸张。

4. 注意事项

嘴里有食物时不要含着东西说话。主人、主宾讲话时，要暂停用餐。吐骨头、鱼刺的时候，不能直接吐出，要吐在手上或叉子上，然后放入盘子里。用过的刀叉、牙签、果皮、餐纸都不能放在桌子上，要放在盘子里。剔牙时要用餐巾或手捂住嘴巴，不能用手去抠，用指甲去剔。如果遇到意外，如餐具掉了或发出很大声响，不要惊慌，可说声"对不起"。涉外宴请时，喝酒一般不超过酒量的三分之一，可敬酒，但不劝酒。

排队取菜时不乱挤、加塞；一般按冷菜、汤、热菜、点心、水果顺序取菜，按顺序用餐，不要将所有菜堆在一起；量力而行，吃多少取多少，不浪费，不外带。勿围在菜桌旁，取完立即退开，以便让别人去取。

四、涉外接待的禁忌

涉外接待的禁忌涉及多个方面，这些禁忌旨在确保国际交往中的尊重、得体与和谐。

（一）数字禁忌

许多西方国家普遍认为"13"这个数字是不吉利的，在日常生活中，他们总是尽量避开这一数字。另外，他们还认为星期五是不吉之日。在日本尽量避免"4"和"9"两个数字，因为日语中"4"与"死"同音，"9"与"苦"同音。韩国也比较忌讳"4"。俄罗斯等国喜欢单数，他们认为双数是不吉利的，所以送花的数量不能是"13"或双数。

（二）手势或行为禁忌

1. 掌心向下的招手动作

在中国，掌心向下的招手动作通常用于招呼别人过来。然而，在美国，这一手势通常用于叫狗过来，如果在美国使用可能会给人带来误解或不适。

2. 翘起大拇指

翘起大拇指在多数文化中都表示顺利或夸奖别人。但是，在美国和欧洲部分地区，这个手势也表示要搭车。在德国，它表示数字"1"，在日本表示"5"，在澳大利亚则可能被视为不礼貌或侮辱性的手势。因此，在涉外交流中，应谨慎使用这一手势，避免引起不必要的误解。

3. OK 手势

OK 手势在美国意味着"同意""顺利"，但在法国表示"零"或"毫无价值"，日本为"钱"，泰国为"没问题"，巴西则视为粗俗。涉外交流时需依当地文化慎用。

4. V 形手势

V 形手势（掌心向外）主要是表示"胜利"的手势，广泛流传于世界各地。然而，如果将掌心向内，在某些文化中则可能变成骂人的手势。因此，在使用 V 形手势时，应注意掌心方向，避免引起不必要的冲突。

5. 摆弄手指

反复摆弄自己的手指，如活动关节、捻响、攥着拳头或手指动来动去等，可能会给人一种无聊或不耐烦的感觉，影响交流氛围。因此，在涉外交流中应避免摆弄手指。

6. 其他行为禁忌

不尊重老人和妇女、不遵时守约、言行不礼貌、随意吸烟、轻易应允、不讲卫生等行为需要回避。在涉外接待中，应时刻注意这些禁忌，以维护国家的良好形象和确保国际交往的顺利进行。

（三）花卉禁忌

1. 菊花

菊花在中国通常用于表示哀悼和怀念，但在国际上，特别是法国、意大利、西班牙等国和拉丁美洲地区，菊花往往被视为不吉利的象征，代表悲痛和苦楚，不适合作为礼物赠送。

2. 白百合

在印度和欧洲一些国家，白百合通常被用作悼念逝者的忠诚吊唁品，因此不适合作为日常礼仪的赠送花卉。

3. 荷花

日本人对荷花有忌讳，认为荷花与丧葬有关，不适合在喜庆场合或日常礼仪中赠送。

4. 郁金香

在德国，郁金香被视为"无情之花"，送此花可能意味着断交，因此对德国人忌以郁金香为馈赠品。

（四）颜色禁忌

不同的国家和地区，由于历史、文化、宗教和传统的差异，对颜色的理解和使用有着各自独特的禁忌。

1. 红色禁忌

（1）中国。红色在中国文化中通常代表喜庆、吉祥和热情，然而，在某些特殊场合，如葬

礼上,红色被视为不吉利的颜色,应避免使用。

(2)印度。在印度,红色有时与纯洁和神圣相关联,但在某些宗教仪式或场合中,特定颜色的使用可能受到限制。

(3)巴西。在巴西,红色有时可能被视为具有挑衅或激进意味的颜色,因此在商业或政治场合中应谨慎使用。

2. 黄色禁忌

(1)中国。黄色在中国历史上曾是皇家的专属颜色,象征着尊贵和权力,然而,在现代社会中,黄色在某些情境下可能被视为庸俗或低俗的象征,因此在使用时需谨慎。

(2)叙利亚、埃塞俄比亚和巴基斯坦。在这些国家,黄色通常与死亡和哀悼相关,因此在涉外交往中应避免使用黄色。

3. 绿色禁忌

(1)日本。在日本文化中,绿色有时被视为不吉利的颜色,特别是在与死亡和丧事相关的场合中。

(2)伊朗。在伊朗,绿色具有特殊的宗教意义,但在某些政治或社会背景下,绿色可能引发敏感或争议,因此需特别注意。

4. 蓝色禁忌

(1)埃及。在埃及文化中,蓝色有时被视为与死亡或邪恶相关的颜色,因此在涉外交往中应避免使用。

(2)比利时。比利时人忌讳蓝色,若遇不吉利的事,常穿蓝色衣服。

5. 其他颜色禁忌

土耳其。土耳其人忌讳使用花色,认为其带有凶兆。

此外,还有国家因历史和政治原因对某些颜色有特定的禁忌,如法国和比利时忌用墨绿色,委内瑞拉忌用红、绿、黑、白、茶色(表示五大党),爱尔兰忌用白、红、蓝色组合(英国国旗色),巴西忌用棕黄色和紫色等。

在涉外交往中,了解并尊重不同国家和地区的颜色禁忌至关重要。通过了解这些禁忌,我们可以避免因颜色使用不当而引发误解或冲突,从而更好地促进国际交流与合作。

日常事务

 学习目标

项目名称	任务分解	知识目标	能力目标	素质目标
日常事务	任务一 通信工作	1. 熟悉电话基本礼仪； 2. 掌握接听与拨打电话的程序； 3. 了解网络在线沟通的方法和细节	1. 能够正确接听、拨打电话，符合电话礼仪； 2. 能够准确全面记录电话内容； 3. 能够正确使用网络在线沟通方法	1. 培养严谨工作的作风； 2. 培养勤于思考、做事负责的良好作风； 3. 培养良好的职业道德； 4. 培养质量意识、安全意识； 5. 培养诚信、勤俭节约意识； 6. 培养规则意识； 7. 爱国敬业、保守国家秘密
	任务二 值班工作	1. 了解值班工作； 2. 熟悉值班内容	1. 能够制定值班工作表； 2. 能够制作值班资料； 3. 能够完成值班的主要任务； 4. 能够制定值班工作制度； 5. 能够处理值班的突发事件	
	任务三 用品管理	1. 了解办公用品分类； 2. 知晓办公用品及设备的采购程序和步骤； 3. 熟悉办公设备和办公用品的库存监管过程； 4. 熟悉办公用品接收、库管、发放的流程和要求	1. 能够熟悉操作办公用品及设备的采购程序和步骤； 2. 能够实施办公用品的库存管理； 3. 能够按照流程正确进行办公用品的发放； 4. 能够操作各类办公设备并且进行简单故障的排除	
	任务四 印章管理	1. 了解印章的种类、使用范围和特点； 2. 学习印章的保管、用章的申请和审批程序	1. 能够识别真假印章； 2. 能够正确保管和使用印章	
	任务五 保密工作	1. 认识办公室秘密； 2. 熟悉办公室保密工作及其重点； 3. 熟悉做好保密工作的方法	1. 能够确定密级和保密期； 2. 能够制定办公室保密制度； 3. 能够在办文、办会等事项中做好保密	

任务一 通 信 工 作

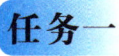 任务导入

 紧急联络通知

　　假设你是一位行政助理,今天早上突然接到上级通知,由于恶劣天气影响,原定于今天下午的全体员工会议改为线上会议。全体员工会议后的部门经理会议时间调整为明天上午9点,线下会议。你的任务是立即拨打公司各部门经理的电话,通知他们这一变更,并确认他们已接收到信息且能参加明天的线下会议。

　　任务:模拟一次紧急情况下的电话拨打过程。

　　要求:

　　1. 准备好部门经理的电话号码清单。

　　2. 逐一拨打电话,简短自我介绍并说明来电原因。

　　3. 清晰传达全体员工会议改为线上会议及部门经理会议调整的具体时间和要求。

　　4. 询问对方是否收到通知并确认能否参加明天的会议。

　　5. 根据对方反馈,做好记录,如有需要,提供线上会议的接入方式或链接。

　　6. 通话结束后,整理并上报通知情况,确保所有部门经理都已得到通知。

　　注意在模拟过程中保持语速适中,语气诚恳,确保信息传递准确无误。

　　评价:组间评价和老师点评。

一、拨打电话

在现代社会,电话已经成为不可或缺的通信交往手段,是"不见面的交往"。打电话时说话要清晰,要注意声音"表情",音量要适中。

(一)拨打电话应遵循的原则

1. 文明礼貌

(1)用语文明。牢记"您好""请""谢谢"等基本用语,避免语言粗俗。

(2)态度文明。声音亲切,平等热情服务。代找或转告要耐心,解答疑问要细致。

(3)举止文明。电话交谈过程中,保持正确坐姿,声音响亮集中;避免嘴里有东西,要彰显礼貌,微笑说话,声音热情。

　　2. 清晰准确

　　在电话联络中,语言声音是唯一的沟通媒介,发音清晰至关重要,避免让对方误解。文员应用普通话准确表达,避免含糊。电话记录亦须清晰,字迹端正。

　　3. 简短高效

　　电话是现代社会十分方便的通信工具,但随意使用可能降低效率。文员通话应简短,遵循"商界通话三分钟"原则,即工作通话控制在三分钟内,确保清晰准确,语言简短高效。

　　4. 安全保密

　　文员需严格保密,防止电话泄密。措施包括:涉密事项用保密电话,婉拒或岔开普通电话中的秘密询问,通话时核实对方身份,重要来电录音备查,重要情况汇报用内部电话。

(二) 拨打电话前的准备

　　1. 准备好谈话内容

　　内容可涵盖"5W1H",即何人(who)、何时(when)、何地(where)、何事(what)、何因(why)、何种方法(how)。事多时可备记事本,逐条记录并理顺逻辑。

　　2. 选择好拨打时机

　　拨打电话需选恰当时段,最佳时间为约定时间或对方方便时,避开不适时段,如周一早晨、周五晚上、午休时间、非工作时间。非急事勿在非上班时间打扰对方。国际通话还需考虑时差与习惯。

　　3. 情绪准备

　　拨打电话时第一声非常关键,影响交往印象。拿起话筒时要心情愉快,声音亲切,微笑传递愉悦友好。

　　4. 相关资料和文具准备

　　事先准备纸笔文具,将可能用到的文件资料放在易取位置,以便快速查阅,节省通话时间,体现对对方的尊重。电话机应置于便于接听的位置,习惯右手写字者,建议将电话放在办公桌左侧,便于来电时右手记录。

　　拨号前,务必确认电话号码无误,特别是区号、分机号等细节,避免先摘机再核对号码造成时间浪费。同时,了解清楚对方的姓名、身份和职务,尤其是面对不熟悉的人,以免因称呼不当给对方带来尴尬或不悦。

　　5. 预案准备

　　打电话前思考应对方案,人不在时,考虑留言、转找或留联系方式回电。预备对方可能提问的答案。

(三) 拨打电话的基本程序

　　1. 正确拨号

　　左手持听筒,右手拿笔,便于记录。摘机后马上拨号,防止拨错。铃响六七声无人接听则挂断,可稍后重拨,两次未接通可换方式或时间再尝试联系。

2. 自我介绍

电话接通先问好,确认对方身份:"您好!请问是××先生/女士吗?"得到回应后自我介绍:"您好,我是××办公室的文员。"对方若先自我介绍,就直接说目的。如果找错人,别急着挂,说声谢谢或留言。

3. 适当寒暄

初次或久未联系者,接通电话先简短寒暄"破冰"。寒暄不宜过长,随后快速转入正题。内容较多时,先提醒对方,让其有所准备。

4. 陈述内容

寒暄后,清晰陈述通话内容。陈述完毕后,强调重点,核实易错信息,如时间、地点等,必要时请对方重复或记录。

5. 中断电话

通话中遇需中断情况,如敲门、另外有电话响起,应向对方打招呼,致歉并请求对方稍等,再挂断。短时间能处理完的事情,可让对方等待;若需时较长,应及时告知并商定继续通话的时间。中断时,勿将话筒仰放或侧放,应扣于桌面或启用"闭音"功能,保护内部信息。若因线路故障中断,立即重拨并解释,避免误会。

6. 礼貌告别

结束通话前,确认事项无遗漏,细节已对接好。感谢对方帮助,礼貌告别,让对方先挂电话,己方挂时先按叉簧再放听筒,避免"摔"电话。确保听筒放实,避免未挂断导致泄密等问题的出现。

7. 整理记录

重要来电应做好通话记录,以备核查。

二、接听电话

(一)接电话的基本程序

1. 记录准备

应在电话旁备电话记录表和笔,铃响左手摘机,右手记录,养成记录习惯。

2. 注意选择接电话的时机

按国际惯例,电话铃响2~3声内应接听。铃响即接或第一声铃未响完就接,对方可能慌乱且易掉线;超3声不接,对方易失耐心,且打扰同事。若因特殊原因迟接,接通后应先致歉。

3. 报出公司或部门名称

接通电话后,依国际礼仪,应先问候并立即说明单位,作简短的自我介绍,确保通话无误。

4. 确定来电者姓名身份

若对方未自我介绍,应避免直接询问身份目的,而应礼貌探询。原则上不明确对方身份和意图之前不轻易打扰上级。若遇错拨或串线,应保持友好,先介绍自己,对方若道歉,应回应"无妨",并可主动询问是否需要协助查找正确号码,展现热情态度,对每位来电者一视同仁。

5. 认真听记

通话时,文员须专注,暂停他事,用心倾听,准确领会并记录对方意图,填写通话记录表,见表3-1。

表3-1 办公室通话记录表

来电日期		来电时间	
来电号码		来电时长	
来电人		记录人		来电单位	
来电内容			
办公室意见			
处理情况			
备注			

6. 结束通话

一般来说,接电话一方不宜先提出终止通话,应遵循"谁打电话谁先挂断"的原则,如果对方是长辈或者上级更应该如此。通话结束后应及时整理通话记录,处理相关事宜。

(二)接听特殊电话的处理

(1)对重要的电话和无法做出决定的电话,应该及时请示上级。电话记录要准确,并及时核对、处理。

(2)对授权范围内的电话,要及时处理。

(3)对打给同事的电话,要及时转接或传达。不要主动询问对方的身份和来意,以免有窥探之嫌。

(4)如果对方讲话听不清楚或对方说难懂的方言,应在通话开始时就向对方说明,尽量请对方放慢语速和讲普通话。

(5)对反复纠缠的推销电话,可明确、礼貌地拒绝,可以说"谢谢您多次来电,目前公司没有这方面的需求,如果有的话,我们会和您联系的"。

(6)两个电话同时打进来时,要从容应对,先接一个电话,如事情不紧急,且不能很快解决的,可请对方稍等,或表示会尽快回电话给他,然后接第二个电话。

(7)如果上级正忙或出差在外,无法接电话,可让对方留言,并表示稍后会主动联系。可简单说明上级不能接电话的原因,但不要过于详细,以免不经意间泄露公司的机密。如可以说上级正在打电话,而不要说"他正在和董事长通电话"之类的话。

(8)如果上级正在召开重要会议,而对方又是因为紧急事情致电,为了不中断会议,打扰上级,可采用递纸条的方式,纸条上写上:××特急电话找您,是关于×××事,接电话请画圈,不接电话请打钩。

三、网络在线沟通

互联网的高速发展提升了文员的办公效率，网络通信工具传递信息便捷。QQ、邮箱、微信、OA系统等网络资源功能丰富，如文件收发、音视频沟通，提高了员工的工作效率。办公室人员应熟练运用这些工具，高效沟通。

（一）微信沟通

微信是腾讯公司推出的手机聊天软件，可快速发送文字、照片，支持多人语音对讲及通过网页发送语音、视频、图片和文字。

1. 微信添加朋友的礼仪

一般情况下，相互加微信时，遵循尊者决定原则，地位低的人扫地位高的人的微信二维码，然后由地位高的人决定是否成为微信朋友。

2. 微信建群的注意事项

拉人进群时须征得对方同意，并告知群的作用和背景，避免造成不必要的困扰。严格遵循《互联网群组信息服务管理规定》第九条的规定，自觉遵守相关纪律，不发表违反政治纪律、造谣传谣等不当言论。工作群应主要用于工作交流，避免在群内聊闲话、八卦或进行与工作无关的活动。

3. 微信公务沟通应该遵循的原则

（1）微信公务沟通的用语规则。礼貌、规范、温和。使用礼貌、尊重的语言进行沟通，避免使用可能引起误解或冲突的表达方式。在沟通中保持冷静和理性，避免情绪化地回应对方。

（2）微信公务沟通的内容规则。一是内容应与公务有关。二是简明扼要，突出要点。避免冗长和复杂的表述，可以分条罗列或使用符号来标记重点，以便对方快速理解。三是信息安全与隐私保护，涉及国家和工作单位机密的内容绝对不能通过微信发送，即使是一对一发送也存在泄密风险。四是谨慎截图，不要随意截取聊天记录并发送给第三方，以防泄露隐私或造成麻烦。

（3）微信公务沟通的使用规则。一是发送时间要恰当，为确保接收方能够及时响应，最好在工作时间段内发送信息。避免在早上七点前和晚上十点后发送公务信息，以免打扰对方休息。二是处理接收延迟情况，若发送的是重要事务，建议请求对方回复以确认收到信息。或者在发送信息后，通过电话直接联系对方询问是否已接收。三是避免滥发信息，严格遵守"三禁止"原则，即禁止发送与公务无关的信息、禁止发送广告或非法内容、禁止向无关人员发送信息。四是优先使用文字沟通，为了提高沟通效率和准确性，建议尽量使用文字进行沟通，减少语音信息的使用。

（二）OA系统

OA系统是利用网络和OA软件一起建立的一个单位内部的办公通信平台，用来辅助办公。文员可以通过 OA 系统来完成公司内部的邮件通信、信息发布、文档管理、工作流程自动化等,企业内部人员能快速便捷地共享信息,高效地协同工作。

(三)电子邮件

电子邮件作为一种重要的通信工具,在沟通中发挥着至关重要的作用。它不仅提高了沟通效率,还打破了地域限制,使得人们可以随时随地与他人进行交流。

1. 电子邮件沟通的优势

(1)即时性。电子邮件能够在短时间内将信息传递给收件人,发送方几乎可以立即发送重要信息,接收方也能在合适的时间查收并回复邮件。这种即时性大大缩短了信息传递的时间,提高了工作效率。

(2)全球覆盖。电子邮件的覆盖范围几乎没有限制,只要有互联网连接,人们就可以在世界各地互相发送电子邮件。这种全球覆盖的特性消除了地域限制,增强了跨地区交流的效率。

(3)多样化的附件功能。电子邮件不仅可以传递文字信息,还能够以附件的形式发送和接收各种文件,如文档、图片、音频和视频等。这种功能使得信息传递更加全面和丰富。

(4)组织和管理功能。电子邮件提供了强大的组织和管理功能,如文件夹、标签和搜索功能等,使得用户能够更好地整理和管理沟通内容。这种功能有助于提高工作效率,减少信息丢失或混乱的风险。

(5)群发和抄送功能。电子邮件支持群发和抄送功能,使得用户可以同时将同一个信息发送给多个人,或者抄送给其他人以共享相关信息。这种功能对于团队合作、会议安排、项目跟进等工作非常有用。

(6)跨时区沟通。电子邮件的异步性使得用户可以跨越时区进行沟通。用户可以根据自己的工作日程选择合适的时间回复邮件,无须即时交流,从而避免了不同时区的时间差带来的麻烦。

2. 电子邮件沟通的技巧

(1)明确沟通目的。在发送电子邮件之前,首先要明确沟通的目的和期望的结果。这有助于你更清晰地组织邮件内容,使接收者更容易理解你的意图。

(2)使用主题。确保邮件有明确的主题,可简要描述邮件的内容或目的,以便收件人快速了解邮件的主要内容。主题栏一般有三要素:称呼问候+主题+发送者姓名。称呼或问候需要简洁,以明确邮件发送对象。邮件的主题应概括,一目了然。发送者姓名告知邮件发送者是谁,使用 QQ 邮箱或非真实姓名发送邮件时必须写上。当然,标题栏也可以只写主题。

(3)正文详细。正文需要详细阐述具体内容和要求。在编写邮件时,要注意避免使用可能引起歧义的词汇和句子,确保逻辑清楚、表达准确,以减少误解和沟通障碍。

(4)请求反馈。如果你需要接收者对你的邮件进行回复或采取某种行动,请在邮件中明确说明并请求反馈。这有助于确保沟通的有效性并促进工作的顺利进行。

(5)及时回复。作为接收者,在收到邮件后应及时回复以确认收到并表明你的态度或

行动计划。这有助于维护良好的沟通氛围并提高工作效率。

3. 电子邮件沟通的注意事项

（1）保护隐私。在发送邮件时，要注意保护个人隐私和敏感信息的安全。避免在邮件中泄露不必要的个人信息或机密资料。

（2）遵守礼仪。在邮件沟通中要注意遵守基本的礼仪规范，如使用礼貌用语、尊重他人意见等。不要发送垃圾邮件或滥用电子邮件功能。这有助于建立良好的沟通关系并维护团队和谐。

（3）定期清理。定期清理收件箱和发件箱中的邮件可以保持邮箱的整洁和有序。同时也有助于及时发现、处理重要邮件和待办事项。

任务二 值班工作

 任务导入

实训任务 3-2　制作周末值班指南

周末,公司安排了值班工作,主要任务是进行区域巡查和紧急情况的初步处理与记录。值班工作期间,值班人员需要做好以下工作。

区域巡查:从办公区开始,按照既定的巡查路线,依次检查各楼层、走廊、卫生间、机房及出入口的安全情况。特别注意门窗是否关闭锁好,消防设施是否完好,有无异常声响或气味。对于监控盲区,须特别提高警惕,通过视觉和听觉判断是否存在安全隐患。

记录信息:在巡查过程中,如发现任何问题或异常情况,应立即记录在值班记录本上,包括时间、地点、问题描述及已采取的措施(如已通知维修人员)。同时,留意并记录外来人员或车辆的进出情况,确保公司安全。

紧急应对:如遇紧急情况(如火灾、盗窃、人员受伤等),立即按照应急预案进行初步处理,并迅速报告给上级领导或相关部门。保持冷静,确保人员安全为首要任务。

交接工作:值班结束前,整理好值班记录本,详细总结当晚的巡查情况和处理结果。与接班人员做好交接工作,确保信息无误,方可离开岗位。

注意事项:在值班期间,保持手机畅通,以便随时接收指示或处理突发情况。同时,注意个人安全,避免单独进入不熟悉或可能存在危险的区域。

任务:制作值班指南,确保值班人员到岗后迅速了解所有重要事项和紧急联系人信息。

要求:值班指南的内容全面,流程清晰,具有可操作性。

评价:组间评价和老师点评。

一、了解值班工作

(一) 值班的定义

值班工作是指值班人员在值班时间内处理各项公务的活动,在节假日、双休日及正常下班后,安排专人负责处理有关事务,是办公室负责组织安排或参与的一项基本任务。值

班人员可以是指定的专职值班员，也可以是兼职人员，他们负责值班、处理公务，以保证整个组织连续运转。值班时间可以是全天，也可以是一定时间，如中午、下班后、夜间和法定的节假日。通常采用兼职轮流值班制。

（二）值班工作的特点

1. 时间的连续性

为了确保工作的连续性，日常性值班通常会有交接班制度，确保信息的顺畅传递和工作的无缝衔接。值班人员需要在规定的时间内工作，但具体工作时间可能会因单位、岗位和个人情况而异，难以预测和安排。公司值班职责范围灵活，人员可轮流，但工作需持续。为了确保信息畅通，需要杜绝空岗、脱岗现象。

2. 工作的挑战性

值班工作具有多样性和应急性，需要时刻保持警惕。有的值班人员可能需要长时间单独工作，这会对值班人员的心理和身体造成一定的压力，所以他们需要适应孤独和寂寞。值班工作具有一定的挑战性和难度，需要值班人员具备高度的职业素养和责任心，认真负责，准确履职，保证工作的质量和效率。

3. 任务的多样性

值班人员需要处理各种任务，包括接听电话、接待来访、处理突发事件、协调工作等，这些任务可能涉及多个领域和方面。及时处理各种紧急事件和问题，与来访者、相关单位和上级进行及时有效的沟通，需要值班人员具备良好的沟通能力和语言表达能力。

4. 事务的应急性

日常性值班要求值班人员能够及时响应和处理各类事务和问题，值班时，值班人员须接受传达上级指示，处理内部突发事件，完成临时任务，具体内容通常未知。因此，值班人员需要具备快速反应和应急处理的能力，能够在紧急情况下迅速做出判断和决策，采取正确的措施解决问题。

（三）值班工作的分类

值班工作会按照时间、性质、任务等不同维度进行分类。

1. 按照时间划分

（1）常设性值班。这种值班是长期设立的，不论工作日、节假日或休假日都进行的值班工作。它通常用于处理突发事件、接待来访、接听电话等任务，确保在任何时间都能及时响应和处理问题。有时将常设性值班称为永久性值班，指在某些特定情境下，某个岗位或职责需要长期有人值守，长期设立、固定安排的值班工作，由专人轮流值班。重要机关（如军队、公安等）特设的值班称为总值班室，通常设于党政司法机关办公厅，值班人员多为专职。

（2）休假日值班。这种值班是在正常工作日之外，如周末、节假日等休息时间内进行的值班工作。由于这些时间段内大部分员工不在岗，因此需要安排值班人员来处理可能出现的紧急情况或突发事件。

（3）临时性值班。这类值班指的是针对某一项任务在某一段时间内进行的值班，是根据特定情况或需要临时设立的值班工作。它可能由于某种突发事件、特殊任务或临时需求而产生,需要安排值班人员来应对这些情况。任务完成后,便不再安排值班。大型企业上级机关及专业部门常设专职值班室,昼夜轮班值守。

同时,在具体的值班安排中,还可以根据时间段进一步细分,如:

(1) 白班。正常工作日的白天时间段进行的值班工作。

(2) 夜班。在晚上或夜间进行的值班工作,用于处理夜间可能发生的问题或紧急情况。

(3) 中班。在一些情况下,可能存在中班这一时间段,它通常介于白班和夜班之间,覆盖下午至晚上的时间段。

这些分类可以根据组织的具体需求和实际情况进行调整和安排,不同的组织和工作场景可能会有不同的值班分类和时间安排。重要的是确保在任何时间都有适当的人员负责处理可能出现的问题,以保障工作的连续性和稳定性。

2. 按照值班内容划分

(1) 综合值班。处理本单位所有事务,如大中型公司的总值班室。

(2) 专项值班。专人或轮流处理临时综合或特定事务(如安全值班),或仅负责某项事务,如部门内部值班。

3. 按照专项值班的场景和职责划分

(1) 行政值班。主要负责接待来访客人、接听电话、处理公文等工作。这种值班通常出现在政府机关、企业事业单位等需要对外接待的部门。

(2) 安全值班。负责监控安全设施、巡查现场、处理突发事件等。这种值班常见于公安、消防、物业管理等领域,确保公共安全和秩序。

(3) 生产值班。在生产型企业中,生产值班人员负责生产过程中的设备监控、生产调度等工作,以确保生产线的顺利运行。

(4) 服务值班。主要负责为客户提供服务、解答客户问题、处理客户投诉等。这种值班多出现在客服中心、售后服务等部门,以满足客户的需求,解决问题。

(5) 技术值班。负责处理技术问题、设备维护、技术支持等。技术值班人员需要具备相应的技术知识和技能,以解决技术问题并确保设备的正常运行。

此外,还有一些特殊场景下的值班工作,如应急救援值班,包括消防扑救组、数据信息上报组、医疗救护组等,负责在突发事件中协调指挥、调配资源、实施救援等工作。

4. 按照人员划分

(1) 固定值班。设专人负责日常值守。

(2) 轮流值班。不同部门、职务人员交替值班。

(四) 值班工作的功能

1. 确保服务连续

值班工作是公司运作的关键环节,保障非工作时间或紧急时刻仍能提供服务,起沟通、联系、协调作用。这有助于及时处理突发事件,满足客户或用户的需求,从而维护公司的声誉和形象。

2. 确保安全和应急响应

值班工作起着保证上级重要指示及时传达和本公司发生的重大紧急事情及时反映,及时处理,保证工作顺利进行的作用,有助于在紧急情况下迅速做出反应,采取必要的措施来保障人员和财产的安全。例如,在医疗机构、警察局、消防队等地,值班人员对于突发事件的及时应对至关重要。

3. 提高工作效率

通过值班,组织可以合理安排人员在工作时间内外的任务分配,从而提高工作效率,在非工作时间和节假日中,这种作用表现得尤为明显。值班人员可以在非工作时间处理一些常规事务,减轻工作日的工作压力,确保工作的高效运转。

4. 维护社会秩序和公共利益

在一些特定行业,如交通、能源、通信等,值班工作对于维护社会秩序和公共利益而言具有重要意义。例如,交通警察和调度员的值班值守可以确保道路交通的畅通和安全,保障公众的出行需求。值班工作的好坏直接反映和影响上下之间、左右之间、公司和顾客之间的关系,直接反映本公司的精神风貌。

总之,值班工作对于公司的正常运转、安全保障、工作效率提升以及社会秩序维护等都具有重要意义。它是公司不可或缺的一部分,为公司的稳定发展和社会的和谐进步提供了有力支持。

(五)值班工作的要求

值班工作要求值班人员要做到准确、严谨、及时、热情、主动、保密。

1. 准确

(1)通话精准。电话沟通时,务必准确听取并记录对方话语,尤其是重要情况及上级指示,可录音备查,通话结束前双方核对无误。

(2)文字无误。撰写电话记录、编辑信息时,要确保原文准确性,避免个人理解导致的信息偏差。

(3)信息精确传达。确保信息传递至指定对象,不扩大也不缩小传递范围。

2. 严谨

值班人员处理信息及完成任务需深思熟虑,周全考虑。日常积累常用资料以备查询,谨言慎行以防泄密。

3. 及时

值班工作强调迅速响应。信息传递、处理及文件电报办理须即刻进行,按紧急程度排序处理,力求当日完成;未完成事项需移交下一值班人员继续处理。

4. 热情

值班室作为公司的信息枢纽与对外窗口,频繁接待外部公司及下级部门,电话是其沟通信息重要渠道。因此,保持和蔼语气与热情待人至关重要,这直接影响工作效率与公司形象。

5. 主动

值班人员需掌握上级值班动态,并尽量了解基层负责人情况。同时,熟悉车站、码头、公安、消防等关键部门的联系方式与路线,确保紧急情况下能迅速联络。此外,礼貌与热情是值班交往的基本要求。

6. 保密

值班室工作务必保密,值班人员常先接触重要及机密信息,须严守秘密。值班日记与报告仅限相关人员查阅。

二、制作值班资料

(一) 值班前准备资料

1. 值班表

明确值班人员名单、值班日期及时间段,确保每位值班人员清楚自己的值班安排。值班表内容包括:①值班时段与具体时间;②值班人员姓名、联系方式;③值班地点;④负责人/带班人姓名;⑤简要工作内容说明;⑥缺勤备用方案/替班人员姓名。值班表样表见表3-2、表3-3。

表 3-2 公司值班表(样表)

日期	值班人员	联系电话	值班内容记录			值班地点	值班后备人员
			时间	内容	处理情况		

注意事项:
1. 按时值班,不得擅自离岗。
2. 请假须向办公室申请,不得私自调班。
3. 急件及时转交当班领导处理。
4. 详实记录电话、接待及值班日志。
5. 值班领导电话:××××××××。
6. 报警电话:火警119 盗抢警110。

×××集团办公室
××××年××月××日

表 3-3 公司国庆假期值班表(样表)

值班时间	值班人员姓名	值班地点	值班电话	带班领导	值班任务
10月1日	张××	办公室		总经理	1. 保持电话畅通,来电接听并处理。
10月2日	李××	办公室		副总经理	2. 接待访客,提供指引。
10月3日	王××	办公室		副总经理	3. 收发邮件、书报杂志。
10月4日	郭××	办公室		行政办主任	4. 应对突发事务。
					5. 确保安全,防火防盗。
注意事项	1. 值班时间:每天上午8点至下午5点30分。 2. 做好值班记录。 3. 值班人员不得缺席,确因病因事不能值班,请提前联系办公室,以便及时调整人员。				

2. 巡查路线图

制定并熟悉巡查路线图，确保值班人员能够按照既定路线进行全面巡查。

3. 应急预案

了解并掌握单位的应急预案，包括火灾、盗窃、人员受伤等紧急情况的应对措施，以便能够在紧急情况下迅速反应。

4. 紧急联系人信息

记录上级领导、相关部门及关键人员的联系方式，确保在需要时能够迅速联系到相关人员。

5. 值班记录本

准备好值班记录本，用于记录巡查过程中发现的问题、异常情况、已采取的措施以及外来人员或车辆的进出情况等。

6. 编排总值班表

总值班表需上级参与，每月编排。法定节日须有上级或中层以上领导值班，且其行踪保密。值班处备有各部门领导姓名及紧急联系方式，以便应急联络。

总值班表经主管审定后上报备案，并通知值班人员。

（二）值班期间制作资料

1. 值班记录

详细记录巡查过程中发现的问题或异常情况，包括时间、地点、问题描述及已采取的措施。同时，记录外来人员或车辆的进出情况，确保信息准确无误。

2. 紧急情况处理记录

如遇紧急情况，须立即启动应急预案进行初步处理，并记录处理过程、结果及向上级报告的时间、接受报告人的姓名和答复的主要内容。

3. 交接记录

值班结束前，须整理好值班记录本，详细总结当晚的巡查情况和处理结果，并与接班人员做好交接工作，确保信息无误。交接记录应包含值班期间的重要事项、未完成的工作及注意事项等。

（三）值班后整理资料

1. 归档值班记录

将值班记录本中的记录进行整理，按照时间顺序或事项类型进行分类归档，以便日后查阅和审计。

2. 总结报告

根据值班期间的巡查情况和处理结果，编写值班总结报告，分析存在的问题和不足，提出改进建议，为今后的值班工作提供参考。

三、制定并执行值班工作制度

完成值班任务，须值班人员素质高且制度健全，总值班室应制定以下制度。

(一)信息处理制度

明确信息接收、记录、上报流程及刊物审稿、校对、核发等规定。

(二)岗位责任制

值班人员需坚守岗位,各层次值班人员职责明确,如带班员、正副班人员等。

(三)交接班制

值班室实行交接班制,前一班详细交代信息及处理情况,确保事项连续性。交接最好在全员在场时进行,或通过交班会(每日早上进行,前一班主持)进行。

(四)保密制度

制定严格保密细则,涵盖接待、保管、传递机密信息。设保密负责人及保密员,定期检查执行。值班人员不得带亲友留宿,不泄露上级隐私,不擅自拆阅机密文件(会议通知除外)。

(五)辅助制度

建立"会客""卫生""考勤"等辅助制度,优化值班室环境。

以上制度能确保值班管理有序,工作人员行事有规,实现值班工作制度化、规范化。

四、值班的主要任务

(一)信息沟通和通信联络

1. 通信联络职责

负责一些重要动态信息的接收、传递处理工作。主要包括:一是接收并处理本部门重要信息,包括接听电话、登记紧急文件及接收各方通过电话、传真传递的信息;二是对信息进行加工,迅速准确报告上级相关部门,并根据指示向下级或平行部门传达信息,或暂存待整合后上报;三是编辑向上级单位报送的动态信息刊物。

2. 辅助决策与应急处理

值班室作为信息中枢,为上级决策提供可靠依据,助力应对突发事件。通过综合分析动态信息,定期提交预测性报告供决策参考。同时,协助审核业务部门制定的突发事件预案,确保有备无患。

3. 承办相关通知事宜

承办下级电话请示、报告的事宜;承办上级交办的事宜;通知有关部门或人员处理。

(二)公务接洽和来访接待

对于因公来联系工作的外地客人,应为其妥善安排好食宿,将对方来访的业务内容转达给有关部门或人员;对于反映情况、提出建议和要求的人,虚心倾听,并尽可能满足对方合理的要求,不能满足其不当要求的,也应耐心地说明、解释;对于本地因公务来访或询问事情的人,要视情况予以答复;找上级解决问题的人,要根据问题的性质,作出适当处理。在接待中不可敷衍推诿。在接待来访人员之后,属工作范围内的,应填写好接待记录,见表3-4、表3-5。

表3-4 外来人员登记表

序号	姓名	性别	单位	乘坐车辆	携带物品	办理事项	进入时间	离开时间	备注
1									
2									
……									

表3-5 来访接待记录表

编号		值班人	
来访人姓名		来访人单位	
接待时间	××××年××月××日××时××分至××××年××月××日××时××分		
内容:			
拟办意见:			
领导意见:			
处理结果:			
		值班人签字:	

(三)处理突发事件

区别于机关单位保安的全面防护,值班室在此方面专注于夜间及节假日内部机密资料与器材的安全。面对事故、火灾、盗窃或自然灾害等突发情况,值班人员需保持冷静、迅速、明智地应对。处理突发事件时要做到先了解情况,再具体办理。

1. 了解情况

值班中如遇生产、交通事故、火灾、盗窃或暴雨、地震等突发事件,值班人员首先要保持冷静,要通过各种渠道对突发事件、紧急情况的时间、地点、影响范围、损失大小等了解清楚。掌握信息、综合分析,对事物的变化发展进行预测。

2. 具体办理

立即向上级报告,接受上级指示,迅速部署工作;就近组织人员抢救抢险;借助邻近单位或部队力量处理;保护事故现场;配合保卫部门搞好工作。有时为将损失减小到最低程度,在上级未批示前可采取临时应急措施。

(四)做好值班记录

1. 值班记录

值班时需详细记录工作情况,作为汇报、处理及备查依据。记录形式有值班登记与值班日志。

（1）值班登记。对外来信函、电报、电话及访客进行登记，确保工作连续性。记录处理流程，涉及内外、上下关系的，需定期存档。记录含编号、来访人信息、时间、内容及处理意见（含上级批办意见）的，最后需署名以明责。

（2）值班日志。值班日志以日或班次为单位，记录值班任务完成情况、信息接收与处理情况、备忘事项等，采用固定格式，便于交流及查考。它使接班人员了解值班情况，保持问题处理的连续性；便于上级了解值班室状况，作为检查或考核依据；便于查询过往事件，必要时可作为证据。

2. 交接班工作

交接班对保持工作连续性而言至关重要，分个人交接班和集体交接班两种形式。

（1）个人交接班。上下两班人员交接工作，上一班须清晰告知主要工作、已办及待办事项、注意事项等，可通过口头或值班日志传达，确保接班人员顺利接手。

（2）集体交接班。整个工作单位人员共同交接，以上一班为主，概述重要工作，包括重大事件、新问题、待办事项及发现的重要缺陷等。交接负责人可简明传达上级指示、分配任务、通知事项，以促进信息互通，优化值班工作。

交接班由主要上级主持。个人交接班可在下午下班或早上上班时进行；集体交接班宜安排于早上上班时进行。

五、处理值班突发事件

（一）突发事件处理原则

突发事件处理原则是指在应对突发事件时，为了保障人员安全、减轻损失、维护秩序和恢复正常状态而遵循的一系列指导原则。

1. 以人为本

在处置突发事件时，应把保障人员生命安全放在首位。要采取一切必要措施，确保受影响区域的人员及时疏散、安置和救治，最大限度减少人员伤亡。

2. 及时

在突发事件发生后，需要迅速做出反应，尽快启动应急预案，组织相关力量和资源进行处置。快速反应可以有效减少事件的影响和损失，避免事态恶化。

3. 保密

突发事件处理的保密原则是指在应对突发事件的过程中，对于涉及国家安全、公共利益、个人隐私以及商业机密等敏感信息，必须严格保密，确保信息不被泄露给未经授权的人员。要求：一是严格限定知密范围。在处理突发事件时，应根据信息的性质和重要程度，合理确定知密范围，并对知密人员进行严格的审查和管理。只有经过授权的人员才能接触和处理相关敏感信息。二是加强信息保护措施。对于涉及敏感信息的文件、资料和数据等，应采取加密、存储控制、传输保护等安全措施，防止信息被非法获取、篡改或破坏。同时，还要加强网络安全和物理安全的管理，确保信息系统的安全稳定运行。参与突发事件处理的人员应严格遵守保密规定，不得擅自向外界泄露与处置有关的敏感信息。对于违反保密规定的行为，应依法追究相关人员的责任。

保密原则在突发事件处理中具有重要意义。首先，保密可以确保敏感信息不被泄露给敌对势力或不良分子，从而维护国家安全和公共利益。其次，保密可以保护个人隐私和商业机密，避免因信息泄露而引发的纠纷和损失。最后，保密可以维护处置工作的正常秩序和效率，避免因信息泄露而导致的混乱和延误，为突发事件处理提供有力的保障。

4. 协同

在处理突发事件时，需要建立统一协同的指挥体系，明确指挥关系和职责分工。统一指挥可以确保各方协同作战，形成合力，提高处置效率。在应对突发事件时，需要根据实际情况科学决策，合理调配人力、物力、财力等资源。要充分考虑各种因素，制定切实可行的处置方案，确保资源的有效利用和处置效果的最大化。在处理突发事件后，需要对整个处理过程进行总结评估，发现问题和不足，及时采取措施进行改进。持续改进可以提高应对突发事件的能力和水平，为未来类似事件的处置提供经验借鉴。

这些原则相互关联、相互支持，共同构成了应对突发事件的完整框架体系。在实际工作中，应根据具体情况灵活运用这些原则，确保处理工作的科学性、规范性和有效性。

（二）突发事件处理流程

1. 保持冷静

遇到突发情况时，首先要保持冷静，不要惊慌失措，要及时了解情况，这些情况包括突发情况涉及的人员、灾害程度、危害性、范围等，信息尽量准确。

2. 迅速报告

一旦发现任何异常或突发情况，在了解情况的基础上，应立即向上级或相关部门报告，以便及时采取措施。

3. 记录详细信息

在处理突发情况时，要及时记录事件的详细信息，包括时间、地点、人物、事件等，以便后续查阅。

4. 协调处理

根据突发情况的性质和严重程度，协调相关部门和人员进行处理，如果需要协助，要及时通知相关人员。

5. 跟踪处理

在处理突发情况的过程中，要持续关注事态的发展，及时向上级或相关部门汇报进展情况，直至事件得以解决。

（三）处理偶发性灾害事件的具体方法

地区或单位偶发自然灾害或人为事件，值班人员须迅速掌握情况并妥善处理。

1. 地震应对

接到地震前兆的报告，须谨慎处理。记录报告人信息，立即上报并联系地震部门确认。

若确有预报,按上级指示防范;若无依据,则由主管部门澄清,以安定人心。

2. 火灾应对

值班员接到火灾报告后,须了解地点、火情及扑救状况,依情况行动:小火报告上级;大火则要报告上级并同时做到:①通知公安到场;②确保电信畅通;③评估消防力量,若不足则向外求援。

3. 自然灾害应对

自然灾害发生后,值班员须:①立即报告上级;②与受灾区紧密联系,掌握灾情;③按上级指示,通知相关部门准备救灾,并反馈准备情况;④通知办公室负责人备勤,随时随上级前往现场。

4. 较大型食物中毒事件应对

针对招待所、食堂、居民区等发生的涉及多人生病的食物中毒事件,接报后应迅速:①上报中毒地点、人数及病情;②通知卫生防疫部门及医院准备救治,派遣医疗团队及救护车至现场,必要时联系外地医院支援;③向更高层级上级机关及主管部门报告;④协助医疗部门调配药品及转运中毒人员。

5. 较大交通事故应对

对于发生在本地管辖内的交通事故,即便车辆非本地管辖,当地上级机关亦需协助处理,应同时做到:①速报上级事故地点及概况,并遵循上级指示行事;②依上级意见,通知公安保护现场、维护秩序;③即刻联系卫生部门,组织医疗抢救;④与事故相关单位取得联系。

6. 刑事案件应对

面对重大刑事案件,如持枪杀人、银行抢劫、流氓团伙伤人、公共场所爆炸等,须迅速果敢应对:①即刻通知公安部门,调集警力赶赴现场;②阻止事态恶化,视情况协助捕获罪犯;③最小化事件影响与损失;④上报上级,采取后续措施。

(四)值班期间收到不清楚指令的处理步骤

如果在值班期间收到一个不清楚的指令,应该采取以下步骤来处理。

1. 确认指令来源

首先,确认指令的来源是否可靠和权威。如果指令来自上级或相关部门,则具有一定的可信度和重要性。如果指令来源不明确或存在疑问,则需要谨慎对待,并寻求进一步确认。

2. 澄清指令内容

对于不清楚的指令,主动与发出指令的人员进行沟通,请求他们提供更多的信息、进行澄清。尽量明确指令的目的、要求、时间限制等关键要素,以确保自己对指令的理解准确无误。

3. 寻求帮助或咨询

如果与发出指令的人员沟通后仍然无法明确指令内容,就要寻求其他同事或专业人士的帮助,多方咨询。他们可能对该领域有更深入的了解和经验,能够提供有价值的建议和解释。

4. 谨慎行事并记录沟通

在处理不清楚的指令时,需要谨慎行事,避免因为误解或不明确而导致错误或延误。同时,要详细记录与发出指令的人员沟通的过程和结论,以备将来参考和追溯。

5. 及时反馈和跟进

一旦指令内容得以明确，则须立即采取行动，并在必要时向相关人员反馈执行情况。如果遇到任何困难或需要进一步协调，要及时跟进并与相关人员沟通，以确保工作的顺利进行。

总之，面对不清楚的指令，需要保持冷静、主动沟通、寻求帮助、谨慎行事，及时反馈和跟进。这样有助于确保指令的准确理解和有效执行，同时维护工作的连续性和组织的利益。

任务三 用品管理

任务导入

实训任务 3-3 模拟规划与执行一次办公用品的集中采购

假设你是一家初创科技公司的行政助理,公司规模迅速扩大,现需你负责全面规划与执行一次办公用品的集中采购任务。本次采购需覆盖日常办公所需的基础文具(如纸张、笔、文件夹等)和办公设备(如打印机、电脑配件等)。

任务:规划与执行一次办公用品的集中采购。

1. 需求调研与分析,根据公司各部门提交的办公用品需求清单,结合库存情况,制定详细的采购计划,写一份办公用品采购清单。
2. 编制办公用品采购预算单。
3. 提交一份供应商评估报告。

要求:

1. 分组工作,强调团队协作。
2. 办公用品采购清单、用品采购预算单的形式完整,内容齐备。办公用品需求清单需要列出名称、数量、规格、品牌、价格和总量等。
3. 供应商评估报告写明供应商筛选的过程、评估内容,确保采购物品质量可靠、价格合理。

评价:组间评价和老师点评。

一、认识办公用品管理

(一)办公用品概述

办公用品为日常工作辅助用具,广泛应用于各公司,包括文件档案、桌面用品、办公设备、财务用品及耗材等。

办公室用品作为单位日常必需品,用量大、更换频繁且种类繁多。若管理不善,将引发浪费问题,直接影响工作效率与质量。

(二)办公用品分类

1. 文具事务用品

(1)文件档案管理类:有孔文件夹(两孔、三孔文件夹)、无孔文件夹(单强力夹、双强力

夹、长押夹等）、报告夹、板夹、分类文件夹、挂劳夹、电脑夹、票据夹、档案盒、资料册、档案袋、文件套、名片盒/册、CD包/册、公事包、拉链袋、卡片袋、资料架、文件篮、书立、相册、图纸夹等。

（2）办公用品：订书机、起钉器、打孔器、剪刀、美工刀（壁纸刀）、切纸刀、票夹、钉针、削笔刀、胶棒、胶水、胶带、胶带座、计算器、仪尺、圆规、笔筒、笔袋、台历架、会议牌等。

（3）办公本簿：无线装订本、螺旋本、皮面本、活页本、拍纸本、报事贴、便利贴、便签纸/盒、会议记录本等。

（4）书写及修正用品：中性笔（签字笔）、圆珠笔、铅笔、台笔、白板笔、荧光笔、漆油笔、钢笔、记号笔、水彩笔、橡皮、修正液、修正带、墨水笔芯、软笔、蜡笔（油画棒）、毛笔等。

（5）辅助用品：报刊架、杂志架、白板、证件卡、包装用品、台座、证书、钥匙等。

（6）电脑用品：光盘、U盘、键盘、鼠标、鼠标垫、移动硬盘、插线板、电池、耳麦、光驱、读卡器、存储卡、控制器、中央处理器、内存条等。

2. 办公耗材

（1）打印耗材：硒鼓、墨盒、色带、粉盒、组件等。

（2）装订耗材：装订夹条、装订胶圈、装订透片、皮纹纸等。

（3）办公用纸：复印纸、传真纸、电脑打印纸、彩色复印纸、相片纸、喷墨打印纸、铜版纸、彩喷纸、绘图纸、全透纸、不干胶打印纸、彩机纸、彩色卡纸等。

（4）IT耗材：网线、水晶头、网线转换接头、视频线、电源线等。

3. 日杂百货

（1）日用品：生活用纸、一次性用品、清洁用品、劳保用品、五金工具、抽纸、卷筒纸、大盘纸、湿巾、毛巾、手帕等。

（2）杯具：茶壶/水壶、茶具、保温杯、塑料杯、纸杯、陶瓷杯、马克杯、杯垫、玻璃杯等。

（3）饮品、食品：茶、咖啡、方便食品、饮用水等。

（4）安全用品：手套、口罩、鞋套、工作服等。

4. 办公设备

（1）事务设备：碎纸机、装订机、支票打印机、考勤机、点钞机、过塑机、名片扫描仪、电话机等。

（2）IT设备：电脑、投影仪、复印机、传真机、打印机、多功能一体机、扫描仪、录音笔、相机、摄像机、交换机、路由器等。

（3）电器：加湿器、饮水机、电风扇、吸尘器等。

办公设备提倡主动维修，使机器的停机时间最小，从而获得最佳使用效率和价值。

5. 办公家具

文件柜、更衣柜、多屉柜、杂柜、保险柜、办公桌、办公椅、档案柜、铁皮柜等。

6. 财务用品

（1）手工记账用品：账本（总账、明细账、日记账等）、凭证（收入凭证、支出凭证、转账凭证）、报表（利润表、资产负债表等）、钢笔（最好是财务专用铅笔）、墨水（蓝色、黑色、红色）、计算器、尺、回形针、大头针、科目章、姓名图章、印泥，出纳需要各类银行结算凭证（贷记凭证、电汇凭证、支票等），有条件的可以为出纳配置点钞机等。

（2）电脑记账用品：电脑（含打印机，最好能接入宽带）、电脑记账凭证、财务软件等。

（三）办公用品管理的过程

1. 规划

根据公司需求、规定及库存，按优先级制定计划，确保前瞻性与可行性，兼顾重点与全面。

2. 采购

按计划采购，比较供应商，选择性价比高的商品。

3. 存储

分类存放办公用品，加强清点检查，做好防火、防潮等措施，按需发放，严格控制。

4. 经费核算

将办公用品经费指标分配至各部门，定期核算经费，据此调节发放。

办公用品管理流程如图3-1所示。

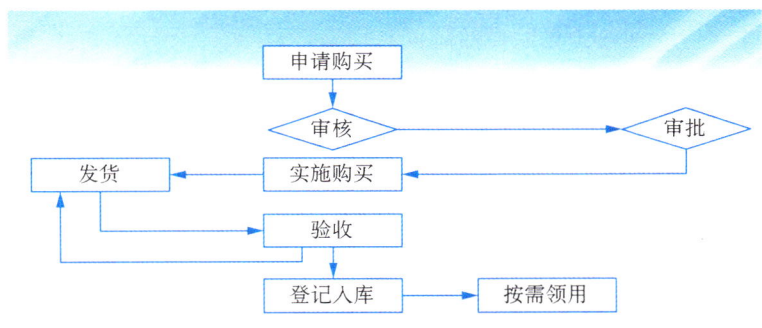

图3-1　办公用品管理流程

二、编制办公用品采购预算

（一）遵循办公用品预算原则

购买办公用品须编制预算，含年度及项目预算，均应遵循以下原则。

1. 真实性原则

采购费用预测须基于市场调研，科学测算每项用品指标，确保数据真实准确。

2. 重点优先原则

预算编制需合理分配资金，兼顾全面的同时，优先保障重点及急需项目支出。

3. 目标相关性原则

采购用品应与办公任务目标相匹配，确保办公目标达成。

4. 经济合理原则

预算应经济合理，提高资金使用效率，确保不影响任务目标的达成。

(二)选择预算方法

预算编制方法有两种:传统调整预算法与零基预算法。

1. 传统调整预算法

传统调整预算法是指基于上年度经费编制预算,并进行一定比例的变动。此法简单、成本低,被国内公司广泛采用。其前提是上年度每项支出均为必要支出,故下一年度需延续,但易导致以下问题:预算编制常以去年支出为基础,稍加增幅后提交审批,审批者虽知预算含"水分",因信息不全,只能大幅削减,导致预算编制者故意高估,以保"砍后"仍足用,结果常是预算难满众意,金钱花费大成效却一般。

2. 零基预算法

零基预算也称零底预算,即"以零为起点编制预算",是一种预算编制方法。它摒弃历史数据,从零开始评估每项预算支出的必要性和金额。此法由彼得·菲尔(Peter A. Pyhr)在20世纪70年代提出,要求编制预算时不考虑以往情况,从根本上分析每项支出的合理性。每年年初时,重新审视每项活动对组织目标的意义与效果,基于成本-效益分析,重新排序管理活动优先级,并据此分配资金与资源。

零基预算法与传统调整预算法截然不同,其特点如下:

(1)预算基础不同。传统调整预算是基于前期结果来调整确定本期预算;而零基预算从零出发,依据本期经济活动重要性和资金量确定预算。

(2)分析对象不同。传统调整预算主要分析新增业务活动的成本效益,对同类活动不深入分析;零基预算则对预算期内所有经济活动进行成本-效益分析。

(3)预算关注焦点不同。传统调整预算侧重于金额控制,从货币层面管理预算增减;而零基预算除考虑金额外,更重视业务活动的必要性和重要性,据此分配有限资金。

零基预算法的优点:促进管理层全面审核组织活动,遏制随意支出;提升主管的计划、预算、控制与决策能力;有效融合组织的长远、具体目标与效益。

零基预算法的缺点:耗费大量人力、物力与时间,且项目优先排序具有一定主观性。因此,选择何种预算方案需依据公司实际情况来定。零基预算法的这些局限也制约了其广泛普及。

(三)遵循预算的程序

1. 确定预算基数

确定预算基数即确定采购总费用,需依据办公需求、项目目标及财务状况,参考过往数据,设定合理的预算额与分配比例。预算决定设备档次,因价格不同差异显著。

2. 市场调研

利用网络、市场等资源,详尽了解所需产品的规格、价格、功能等。针对新购或大宗采购,需比较多家供应商,包括设备性能、价格、付款条件、供货时间、交货方式、售后服务及信誉,综合评估后决策。

3. 选定采购项目及价格

基于预算与调研,明确采购物品及其型号、价格。选择时需考虑:①采购目的;②必需性；③备选方案的经济性与效率；④物品优先级；⑤实现办公目标的资金需求。

4. 制定预算计划

计划须经科学论证，明确效益目标、技术标准、资源使用、支出标准及依据。

5. 反馈完善与审批

预算方案须提交使用部门征求意见并协商调整，完善后上报审批，获批后执行。

(四) 编制预算方案的注意事项

1. 调研基础

在编制预算前，务必深入调研，依据组织与市场实况精准测算，确保预算真实、无虚报。

2. 适用为先

办公用品与设备应匹配实际工作需求，选择适宜型号，避免盲目追求高端。

3. 必需原则

采购项目须为当前或未来必需，同时考虑与现有设备的兼容性。

4. 空间规划

预先规划新设备存放位置，确保安全便捷，促进工作顺畅进行。

5. 优选供应商

全面比较不同供应商，选出最适合的合作伙伴。

6. 意见征集

编制预算方案时，广泛听取各方意见，确保方案切实可行。

三、采购办公用品

(一) 获得办公用品使用权的方式

1. 自行购买

此方式下，办公用品归购买方所有，使用便捷。适用于文具、纸张等低值易耗品。

2. 租赁

租赁初期成本低，设备更新换代时，易于替换升级。但长期租赁成本可能超过购买，提前解约则面临高额违约金。电脑、复印机等高价值设备可根据实际情况选择租赁或购买。

3. 政府采购

政府采购指国家机关、预算管理的事业单位及社会团体，通过购买、租赁、委托等方式获取货物、工程及服务的行为。采购主体包括采购机构（集中与非集中）与供应商（提供货物、工程、服务能力的法人）。

目前，我国已经开始建立规范的政府采购制度。《中华人民共和国政府采购法》《政府采购货物和服务招标投标管理暂行办法》《政府采购合同监督暂行办法》及《中华人民共和国招标投标法》等法律法规的实施，标志着我国政府采购制度规范的启动。

政府采购方式分为传统采购与网上采购。

（1）传统采购。包括公开招标、邀请招标、竞争性谈判、询价、单一来源采购五种主要方式。

（2）网上采购。利用互联网发布采购信息，接收投标报价，开标及公布结果。相比于传统采购，网上采购实现了电子化操作，降低了成本，减少了人为干扰。

（二）办公用品的采购

1. 采购流程

采购流程包括填写申请表、发出购买需求、报价、选供应商、确认供应商、下订单、收货、验货、填写入库单、入库、申请货款、审核货款、支付款额，如图3-2所示。

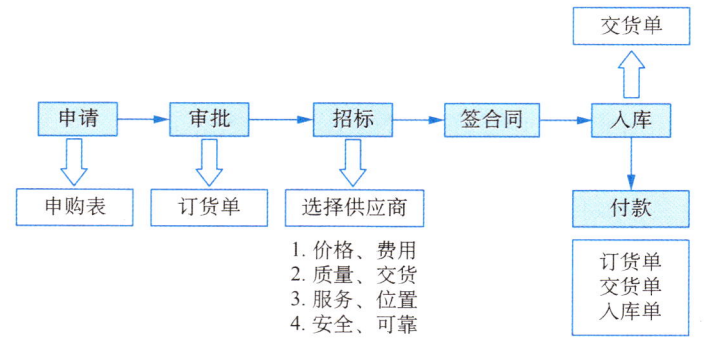

图3-2 办公用品采购流程

（1）提出购买申请

由需要购买设备、用品的人或部门填写办公用品申购表，说明需要该设备的理由及具体的型号、数量等内容，并由部门上级签字。一般来说，采购内容要与预算相符，如不相符，必须由部门上级和组织主管上级签字。办公用品申购表见表3-6。

表3-6 办公用品申购表

编号：　　　　　　　　　　　　　　　　　　　　　　　时间：　年　月　日

申购人		申购部门			
办公用品清单					
序号	名称	规格型号	单价	数量	总价	备注
1						
2						
合计						
申购理由						
部门意见					主管签字:(盖章) 　　　　　年　月　日	

(续表)

财务部门意见		主管签字:(盖章) 　　　　　年　月　日
上级意见		主管签字:(盖章) 　　　　　年　月　日

（2）审批、落实经费

申请表填好后,交财务部门进行综合平衡,确认采购经费来源。各方签字后交采购人员。

（3）招标与供应商选择

采购团队向供应商传达采购需求,并收集报价单进行比较筛选,最终确定供应商。大额采购通常采用招标方式,流程如下:于媒体或网络发布招标公告,接收投标申请;制定招标文件,经上级审核后,由招标小组确定入围供应商;向入围供应商发送招标文件,并在指定时间地点接收投标文件;组织开标评标,由使用、财务等部门参与,根据结果选定中标单位。

选择供应商时需考虑以下因素:

① 质量。质量是供应链基石,决定产品市场竞争力,是选择的关键。

② 价格。低价有助于降低成本,提升竞争力,但需综合考量质量、交货期等因素。

③ 交货准时性。交货时间影响供应链连续性和库存水平,进而影响市场响应速度。

④ 其他服务因素。包括产品多样性、品牌声誉、设计能力、特殊工艺、服务水平、项目管理等。

供应商开发遵循"Q.C.D.S"原则,即质量、成本、交付、服务并重。质量为首,需确认供应商的质量保证体系和生产能力;其次是成本与价格,需进行成本分析和价格谈判;再者,需评估供应商的交货能力和人力资源;最后,需重视供应商的售前售后服务记录。

（4）签订供货协议

选定供应商后,双方签订供货合同,明确货物规格、数量、交货方式、付款方式等细节,由双方签字盖章确认。在合同基础上,双方填写订购单,见表3-7。

表 3-7　办公用品订购单

订单号							
供货单位				购货单位			
联系人				联系人			
电话				电话			
地址				地址			
产品明细							
序号	名称	规格型号	单价	数量	总价	备注	
1							
2							

(续表)

序号	名称	规格型号	单价	数量	总价	备注
合计						
订单金额 （人民币）	小写：¥ 是否包括运费：○是　○否					
收货信息	交货方式	○自提　○送货上门				
	交货时间	供方在收到订单后 7～15 天内负责将货物运至需方指定地点				
	交货地点					
购货单位公章	年　月　日				购货经办人	签字 　年　月　日	
供货方确认：							
备注： 1. 发运时：①请随货附上发货清单，以便双方核对确认；②产品执行 GB/T 29602—2013 标准，随货附上该批出厂检验报告单。 2. 订单生效：本订单在供需双方法人代表签字盖章后生效。订单传真件具有同等法律效力。							

(5) 货物入库

合同签订后，采购人员须跟进确保货物按时送达申购部门。收到货物时，须依据交货单（表 3-8）与订购单核对，使用部门应及时验收，确认物品符合要求。采购人员据此填写入库单，库房人员签字确认货物入库。接收货物时，务必确保数量与型号与订单完全一致。

表 3-8　交货单

送货单位						
客户名称						
送货日期						
序号	名称	规格型号	采购/订单号	交货数量	实际数量	备注
1						
2						
送货人：				签收人：		
随货发票：○有　○无　发票号码：						

(6) 支付货款

会计部门收到发票后，对照交货单、入库单和订购单，确认三单货名、数量等信息相符，经财务主管签字批准，支付货款。

2. 采购注意事项

(1) 权限与程序。在职责范围内，遵循既定流程采购，并充分听取使用者意见。

(2) 购买文件。与供应商明确购货详情、费用、交货及售后，形成完整采购文档。

(3) 验货程序。检查设备、办公用品的型号、质量、数量、价格及单据，有不符立即联系供应商。

(4) 财务手续。按公司规定,与财务部门办理购买办公用品的相关文件及单据。

四、办公用品库存控制管理

(一) 办公用品的入库

1. 收货核对

收货时,核对供应商交货单与订货单,确保数量、质量达标,递交签收后的交货单至财务部。

2. 入库登记

采购人员填写入库单,库房人员签字确认货物入库。

3. 财务审核

财务部核对发票、交货单、入库单与订单,确保货名、数量等信息一致,经主管签字、总经理批准后付款。

4. 库存记录

将每类货物详情录入办公用品库存控制卡接收栏。

5. 库存更新

接收后及时更新库存余额。

6. 存放管理

按存储规定存放货物。

7. 订立发放制度

制定物品发放流程,明确发放责任人。

(二) 库存与库存控制卡

1. 库存的定义

库存指仓库中实际储存的货物。库存有以下三个相关的专业概念。

(1) 最大库存量。防止物品超量储存而制定的该项物品的最大量,即一类物品应该存储的最大数量。

(2) 最小库存量。防止物品全部消耗而制定的该项物品的最小量。当库存余额达到这个水平时,必须采取紧急行动,检查是否订货。

(3) 再订货量。当库存余额降到这个水平时必须订购新的货物来补充的数量。

2. 制作库存控制卡

库存控制卡包括项目、单位、编号、最大/最小库存量、再订货量、日期及收发余额。

(1) 项目。精确描述库存品,含规格、颜色及数量,如"A4白色文件纸"。

(2) 单位。订购、存储及发放的单位,如"令""盒""包"。

(3) 编号。每项库存的唯一标识,通常与存放位置关联。

(4) 最大库存量。防止库存过剩,设定的最高库存量,不得超此限。

（5）最小库存量。防止库存不足，设定的最低库存量。

（6）再订货量。当库存降至最低水平时，需补货，依据业务需求、平均用量及交货周期确定。

库存控制卡如图3-3所示。

项目：A4打印纸			库存参考号		C4	
			最大库存量		100令	
单位：令 1令=500页			最小库存量		15令	
			再订货量		25令	

日期	接收			发放			
	接收数量	发票号	供应商	发放数量	申请号	个人/部门	余额

图3-3 库存控制卡

3. 库存记录的目的

（1）实时了解库存数量，避免出现缺货或者库存积压的情况。

（2）避免偷货、丢货的情况，减少损失。

（3）高效进行出入库，对生产经营形成强有力的支持。

（4）记录出入库详情，了解货物来龙去脉，避免纠纷。

4. 库存控制与监督

（1）加强库存控制与监督，保持进货卡、出货卡和库存卡三卡一致。

（2）定期检查实际库存（月度盘点、季度盘点、年度盘点）。

（3）检查办公用品申请表。

（4）定期检查库存控制卡。

（5）做好库存监督。

（6）库存控制管理做好：入库—登记—检验—核对。

（三）物品库存保管措施

（1）确保储藏室或物品柜上锁，以增强安全性，降低遗失风险。

（2）物品须贴标签，清晰标注类别与存储位置。

（3）新物品置于旧物品下方或后方，遵循先进先出原则，避免过期废弃。

（4）重物及大件应置底，以减少安全风险。

（5）常用小物品置于大件前，便于取用。

（6）储藏室须保持良好通风，保持环境干燥。

（7）确保办公用品存储区域照明充足。

根据部门规划提前筹备办公用品，结合实际需求实施领用与发放办公用品的方法，确保办公用品能及时、高效地使用。

五、办公室用品的发放

(一) 遵循办公用品发放流程

1. 申领流程

(1) 领物人填写办公用品领用申请表(也称申领表)。无论何人领取办公用品,都必须填写申领表。务必填清楚领用用品的名称、数量及用途。

(2) 上级签字。申请表必须要有上级的签字才能生效,办公室人员须对此进行把关、审核。

(3) 审核。行政部门根据库存情况和申领合理性进行审批,并安排发放。

2. 发放流程

(1) 发放用品。依据申领表中注明的名称与数量发放办公用品,发放的用品名称与数量必须与申领表一致,不得任意增加或减少。

(2) 签字。领用人与发放人都应在备案清单上签字以备查验。

(3) 检查。员工签收办公用品,须当场确保物品完好无损。

(4) 登记领用记录。行政部门将办公用品发放给员工,并登记领用记录。记下新的余数,以便能够及时掌握办公用品的供应状况。

3. 库存流程

(1) 制作备案清单。备案清单包括领用用品的时间,用品名称、数量,领用人姓名等内容,在发放时应要求领用人签字。

(2) 更新库存记录。用品发放后,办公室人员必须及时更新库存记录。

(3) 定期盘点办公用品库存,确保数量准确。

(4) 根据库存情况,提前进行采购补充,确保办公用品的充足供应。

(二) 健全办公用品发放制度

健全办公用品发放制度对于确保企业、机构或组织的日常顺利运营至关重要。需要健全的制度有许多,重点讲述审批、使用、节约方面的制度及其内容,包括目的、流程、要求以及监督和考核等方面。

1. 领用审批制度

目的:确保办公用品的申领有明确的审批流程,避免滥用和浪费,保证资源的合理使用。

流程:

(1) 员工申领。员工在需要申领办公用品时,须填写办公用品申领表,详细注明申领的办公用品名称、数量、用途及预计使用时间。

(2) 直接主管审批。员工将填好的申领表提交给其直接主管。主管须对申领的合理性进行审核,如是否真的需要这些办公用品,数量是否合理等。若同意申领,则签字确认。

(3) 行政部门审批。将直接主管审批后的申领表提交至行政部门。行政部门(一般由库管人员行使职责)对库存进行检查,确定是否有足够的库存满足申领需求。如库存不足,须提前采购。行政部门审核无误后,签字确认。

(4)领取办公用品。经过两级审批后,员工可至行政部门领取所需办公用品。领取时需签字确认,作为领取凭证。

要求:

(1)所有申领的办公用品都须经过审批,不得私自领取。

(2)如申领的办公用品数量或价值超出一定限额,须经过更高层级的上级审批。

2. 用品使用制度

目的:规范员工对办公用品的使用行为,确保办公用品得到妥善使用和维护,延长使用寿命。

要求:

(1)正确使用。员工应熟悉所使用办公用品的操作方法,按照说明书或培训要求正确使用。不得随意拆卸、改装或用于非规定用途。

(2)爱护维护。员工应妥善保管和使用办公用品,避免损坏或遗失。如发生损坏,应及时向行政部门报告,以便及时维修或更换。

(3)共享使用。对于某些大型或价值较高的办公用品,如打印机、扫描仪等,应鼓励员工之间共享使用,减少资源浪费。

(4)定期检查。行政部门应定期对办公用品进行检查和维护,确保设备的正常运行和使用安全。

3. 用品节约制度

目的:提倡勤俭节约,减少浪费,降低办公用品的采购成本。

要求:

(1)合理申领。员工在申领办公用品时,应遵循节约原则,避免浪费。应根据实际需求和工作需要,合理申报所需数量和种类。避免申领过多或不必要的用品。

(2)循环利用。对于某些可循环利用的办公用品,如纸张、文件夹等,应鼓励员工重复利用。同时,设立回收箱,收集可回收物品。员工应妥善保管所领办公用品,不得私自转让或挪用。

(3)减少纸张的使用。在打印文件时,鼓励员工使用双面打印功能;能够使用电子版的文件,尽量不使用纸质文档,减少纸张的使用。

(4)节能减排。对于电子设备,如电脑、打印机等,鼓励员工在下班后关闭不必要的电源,减少能源消耗。

(5)宣传教育。通过内部培训、宣传栏、电子邮件等方式,向员工宣传节约的重要性和方法,提高员工的节约意识。

为了健全以上三个制度,监督和考核尤为重要,要做好以下三个方面:

(1)行政部门(办公室)定期对办公用品的发放使用情况进行监督检查,确保制度的执行。

(2)对于违反制度规定的员工,行政部门有权进行批评教育、罚款或收回办公用品等处理。

（3）行政部门应将办公用品的发放情况纳入员工绩效考核体系，作为评价员工工作表现的依据之一。

总之，健全办公用品发放制度需要从多个方面入手，包括明确目的、流程、要求以及监督和考核等。通过制度的规范化和严格执行，可以确保企业、机构或组织的日常运营更加高效、节约和有序。

（三）办公用品发放的具体要求

1. 专人分发

由文员或指定人员负责，禁止员工自行取用。

2. 遵循制度

分发须遵守公司办公用品管理制度及相关规定。

3. 凭表发放

依据部门预先填写并经上级签字的领用申请表进行。

4. 先进先出

遵循此原则发放物品，防止物品损坏。

5. 紧急处理

建立紧急需求处理流程。

6. 备案清单

制作清单，核实发放物品。

7. 优先支持

对重要及高消耗部门给予优先支持，改善其工作环境与条件，确保其专注于工作任务。

任务四 印 章 管 理

实训任务 3-4　印章管理失误

某公司办公室，小张作为文员负责印章管理。一次，因急于处理紧急合同，小张在未经上级审批的情况下，直接使用了公司公章，并在事后补填了用印申请表。盖章后，因为有急事，他把印章放置在办公桌上就出门了，准备办完急事回来后再锁入保险柜，同时登记记录此次用印情况。可是办完急事回来后他才发现，印章在他出去后有人用过，好在用印人后来告诉他了。

任务： 为了防止小张管理印章中出现的错误重演，请制定该公司印章管理制度。

要求：

1. 指出小张印章管理中出现的错误。

2. 该公司印章管理制度应该包括用印使用申请制度、用印登记制度、印章存放保管制度等。

评价： 组间评价和老师点评。

一、认识印章

（一）印章的定义

印章又称公章，是机关或企业权力的象征，依据法定规格刻制，代表其法定名称，是正式的公务凭证。

"印"与"章"均为信物，历史上，"玺"特指帝王用印，官员用"印"，私人则用"私印"。现今，无论国家机关、社会团体还是企事业单位，所用皆称"印"，而上级机构或官方文件中常用"章"。

印章象征着权力与职能，具备法定效力、权威性和实用性。办公室通常管理三类印章：①公司印章（含钢印）；②文员部门的公章；③公司上级"公用"的私章。

（二）印章的作用

1. 标志作用

只有得到法律认可的机构或人员（亦即具有法人资格）才有印章。另外，印章也可作为密封标志。

2. 权威作用
不加盖公章便无效力,公司可不予承认。

3. 法律作用
用印后的公文和凭证具有法律效力。

4. 凭证作用
在财务、贸易往来的凭证上加盖机关单位印章,就起了凭证和制约作用,并有了法定的效力。

(三)印章的类型与使用范围

1. 公章
机构的正式标志,代表法定名称,具有法律权威。适用于正式文件、介绍信及证明信等。

2. 专用章
专为特定业务设计,含单位名称及业务用途,如财务合同章。仅限特定部门职权范围内使用。

3. 法人私章
根据法人签名制成,代替手写签名。代表法人职权,具有权威性。适用于支票、财务决算、合同等,需与公章或专用章并用。

4. 套印章
正式印章的复制版。用于批量文件印制,效力等同正式印章。

5. 钢印
无须印色,依靠压力形成印记。常用于证明性文件或证件。

6. 戳印
标记特定信息的印章,如保密、急件、注销章等。

(四)印章的特点

1. 印章形状与单位性质匹配
我国机关单位的公章一律为正圆形;外资企业有圆形、椭圆形和方形之分;国际组织公章一般为椭圆形或方形。

2. 印章字体与地区匹配
内地公章印文是规范简化汉字,字体为宋体,自左向右用环形排列。全称如字数太多,也可用简称;港澳台的印文一般采用中文繁体;国际公章印文应用外文,也可中外文并刻,如中外文并刻,中文中须有繁体字;民族自治机关公章应并列刊有汉字和当地民族文字。

3. 公章图案与单位性质匹配
国内公章有三种图案:县级以上政府机关、法院、检察院、驻外使馆的公章的中心部位刊有国徽;党的各级机关印章刊有党徽;企事业单位公章则刊有五角星图案。

4. 印章直径大小与单位级别匹配

圆形公章规定：

（1）国务院的印章，直径6厘米；

（2）各省、自治区、直辖市人民政府和国务院办公厅、国务院各部委的印章，直径5厘米；

（3）国务院直属机构、办事机构的印章，正部级单位的直径5厘米，副部级单位的直径4.5厘米；

（4）国务院直属事业单位的印章，正部级单位的直径5厘米，副部级单位的直径4.5厘米；

（5）国务院议事协调机构和临时机构的印章，直径5厘米；

（6）国务院部委管理的国家局的印章，直径4.5厘米；

（7）国务院部委的外事司（局）的印章，直径4.2厘米；

（8）国务院部门的内设机构和所属事业单位，法定名称中冠"中华人民共和国"或"国家"的单位的印章，直径4.2厘米；

（9）自治州、市、县级（县、自治县、县级市、旗、自治旗、特区、林区）和市辖区人民政府的印章，直径4.5厘米；

（10）地区（盟）行政公署的印章，直径4.5厘米；

（11）乡（镇）人民政府的印章，直径4.2厘米；

（12）驻外国的大使馆、领事馆的印章，直径4.2厘米；

（13）国家行政机关内设机构或直属单位的印章，直径不得大于4.5厘米。

（五）印章的鉴别方法

1. 看字体

公司的印章包括公章、合同章、财务章、法人章等，都必须在公安局指定的刻印社制作。国家对公章的字体有标准的要求，对于境内一般的公司最常见的是宋体或者仿宋体，虽然不是绝对的，但是假如使用了其他字体，须保持怀疑的态度，提高警惕。

2. 看颜色

真正的公章，需要蘸印泥，盖印然后再扫描，印泥的颜色经过扫描后从电脑上看一般来说呈现出深红的颜色，最重要的是颜色看起来有密密麻麻的不规则杂点，要么有小黑点，要么有小空白，这是因为真正的印章毕竟是在物体表面刻出来的，盖出来的印总会有颜色不均匀的地方。而电脑制作的假印章一般是非常均匀的红色，整个印章没有一点色差，也没有任何杂点和空白。

3. 看形状

包括字的形状和周围圆圈的形状。首先是字的形状，无论是圆形还是椭圆形的印章，虽然字都不是横平竖直的，但是每个字单独看都是规规矩矩的长方形，不可能扭曲，或者呈梯形。其次是看印章周围圆圈的形状，这个圆圈是有一定宽度的，并且仔细看边缘（包括印章上字的边缘），不可能非常平滑，经常有一些小缺口、小棱角或者小空白，这也是由于蘸油墨和盖印的过程中油墨的密度和盖印的力度不一致造成的。

4. 看角度

这里的"角度"指的是盖章的角度，虽然绝大多数人盖章的时候都希望把章盖得很正，但是总会出现一点点偏差，特别是圆形的印章更不好把握。但是电脑制作印章时默认情况下是正的。虽然印章盖得正与不正并不能判断印章的真假，但是作为一种判别假印章的方法，可以进行综合运用。

5. 看位置

通常，正规印章会加盖于公司名称之上，而粗制滥造的伪造印章则倾向于加盖在空白区域，因为这类假印章由电脑制作，覆盖文字时会遮挡原文字。然而，制作精良的伪造印章为求逼真，也可能覆盖于文字上。此时需细致观察，若为真印章，即便覆盖文字，油墨之下仍能隐约透出原有字迹；相反，电脑制作的假印章则会完全遮蔽下方文字。

二、印章的刻制与启用步骤

（一）刻制步骤

1. 刻制流程

（1）刻制各级单位印章，须获上级主管单位正式公文批准。

（2）制发单位凭批准公文开具公函，携章样至当地公安部门登记。

（3）公安部门指定专业刻字单位完成印章刻制。

2. 颁发与启用

（1）确定印章启用时间，提前通知相关单位，并附印模。

（2）填写印模卡，一式两份，一份留存，一份上报上级单位备案。

（3）启用前，印章不得使用；取章须双人同行，确保安全。

（4）取回后，由办公室负责人拆封检验，指定专人保管。

（5）新公章启用时，须将印模及启用日期报上级主管部门，双方均须归档保存。

（二）规避假章风险的事项

（1）事前公章鉴定、公证处公证、律师见证。

（2）拒绝专用章。如果能够加盖单位名称章，则尽量拒绝各种专用章。在谈判与合同起草、修订的过程中，可以明确要求加盖单位名称章。因为经过公安机关备案的单位名称章只有一枚，发生争议后能够鉴定的可能性比较大。而各种专用章首先可能有多枚，其次未必备案，难以找到比对样本。

（3）预留印鉴。核对预留印鉴更常见于银行的审批贷款过程。普通公司亦可参考银行的方式建立供应商/客户系统，初步达成合作意向时，要求供应商或客户在预先制作的表格中填写如公司名称、注册地址、法定代表人、联系人银行账户等信息，并加盖公司的公章。在以后签订业务合同时，可比对预留的公章以判断是否属于假章。

（4）注意签订地点。通过签订地点来防范假章，即在交易对手的注册地或实际经营地签订合同。一方面能给予经办人一定的心理压力,让其不敢贸然在公司及公司同事在场的情况下拿出假章来使用,另一方面也可以通过实地考察判断其是否为该公司的员工及公司的经营情况。

(5)针对交易对手使用假章的情形,结合代理行为是否有效对合同有效性进行分析。大致有两种情况:假人假章(无效代理+假章)无效,真人假章(有效代理+假章)可能有效。

三、印章的保管与使用

(一)印章的保管

1. 保管职责

印章通常由文员负责保管,须严格遵守保密规定,不得擅自委托他人代管。印章应置于专用保险柜中,确保随取随用随锁。

2. 保养维护

使用印章时,下方应垫以弹性橡胶垫或厚纸,避免印泥受损。使用后,应及时清洗印章,保持印面清晰。

3. 外借流程

若其他部门因工作需要借用公章,必须严格按照既定程序执行,可通过填写用印申请单进行申请。

(二)使用印章的审批程序

(1)凡需加盖公司公章时,先填写用印申请表(表3-9)。经部门负责人、董事长或行政中心负责人批准签字后,持用印申请表或经董事长签批的文件到总裁办办理盖章手续,行政中心总裁办负责文件材料的把关。

表3-9 用印申请表

文件标题			
发往机关		份数	
用印日期		用印申请人(签字)	
批准人(签字)		备注	

(2)空白合同、难以把握重要性的合同,必须报经董事长批准同意,方可盖章。

(3)公司公章、合同章原则上不得拿离公司使用,如有极特殊情况,必须拿离公司时,须填写申请,明确借出人、借出时间和用途等,经董事长或行政中心负责人批准签字后,方可将印章拿离公司使用。

(4)公司其他印章和私章的使用程序按照印章保管部门使用规定执行。

(三)印章保管人的工作要求

(1)所有需要加盖印章的文件须凭借用印申请表,写明使用目的、经办人、日期和盖印数量等内容,经董事长或行政中心负责人签字后方可加盖,若董事长或行政中心负责人外出而无法履行审批程序时,须取得口头、短信同意后,方可加盖,并要在事后补签用印申请表。

(2)印章保管人对没有公司董事长或行政中心负责人签字的用印申请,有权予以拒绝加盖印章。

(3)在盖印手续完备的情况下,印章保管人不得委托总裁办以外的人代办盖印。大宗文件、标书等材料需要加盖印章的,由总裁办加盖,相关部门经办人员予以配合。

(4)严禁将印章及盖上章的空白合同带出公司,特殊情况要经董事长或行政中心负责人批准同意。

(5)凡在落款处加盖印章时,必须骑年盖月。作废合同要及时返还,确保所有合同纸数量吻合。

(6)与外单位往来的函、合同、协议等文件,篇幅超过两页者,要加盖骑缝章。

(7)印章保管人应认真保管,自觉接受监督,公章使用后应及时锁入保险柜;严禁私用、盗盖公章,如因保管人工作失职,给公司造成损失和不良影响的,公司将追究其行政责任和经济责任。

(8)印章保管人须对用印申请表进行登记、编号及存档。

(9)印章要定期及时加印油;对于报废、停用的印章,应将原件及时上交公司销毁或归档封存,并向有关部门及时通报,说明原因,标明停用印模。

(10)因公司名称变更或成立子公司,需刻印新章时,印章保管人须有董事长或行政中心负责人书面的批示方可刻章。

(11)印章遗失时,除要立即报告公司上级和公安机关备案外,还应依法发布公告作废。

(四)印章的停用与缴销

当机构调整、名称变更或公章损毁需启用新章并停用旧章时,新章启用后应立即将旧章上缴至制发机关进行封存或销毁处理。若自行销毁,须事先获得上级部门批准。

对于机构撤销的情况,自撤销决定发布之日起,应立即停止使用该机构公章,并办理缴销手续。上缴公章须遵循既定流程,销毁旧章则须登记备案,并须上级批准及两人以上监督执行。

四、介绍信管理

(一)介绍信的种类

介绍信是介绍公司成员外出办理有关公务并证明其身份的一种书面凭证。它具有介绍和证明的双重作用。

1. 按文面格式划分

(1)书信式

用一般公文用纸或印有单位名称的信笺书写的介绍信文。格式如下:

```
                    介绍信

    ××公司
    今介绍我公司×××和×××两位同志前往贵公司洽谈有关××产品销售的具
体事宜，请于接洽为盼。
    此致
敬礼
                                              （印章）
                                        ××××年××月××日

   （有效期×天）
```

（2）印刷式

印刷式介绍信也称存根介绍信。带存根的介绍信一般是铅印的，由公司先设计好固定的格式，然后大批量印刷，使用时只需在相关条项内填上相应的内容即可。它一般由持出联（外出时使用的介绍信）和存根两联组成，中间用针孔虚线分开，存根介绍信的两联都有相同的号码，开出介绍信时应在针孔虚线缝上盖章（骑缝章），从而便于核对。

2. 按用途划分

（1）业务介绍信

企业在对外开展业务交流时，会用到业务介绍信。这类信函往往针对特定业务事宜而撰写，内容较为详尽，故不常采用预制格式，而是采用信纸手写或打印，并封装于信封内。

（2）专用介绍信

专用介绍信专为处理某项特定业务而设计，如购买机票介绍信等。公司内部各部门也常设有专用的业务介绍信，用于日常频繁办理的业务介绍。这类介绍信内容格式固定，可批量印制，使用时填写编号、加盖公章即可生效。

（3）证明信

证明信可由公司、机关、团体或个人出具，用于以确凿证据证实某组织、团体、个人或相关文件的真实性。若以个人名义出具，除需个人签名或盖章外，还需所属组织盖章以确认其身份。

（二）介绍信的适用范围

介绍信是公司间正式交往的一种凭证性文书，主要适用于以下场景：

（1）学生赴公司实习或参与活动时，须由院系出具介绍信。

（2）国家机关人员外出调研或赴其他公司商讨重要事务时，须携带介绍信。

（3）商业公司派遣人员推销或宣传产品至其他公司时，应携带介绍信。

（4）公司间业务交流，若派新手接洽，则需带上介绍信以示正式。

（5）推荐他人入学、求职或求教于不相识之人时，可书写介绍信作为引荐。

(三) 介绍信的管理

1. 介绍信保管责任

公司或部门应指定专人保管介绍信,避免分发或私藏空白介绍信。

2. 介绍信内容规范

介绍信格式包含标题、称呼、正文及礼仪性用语。介绍信应明确出具单位、时间、有效期,存根介绍信还须加盖骑缝章,并记录批准上级及经办人信息。用途应具体,避免模糊表述。

3. 介绍信开具手续

申请介绍信须填写签批单,经上级批准后,由文员根据单据填写并盖章发放。各级介绍信由相应上级签批,确保使用透明。

4. 内容一致性

介绍信持出部分与存根需一致,应使用毛笔、钢笔或签字笔书写,字迹清晰,不得涂改;涂改处须加盖公章确认。

5. 用印流程

禁止在空白介绍信上预先盖章或发放给外出人员自行填写。特殊情况下,须控制空白介绍信数量,注明期限,并收回未用部分。文员不得私自开具介绍信。

6. 管理细节

未使用的介绍信应及时收回并标注原因;存根妥善保管,及时归档;填错的介绍信应标记作废;丢失立即上报;接待外来人员时,核实介绍信真实性,办理完毕后留存并请对方签注,以便日后核对。发现介绍信有问题,应及时与对方公司沟通验证。

【案例分析】

印章管理

任务五 保密工作

任务导入

实训任务 3-5　金融机构办公室员工电子设备失窃

　　一家金融机构的办公室内,一名员工的笔记本电脑在午休时间被盗。该电脑中存储了大量客户敏感信息及公司内部财务数据,一旦泄露将造成严重后果。数据泄露风险:如果被盗设备中存储了公司的敏感数据,如客户资料、财务信息、商业秘密等,这些数据一旦泄露到不法分子手中,可能导致公司面临法律诉讼、财务损失、客户信任度下降等严重后果。经济损失:数据泄露后,公司可能需要投入大量资金来修复受损的系统、恢复数据、赔偿客户等。幸运的是,公司及时启动了应急预案,通过远程锁定和数据擦除功能保护了大部分信息不被泄露。为了防止类似案件发生,公司要求办公室制定电子设备保密措施。

　　任务:制定金融机构电子设备保密措施。
　　要求:
　　1. 指出电子设备失窃的原因及可能后果。
　　2. 保密措施应该考虑下列内容:安全监控、电子设备加密管理、员工安全培训、应急响应机制、数据备份与恢复等。
　　评价:组间评价和老师点评。

一、秘密的含义与分类

(一)秘密与国家秘密

1. 秘密的含义

广义上,秘密指尚未被公众知晓或虽被部分人知晓但不宜公开的信息。狭义上,秘密特指已被部分人知晓,但出于保护目的而人为隐藏,防止他人轻易获取的信息。本书采用狭义定义。

2. 国家秘密的含义

国家秘密是关系国家安全与利益,依法定程序确定,在一定时间内只限一定范围的人员知悉的事项。国家秘密一旦泄露给非授权人员,将对国家安全与利益造成损害。

3. 国家秘密的等级划分

（1）绝密级。最重要的国家秘密，泄露会使国家安全和利益遭受特别严重的损害。

（2）机密级。重要的国家秘密，泄露会使国家安全和利益遭受严重的损害。

（3）秘密级。一般的国家秘密，泄露会使国家安全和利益遭受损害。

这些秘密有规定的解密期。绝密级不超过三十年，机密级不超过二十年，秘密级不超过十年。

4. 国家秘密的标志

（1）国家秘密生成后，应立即在相关文件、资料上明确标注密级及保密时长。不属于国家秘密的，不应当标国家秘密标志。

（2）对于书面密文，我国采用"★"作为标志，前置密级，后置保密期限，例如：绝密 ★ 10年。

（3）对于非书面密文，应使用易于识别的方式标注密级和保密期限；对于带有包装（如盒、套、袋等）的密文，须在包装上以适当方式明确标注。

不泄露国家机密是每个公民的义务，严重违反此情节者会承担刑事责任。

（二）秘密的分类

1. 按层次划分

（1）国家秘密。关乎国家安全与利益，依法定程序确定，限特定范围人员知悉。

（2）组织秘密。关乎组织利益，特定时间和范围内不宜公开的信息。

（3）个人秘密。涉及个人隐私，受法律保护的不公开信息。

2. 按内容划分

（1）政治秘密。重大政治决策、决定及部署的机密。

（2）军事秘密。国防建设与武装力量活动的秘密。

（3）涉外秘密。外交、外事活动中的秘密及对外保密义务信息。

（4）经济秘密。国民经济和社会发展的机密信息。

（5）科技秘密。科学技术的秘密信息。

（6）其他秘密。司法、商业秘密等。

3. 按表现形式划分

（1）有形秘密。可感知的物质实体，如文件、图表、录音带、照片、科研成果等。

（2）无形秘密。无实体形态，存储于人脑的秘密，包括口头类和技术类秘密；口头类秘密如会议传达的保密精神；技术类秘密如产品设计中的关键技术、诀窍等。

二、保密工作的基本要求和任务

保密工作是管理不可或缺的一环，也是各级办公室的重要职责所在。从办公室的角色定位来看，保密工作起到了精准引导的关键作用，它能有效整合政务信息，提升保密工作的效率与质量。而从办公室的职责范畴来说，保密工作则承担着权衡风险、预防泄露的重任。

(一) 保密的含义

保密是指为确保安全与利益,在特定时间和范围内,对秘密信息进行保守或保护,防止其外泄的行为。与保密截然相反的是泄密,尤其是泄露国家秘密,这指违反保密法规的行为,包括:①让国家秘密被无权知悉者获知;②国家秘密的传播范围超出限定,且无法证明未被无权知悉者获知。

(二) 保密的范围

办公室工作人员须对组织秘密、国家秘密进行保密,必要时还须对个人秘密进行保护。

1. 国家秘密范围

根据《中华人民共和国保守国家秘密法》(以下简称《保密法》)规定,国家秘密包括:国家事务的重大决策中的秘密事项;国防建设和武装力量活动中的秘密事项;外交和外事活动中的秘密事项以及对外承担保密义务的秘密事项;国民经济和社会发展中的秘密事项;科学技术中的秘密事项;维护国家安全活动和追查刑事犯罪中的秘密事项;经国家保密行政管理部门确定的其他秘密事项。

2. 组织秘密范围

(1) 商业秘密。组织进行的重大商业活动中的秘密事项。

(2) 科技秘密。组织自己研究开发的科研项目中的秘密事项。

(3) 公文秘密。组织具有秘密内容的文件、电报、信件、简报等。

(4) 会议秘密。组织内部会议的日期、议题、议程、讲话、发言、记录、录音、录像中的秘密。

(5) 信访秘密。信访者的检举、控告、揭发,上级的批示,信访,案件查处的材料等。

(6) 通信秘密。组织的密码、网址、密码机、涉及密码的业务。

(7) 上级秘密。组织上级的重大活动、办公场所和私人生活等。

(三) 保密工作的特点

1. 政治性

保密工作旨在巩固国家政权与维护国家利益,是管理国家的工具,构成国家政治工作的一环。

2. 封闭性

秘密的本质要求其在特定时间内仅供极少数人知晓。保密是对秘密的封锁,防止外泄。封闭越严,泄密风险越小。

3. 利益性

保密的核心在于保护利益,避免或减少损害。国家保密保护国家利益,公司保密保护公司利益。若无利益可保,保密即失其意义。

4. 相对性

保密具有时间与空间上的限定性。所有秘密均受《保密法》约束,在一定范围内有效,随时间推移或情况变化,可能降密或解密。

5. 群众性

保密工作的成功依赖于广大群众的参与和支持。

6. 隐蔽性

由秘密本身决定,保密工作需强化技术防御,提升保障能力,以应对技术落后的挑战。

(四) 保密工作的原则

《保密法》规定:"保密工作坚持总体国家安全观,遵循党管保密、依法管理、积极防范、突出重点、技管并重、创新发展的原则,既确保国家秘密安全,又便利信息资源合理利用。"保密工作应遵循以下原则。

1. 预防为主

保密工作的核心在于预防,须时刻保持警惕,采取积极措施,避免泄密事件的发生。

2. 突出重点

鉴于保密工作广泛且任务繁重,应抓住关键,确保重点安全。重点包括国家秘密、组织秘密及秘密集中区域、部门与人员,以点带面,提升整体保密水平。

3. 内外有别

(1) 国内国外有别。在涉外活动中,要处理好交往与保密的关系。

(2) 党内党外有别。要处理好保密工作与民主政治的关系。

(五) 保密工作的责任

1. 法律责任

《保密法》规定:"机关、单位违反本法规定,发生重大泄露国家秘密案件的,依法对直接负责的主管人员和其他直接责任人员给予处分。不适用处分的人员,由保密行政管理部门督促其主管部门予以处理。

"机关、单位违反本法规定,对应当定密的事项不定密,对不应当定密的事项定密,或者未履行解密审核责任,造成严重后果的,依法对直接负责的主管人员和其他直接责任人员给予处分。

"取得保密资质的企业事业单位违反国家保密规定的,由保密行政管理部门责令限期整改,给予警告或者通报批评;有违法所得的,没收违法所得;情节严重的,暂停涉密业务、降低资质等级;情节特别严重的,吊销保密资质。

"未取得保密资质的企业事业单位违法从事本法第四十一条第二款规定的涉密业务的,由保密行政管理部门责令停止涉密业务,给予警告或者通报批评;有违法所得的,没收违法所得。

"保密行政管理部门的工作人员在履行保密管理职责中滥用职权、玩忽职守、徇私舞弊的,依法给予处分。

"违反本法规定,构成犯罪的,依法追究刑事责任。"

2. 纪律责任

根据《行政机关公务员处分条例》第二十六条的规定："泄露国家秘密、工作秘密，或者泄露因履行职责掌握的商业秘密、个人隐私，造成不良后果的，给予警告、记过或者记大过处分；情节较重的，给予降级或者撤职处分；情节严重的，给予开除处分。"

（六）保密工作的主要任务

1. 强化法治建设

制定并执行保密法规，确保法规制度的落实；加强保密行政执法，普及法律知识，实施执法监督。

2. 深化保密教育

宣传保密法制、方针政策、纪律规定；分析保密与窃密形势；传授保密技术与管理知识，强调保密工作的重要性与必要性。

3. 实施行政管理

管理涉及国家秘密的个人、法人及社会组织；监管国家秘密事务；管理国家秘密事项、信息及载体；全面管理保密工作。

4. 推动保密技术发展

规划、实施保密技术发展；制定技术标准；组织项目研究；推广保密技术装备；加强保密技术行政管理。

（七）保密工作的纪律"十不"

（1）不该说的国家秘密，绝对不说。

（2）不该问的国家秘密，绝对不问。

（3）不该看的国家秘密，绝对不看。

（4）不该记录的国家秘密，绝对不记录。

（5）不在非保密本上记录国家秘密。

（6）不在私人通信中涉及国家秘密。

（7）不在公共场所和家属、子女、亲友面前谈论国家秘密。

（8）不在不保密的地方存放秘密文件、资料。

（9）不在普通电话、明码电报、普通邮局传达秘密事项。

（10）不携带秘密材料游览、参观、探亲、访友和出入公共场所。

三、办公室工作保密

（一）办公室秘密的类型

1. 公文秘密

包括含秘密内容的文件、电报、信函及简报等。

2. 会议秘密

包括会议日期、议题、议程、讲话、记录、音视频资料及新闻报道等。

3. 信访秘密

包括信访者的举报、控告材料，上级批示及案件查处资料。

4. 涉外秘密

已确认的国家秘密项目、文件、资料，以及特定区域的访问限制。

5. 上级与人事秘密

上级重要活动安排及单位人事信息。

6. 通信秘密（计算机保密）

密码、密码机及相关文件。

7. 经济与科技情报秘密

重要的经济、科技计划，以及单位信息安全等方面的敏感信息。

（二）文件保密涉及的环节

文件因其数量庞大、内容敏感而成为窃密重点。因此，文件保密是办公室工作的关键。需要采取以下文件保密措施。

1. 收文保密

严格遵循签收手续，标明密级与阅读权限。

2. 阅文保密

统一管理秘密文件，限定阅知范围，规定阅读地点，禁止私自摘录与引用。

3. 制文保密

明确密级与保密期限，严格管理草稿、修改稿等，销毁无用文件，控制印制数量。

4. 传递保密

登记传递过程，采用机要递送，确保密件安全。

5. 携带保密

禁止携带密件参加非公务活动，确需携带须经审批并采取安全措施。

6. 保管保密

密件存放于安全库房，定期检查保密情况。

7. 交接保密

人员调动时，严格履行交接手续。

8. 归档保密

有价值的密件及时归档，无价值的立即销毁。

9. 清查保密

定期清查密件，丢失立即追查。

10. 销毁保密

经审批后登记造册，按相关规定销毁。

(三) 文件文书保密的方法

(1) 公司与员工签订的劳动合同中应当含有保密条款。

(2) 公司与涉密人员签订的保密协议中,应当明确保密内容和范围、双方的权利与公司文书资料保密应重点做好的管理工作,如义务、协议期限、违约责任。

(3) 员工对收到的文件要认真登记、编号,按规定的范围和程序,其中具有"秘密"级以上的文件,要及时给上级阅示。

(4) 文件印制前应准确定级,标明密级,规定发送范围及是否可翻印、复印。印刷时不得擅自多印多留。草稿、修改稿及历次印刷的清样,须与正式文件同等重视。印刷过程中的蜡纸、衬纸、废页、废件应及时销毁。

(5) 文件在收发、分送、传递、借阅、销毁各个环节中,应严格遵循登记制度,做到件件有手续,件件有着落。

(6) 阅读秘密文件要在办公室或阅文室进行,不得擅自带回家中阅读。不经制文部门批准,不得扩大阅读范围。

(7) 外出递送秘密文件,须有安全保障,途中不得办理与文件无关的事。外出工作须携带秘密文件的,要经过上级批准,采取安全措施,并遵照有关部门的规定执行。

(8) 秘密文件须存放在保密、有保障的库房或文件柜内,并经常检查保密情况。对于平时工作用的秘密文件,应在用后随手入柜加锁。

(9) 人员调动,必须严格按照手续交接。在移交秘密文件时,要造册、核对,办理签字手续,不得搞"信任交接"。

(10) 秘密文件均要定期清查。发现有丢失的,要及时追查处理。

(11) 经上级批准销毁文件,须登记造册。秘密、机密文件派专人护送到指定的造纸厂监督销毁;绝密文件和密码电报指定专人就地销毁。

(四) 会议保密的方法

(1) 召开高密级会议前与保卫、保密部门共同制定保密措施,教育与会人员保密。

(2) 避免在内、外宾混住场所召开秘密会议。

(3) 会前检查会场设备,防止泄密。

(4) 会议文件标明密级,统一编号,限制发放。

(5) 设保密箱、柜,指定专人管理秘密文件。

(五) 新闻出版保密

新闻报道旨在向公众传递信息,而保密则要求信息受控。办公室负责相关业务的人员应妥善平衡二者间的关系。

大众传媒作为开放的信息平台,大众传媒具有信息量大、覆盖面广、传播速度快的特点,是情报搜集的便捷途径。在情报和间谍活动中,从媒体中挖掘信息和窥探秘密极为常见。随着我国国际交往的深化和国内事业的蓬勃发展,新闻报道的内容日益丰富,传媒机构数量激增,新闻保密工作因此显得尤为关键。电视、广播、报刊等媒体必须遵循保密原则,不得泄露国家秘密。

办公室人员发布信息时,务必遵守新闻报道的相关规定,审慎处理报道内容,避免媒体泄密。对于可能涉及组织机密或国家秘密的新闻报道,须采取以下保密措施。

1. 明确保密界限

准确界定哪些信息属于保密范畴,并让所有相关人员知悉。

2. 建立审查机制

新闻报道稿件须经上级审核,并由专人负责审查工作。

3. 内外有别

内部秘密信息不得公开传播,包括在报纸、杂志或公开出版物中发布。

4. 加强刊物管理

带有密级的报纸、刊物转载秘密文件时,须事先获得文件制作单位的批准。对于无密级的出版物,同样不得擅自转载秘密内容。如需转载,须获得授权,并对涉密部分进行删节或改编。

(六)涉外保密

在人员来访、宣传报道、学术交流、科技展览等活动中,保持清醒头脑,时刻紧绷保密弦,不在公开宣传报道、接待境外人员等涉外活动中涉及国家秘密。涉密计算机、打印机、扫描仪等自动化设备不得连接互联网,联网计算机不得处理涉密信息。不得交叉使用涉密办公自动化设备。

网络泄密十条禁令:

(1)严禁涉密计算机连接互联网。

(2)严禁私人计算机连接涉密网。

(3)严禁私人移动载体存储涉密信息。

(4)严禁涉密移动载体存储私人信息。

(5)严禁存储或者曾经存储过涉密信息的移动载体连接互联网。

(6)严禁在连接互联网的计算机上存储、处理或传递涉密信息。

(7)严禁计算机在互联网和涉密网间交叉连接。

(8)严禁移动载体在涉密计算机和连接互联网的计算机之间交叉使用。

(9)严禁私人手机、数码相机、播放器等电子设备连接涉密计算机。

(10)严禁以特殊身份在互联网上开设博客、聊天交友、应聘求职。

【拓展延伸】

办公室如何做好保密工作

项目四 上级事务

 学习目标

项目名称	任务分解	知识目标	能力目标	素质目标
上级事务	任务一 时间管理	1. 了解时间管理四阶段理论； 2. 熟悉时间管理四象限法； 3. 熟悉时间表管理法的基本步骤； 4. 了解上级日程表制作的基本要求； 5. 掌握办公室时间运用艺术	1. 能够运用四象限时间管理方法管理上级事务； 2. 能够区别年、季、月、周时间工作表的制作差异； 3. 能够编制年、季、月、周时间工作表； 4. 能够制作上级日志	1. 树立大局意识和服务意识； 2. 培养团队协作精神； 3. 培养较强的口头笔头表达能力； 4. 培养较强的人际沟通能力，尊重他人，遵循交往规则； 5. 培养严谨认真、一丝不苟的工作作风； 6. 培养科学素养、大数据意识
	任务二 约见安排	1. 掌握约见安排的程序； 2. 掌握约见安排注意事项； 3. 掌握文员的挡驾方式	1. 能够为上级合理安排约见； 2. 能够制作并使用约见卡； 3. 能够恰当挡驾	
	任务三 差旅安排	1. 掌握上级差旅事宜的具体内容； 2. 掌握差旅安排程序； 3. 了解陪同差旅后的工作内容； 4. 掌握差旅计划的制定方法	1. 能够制定差旅计划表； 2. 能够做好差旅前的准备工作； 3. 能够处理上级差旅后的财务报账事项	
	任务四 信息与调研工作	1. 了解信息的含义、特点和信息工作的要求； 2. 掌握信息工作程序； 3. 熟悉调查研究的类型、特点、作用； 4. 掌握调研的基本程序和方法	1. 能够进行信息收集、整理； 2. 能够进行信息利用； 3. 能够分析调查问题、确定调查方法； 4. 能够设计调查问卷； 5. 能够进行实地调查并撰写调查报告	

任务一 时间管理

实训任务 4-1　协助上级制作日志

上级一天的工作内容往往复杂多变,需要高效管理时间,以确保各类事务得到妥善处理。现在,你知晓上级第二天需要处理的事情如下:①阅读专业书籍;②参加桥牌兴趣小组活动;③制定公司长期发展战略;④处理客户重大投诉;⑤浏览新闻、社交媒体;⑥参加紧急项目协调会;⑦参与高层决策会议;⑧接待突然到访的重要客户或合作伙伴;⑨回应媒体或公众舆论的负面报道。请根据时间管理原理,编制日志。

任务: 协助上级制作日志。

要求: 运用时间管理技巧,如四象限法则(紧急且重要、重要不紧急、紧急不重要、不重要不紧急),来合理安排每日工作,确保既能应对眼前的挑战,又能为公司的长远发展奠定坚实基础。

评价: 组间评价和老师点评。

一、时间管理概述

(一)时间管理的概念和意义

1. 时间管理的概念

时间管理是指通过事先规划和运用一定的技巧、方法与工具,在预定时间内把事情做好,实现对时间的灵活以及有效运用,从而实现个人或组织的既定目标。时间管理的对象不是"时间",它是指面对时间而进行的"自我管理者的管理"。

办公室时间管理是指文员对上级和自己的时间进行有效的计划和控制,从而在有限的时间内提高工作效率。各个公司都将时间管理能力作为办公室文员的一项基本要求,科学地规划上级的时间是办公室管理能力的重要体现。

2. 时间管理的意义

做好时间管理,能在有限的时间做更多有意义的事,降低变动性。时间管理的目的是决定该做些什么,决定什么事情不应该做。时间管理最重要的功能是通过事先的规划,提醒与指引下一步行动。

文员应掌握一些科学的时间管理方法，以提高工作的效率，在工作实践中不断提升管理时间的能力，有效地利用好时间，养成不拖延、有条理、遵时守时的良好工作习惯，努力做到事半功倍。

（二）四代时间管理理论

时间管理历经四个阶段的演变，从意识觉醒到实践深化，管理方式与重心也随之变迁。时间管理理论沿革可分为四代。

1. 第一代时间管理理论

备忘录时代，侧重于利用便条记录待办事项，逐项完成，实现了从无规划到应急管理的初步跃升，但欠缺全局视角。

2. 第二代时间管理理论

日程表管理，强调事前规划与日程安排，通过设定任务时间表，确保每项任务按时完成，体现了未来导向，但略显僵化。

3. 第三代时间管理理论

优先级排序，即在任务繁多时，依据重要性与紧急性进行取舍与排序，采用象限法等工具，追求效率最大化，以帕累托原则（二八定律）为核心，强调将有限资源集中于产生最大效益的任务上，尽可能提高工作效率。

4. 第四代时间管理理论

价值与目标导向，主张关键不在于时间管理，而在于个人管理。与其着重于时间与事务的安排，不如把重心放在维持产出与产能的平衡上。强调识别并专注于少数关键活动，这些活动往往能带来大部分成果，倡导以结果为导向的时间分配，是时间管理的高级阶段。

时间管理从简单记录到精细规划，再到优先级排序与价值导向，每一步都标志着管理理念的进步与深化。四代时间管理理论的比较见表4-1。

表4-1　四代时间管理理论比较表

理论演进	核心观点	优点	缺点
第一代时间管理理论	备忘录型，记录待办事项	应变力很强，没有压力	忽略整体规划
第二代时间管理理论	记事簿规划与准备	可以追踪事件	过于机械
第三代时间管理理论	用主要精力和时间处理重要的工作	以价值为导向，利于效率提升	价值判断具有主观性
第四代时间管理理论	价值与目标导向	倡导以结果为导向	对个人自我管理能力要求较高

二、四象限时间管理法

（一）四象限时间管理法概述

四象限法则是著名的管理学家史蒂芬·科维（Stephen Covey）提出的一个时间管理工

具,它用横轴代表事情的紧急程度,用纵轴代表事情的重要程度。四象限时间管理法是时间管理方法之一,属于第三代时间管理理论。其内在含义是有重点地把主要的精力和时间集中在那些重要的工作上,即优先安排事件的方法。

四象限时间管理法对工作内容进行分类,四个象限的工作如下:第一象限的工作为紧急且重要;第二项象限为重要但不紧急;第三象限为不紧急不重要;第四象限为紧急但不重要。这种方法倡导按照工作所处的象限进行先后顺序的执行。随着大家对工作方法的重视,现在四象限的分类方法也被很多人所接受。

(二)四象限时间管理法的内容

运用法则的关键在于辨识四象限任务。第一象限汇聚紧急且重要的事务,个人与企业均会优先处理,但因其紧迫性,往往难以完美执行。相反,第四象限包含既不紧急也不重要的事务,明智者将其视为时间的无谓消耗,会选择避免。

第二与第四象限的界限模糊,常令人混淆。实际上,第四象限因其紧急性常被误认为重要,实则不然,要依据事务的重要性,即与个人目标及规划的契合度决定。若重要,则归入第二象限;若不重要,则属第四象限。明智之举是摆脱第四象限的束缚,因其事务琐碎且耗时,而第二象限才是工作的重点。

第二象限汇聚重要但不紧急的事务,让人拥有充足的时间准备与执行,是自我提升的关键。投资于第二象限,意味着为未来打下坚实基础,其回报最为丰厚。因此,应严格自我管理,优先处理并投资于真正重要的事务。

上级一天的工作内容往往复杂多变,需要高效管理时间,以确保各类事务得到妥善处理。以下是根据"紧急且重要""紧急不重要""重要不紧急""不重要不紧急"四个维度列举的上级一天可能涉及的工作事项示例。

1. 紧急且重要的事项

处理突发事件:如客户重大投诉、生产安全事故、关键员工突然离职等,需要立即采取行动以减少负面影响。

参与重要会议:包括高层决策会议、紧急项目协调会等,这些会议往往决定公司短期内的重大方向和策略。

关键任务跟进:监督即将到期的关键项目,确保按时交付。

危机公关处理:面对媒体或公众舆论的负面报道,迅速制定并执行应对策略。

2. 重要不紧急的事项

战略规划与长期目标设定:评估市场趋势,制定公司长期发展战略,这些工作虽不紧迫,但对公司的长远发展至关重要。

人才培养与团队建设:组织员工培训、评估员工绩效、促进跨部门沟通等,提升团队整体能力和凝聚力。

客户关系维护:定期与重要客户沟通,了解需求,增强客户忠诚度,这些工作虽不立即见效,但长期而言对业务稳定和公司发展有重要影响。

个人能力提升:阅读专业书籍、参加行业研讨会等,不断提升自己的管理能力和专业知识。

3. 不重要不紧急的事项

非工作相关社交活动：如非必要的午餐聚会、个人兴趣小组活动等，这类活动虽然有助于放松身心，但应控制在合理范围内，避免占用过多工作时间。

浏览非工作相关资讯：偶尔浏览新闻、社交媒体等，以了解行业动态或保持个人兴趣，但需自我控制时间。

4. 紧急不重要的事项

回复紧急但不重要的邮件/信息：来自下属或外部合作伙伴的紧急询问，虽然不直接影响核心业务，但出于礼貌和效率考虑需要尽快回复。

临时接待：接待突然到访的重要客户或合作伙伴，虽然不直接产出业务成果，但有助于维护关系。

紧急行政事务：处理办公室突发故障（如网络中断）、紧急采购等。

上级需要灵活运用时间管理技巧，如四象限法则，来合理安排每日工作，确保既能应对眼前的挑战，又能为公司的长远发展奠定坚实基础。

（三）四象限时间管理法之 ABCD 绘制法

1. ABCD 绘制法步骤一

按照重要程度画出纵轴，按照紧急程度画出横轴，可划成 A、B、C、D 四个象限，代表事情重要性和不同紧急情况，如图 4-1 所示。

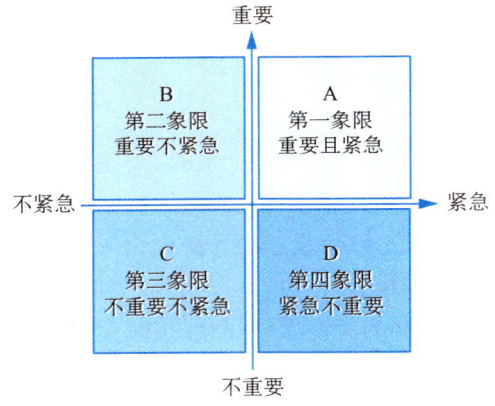

图 4-1　四象限时间管理法的绘制

2. ABCD 绘制法步骤二

对所有工作按照重要性和紧急程度进行四象限归类，纳入四个象限。一般而言，根据自己的职业价值观判断事项的重要程度，根据事项的时间截止期限判断其紧急程度，如图 4-2 所示。

第一象限，非常重要，非常紧迫，我们可以理解为"救火"的事情，通常为重要项目的突发状况、意外和困难，或者即将到期的重要工作。

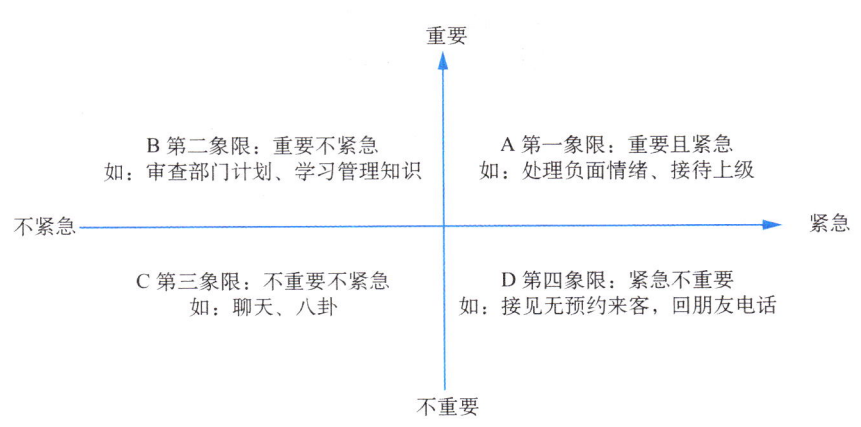

图 4-2 确定事情的重要和紧急程度

第二象限，时间上不紧急但具有重要影响，一般为"规划"类的工作，如重要工作的计划、筹备、预算，一些隐患问题的预防措施等。

第三象限，既不重要也不紧急，我们可以理解为"玩乐"类的事情，如部门普通聚会安排、休闲娱乐节目的确认等。

第四象限，虽然不重要但需要尽快处理，一般为一些"应付"类的工作，应该快速处理完成，不要占用太多时间，如流程手续、同事的咨询等。

3. ABCD 绘制法步骤三

简单地说，就是遵循 4D 原则。第一个"D"是 Do（做），第二个"D"是 Delay（推迟），第三个"D"是 Delegate（委托），第四个"D"是 Delete（删除），见图 4-3。

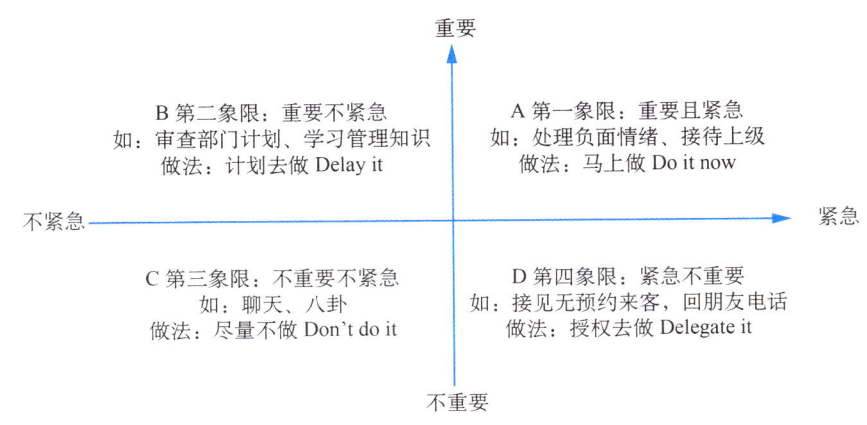

图 4-3 四象限时间管理法 4D 做法

第一象限：马上做（Do it now）。立即去做，重要且紧急的工作，不能拖延不做，不能授权给他人去做。

第二象限：计划去做（Delay it）。把一些重要的、不着急完成的工作放一放，先完成需要马上着手去做的工作，然后按照时间计划逐项、逐点落实，确保为后续的工作提供充足时间。

第三象限:尽量不做(Don't do it)。把一些与目标无关的工作舍弃,不去做。此项工作纯粹是消磨时间,适当在这种状态中休息一下即可,不需要过度沉迷其中。

第四象限:授权去做(Delegate it)。此项工作,紧急但不重要。可以交给下属去办,或授权别人去做,这样可以为自己留出时间和精力去做更重要的事情,减少自身压力。

按照 ABCD 顺序完成工作。由此,我们可以得出结论:把主要的精力有重点地放在"紧急不重要"或者"重要不紧急"这两个"象限"的事务上是必要的。要达到这种目的,就需要很好地安排时间,做好时间规划,有计划地推进各项工作。

练习

下面为魏莱的上级王经理一天的工作清单,请你用四象限时间管理法,帮魏莱列出王经理的工作顺序和大致的时间分配。

> 王经理的一天工作清单:
> 1. 处理公司负面报道;
> 2. 接见无预约来客;
> 3. 审查部门计划;
> 4. 微信聊天;
> 5. 回复朋友电话;
> 6. 接待上级考察;
> 7. 办公室八卦;
> 8. 学习管理知识。

第一步:分析王经理工作清单中事件的紧急程度与重要性。

其中,处理公司负面报道和接待上级考察属于重要且紧急的事情,无法回避也不能拖延,必须优先解决,放 A 象限;审查部门计划和学习管理知识属于重要而不紧急的事情,放 B 象限;接见无预约来客和回复朋友电话属于不重要但紧急的事情,放 D 象限;微信聊天和办公室八卦属于不重要不紧急的事情,放 C 象限。

第二步:按王经理工作清单中事件的紧急程度与重要性的不同写出王经理的工作顺序表。

王经理一天的工作时间安排:

8:30—9:30 处理公司负面报道

9:30—10:30 接待上级考察

10:30—15:30 审查部门计划、学习管理知识

15:30—16:30 接见无预约来客、回复朋友电话

16:30—17:00 微信聊天、办公室八卦

将这份工作顺序表拿给上级审批,审批通过后,第二天执行。

三、时间表管理法

(一)时间表管理法概述

时间管理有很多方法,比较常见的是时间表管理法,也就是通过编排时间预订表和时间计划表来进行时间的安排分配。时间表管理法是指将某一时间段中已经明确的工作任务清晰地记载和标明在表格中,提醒使用人和相关人按照时间表的进程行动,从而保证完成任务的有效方法。

(二)时间表的种类

按照时间周期分为:年度时间表、季度时间表、月度时间表、周时间表以及日时间表(也称日志)。按照具体事项分为:会议时间表、约见时间表、旅行时间表等。如图4-4所示。

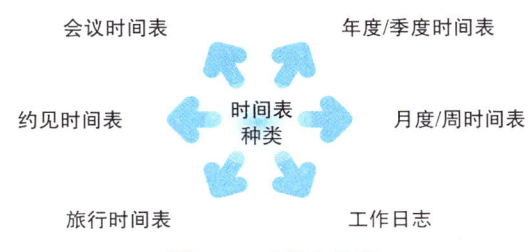

图 4-4 时间表种类

(三)工作时间表的编制步骤

工作时间表的编制步骤如图4-5所示。

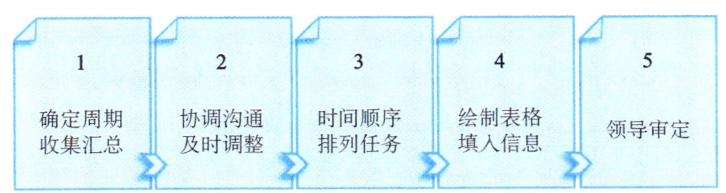

图 4-5 工作时间表的编制步骤

1. 周期设定与资料整合

依据工作需求明确编制周期,并汇总该周期内所有工作任务。

2. 协调与调整

若任务间存在冲突,应主动与相关部门或个人沟通,确保及时调整。

3. 任务时序排列

按照时间顺序,清晰地将任务进行排列。

4. 表格绘制与信息录入

制作表格，详细标注时间及具体工作内容，确保信息简洁明了。

5. 领导审核

将工作表提交上级审核，通过后，即按照表中时间顺序执行。

四、编制年度、季度、月度、周时间表

（一）编制年度时间表

年度时间表的时间周期一般选择"月"或"季度"。编制者需就年度的事项及时间与相关部门或上级沟通，确定后，按照时间顺序填写在表内，最后提交上级审定。可参照上一年的时间表和新一年工作部署来编制该表，内容要求简明概括、一目了然。年度时间表参考见表4-2。

表 4-2 ××公司年度时间表

时间	内容
一月	16日召开职工代表大会 23日召开董事会
二月	参加广交会
三月	召开股东大会 董事长去日本考察
四月	3日职工技能大赛开始，5日结束 举行"以人为本"演讲比赛
……	……
十二月	召开年终总结大会，奖励先进个人和部门

（二）编制季度时间表

季度时间表选取的时间周期为"月""周"。季度时间表参考见表4-3。

表 4-3 ××公司季度时间表

周次	月份		
	10月	11月	12月
第一周	财务执行会议	组织专家进行新项目评估	深圳会议
第二周	技术博览会	新产品宣传	—
第三周	—	出国考察	—
第四周	部门沟通	参加政府举办的论坛	年度总结大会

（三）编制月度时间表

月度时间表选取的时间周期为"周""日"。月度时间表参考见表4-4。

表 4-4　××公司月度时间表　　　　　　　　　　　　××××年××月

周	具体日期	内容
第一周	3 日	组织专家进行新项目评估
	4 日	接待内地同行参观
第二周	11 日	审核新产品的宣传片
第三周	15—21 日	出国考察
第四周	23 日	香港会议
	24 日	走访香港企业
	28 日	参加政府举办的论坛

利用公司专项工作会议收集月工作时间表的相关信息,并制成表格;也可在月底请上级或各部门负责人将下月的安排或活动以口头或书面的形式交给自己综合整理,有矛盾冲突的加以沟通调整,然后编制成表,内容比年度时间表要详细。

（四）编制周时间表

周时间表选取的时间周期为"日""星期×""上午""下午""几点几分"。周时间表参考见表 4-5。

表 4-5　××公司周时间表

具体日期	星期	上午	下午	备注
22 日	一	9:30 ××银行吴处长来本公司	参加××酒会	＊要与吴处长联系 ＊××银行来信
23 日	二	8:30—10:30 人事科长面谈,第一会议室	与××集团李部长洽谈	＊要准备好人事组织表 ＊新产品介绍约 45 分钟
24 日	三	8:00 与刘行长吃早餐 10:00 ××公司林经理访问	带林经理参观	＊13:30 从公司出发;与林经理同行
25 日	四	9:00 与李先生商谈私事 11:30—12:30 与王厂长吃午餐,公司餐厅	3:00—5:00 成本会议,第三会议室 6:30—8:00 与高董事长吃晚餐	＊田总经理缺席 ＊晚餐已经预约××饭店二楼
26 日	五	10:00 营业部会议,第一会议室	4:00 会见田总经理 5:00 小会议室开会	＊中午 10 人客饭已经订好 ＊准备成本会议文件
27 日	六	打高尔夫:太阳岛,乡间俱乐部,已经预约 4 名	—	—
28 日	日	—	—	—

通常,在周五下班前或周一上午,由主要上级或各部门负责人提供相关信息或开会碰头协商活动安排内容,由文员统一协调,然后制成表格。内容更加详细具体,时间、地点要求更加精确。

五、工作日志

(一) 工作日志概述

工作日志是依据周时间表记录的一天内的上级活动安排,分为上级日志与文员日志,二者需保持协调一致。

编制的一般方法:

以时间为线索,以上级必做事项为主线,从上班至下班,详细列出各时段任务。

以事务为内容,每项事务标注预计耗时,优先安排重要事务,确保上级及时处理。

(二) 编制工作日志的方法

以王副总裁的一天为例,制作日志。

20××年6月5日(下周三)公司总部副总裁王明一行五人将去分公司视察。相关工作包括:听分公司经理述职(9:00—11:00在分公司主楼第二会议室);11:30—12:30在分公司宾馆餐厅海王星厅就餐,分公司陪同人员有王经理、两位副总经理、办公室主任,共4人;出席分公司科技人员获国家科技奖表彰大会(15:20—15:50在本公司礼堂);检查实验大楼的建设情况(16:00—16:40在工地现场);晚餐在17:00—19:00举行(地点同中午)。请列出其工作日志。

首先写出标题,其次列出时间,最后填写具体事项,见表4-6。

表4-6 总部副总裁王明工作日志(20××年6月5日)

时间	事项	地点	人员	备注
9:00—11:00	听分公司经理叙职	分公司主楼第二会议室	分公司经理	—
11:30—12:30	午餐	分公司宾馆餐厅海王星厅	王经理、两位副总经理、办公室主任共4人陪同	
15:20—15:50	分公司科技人员获国家科技奖表彰大会	分公司礼堂	分公司全体员工	
16:00—16:40	检查实验大楼建设情况	工地现场	—	—
17:00—19:00	晚餐	分公司宾馆餐厅海王星厅	—	—

(三) 日志编制注意事项

(1) 尽可能归为一页,并标出时间段。

(2) 日志内容包括时间、地点、活动内容、备注等。

(3) 当计划变动时,应及时变更日志。

(4) 认真细致、主动沟通、留有余地。

(5) 上级留存一份、本人留存一份。

(6) 用简明的文字将信息填入日志。

(四)填写工作日志的要求

(1)提前了解上级工作和活动的信息,并填入日志,第二天一早再次确认。
(2)填写的信息要清楚、方便阅读,保持日志整洁,可用彩笔做记号。
(3)信息完整,标明活动的时间、地点、负责人姓名及联络方式等。
(4)及时更新,并告知上级变化。
(5)提醒上级执行计划。

(五)编制日志的总体要求

1. 全局统筹
规划日常活动时,需结合组织整体安排与上级实际情况。

2. 规范安排
依据上级分工明确活动参与对象,避免随意安排,注重实效。

3. 效率优先
日程设计需体现高效原则。

4. 重点突出
运用四象限时间管理法,优先安排核心活动,确保上级专注大事。

5. 时间弹性
为上级预留灵活时间,避免紧凑安排,以应对延误或突发情况。

6. 适度保密
日程表分发应控制范围,科室与司机版应简化以防泄密。

7. 事先确认
所有日程安排均须事先征得上级同意。

任务二 约见安排

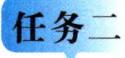

实训任务 4-2　协助安排上级与客户约见

A科技公司的市场部总监张山计划与新晋合作伙伴B广告公司的创意总监李四进行会面，目的是深入探讨即将开展的市场联合推广项目。为了确保双方能够充分沟通并达成初步合作意向，总监张山要求你来协助组织下周二的洽谈会商工作。请你写出约见安排的工作流程和主要内容。

任务：写出约见安排的工作流程和主要内容。

要求：写出以下内容。

1. 会面前准备：时间与地点确认、议程准备、资料准备、环境考察。
2. 会面过程：问候、开场介绍、深入交流、达成共识、礼貌告别。
3. 会谈内容：目标细化、合作模式探讨、创意方向与预算分配、风险评估与应对、下一步行动计划、会面结束时的总结与确认。
4. 会面后跟进：纪要、内部汇报、项目推进。

评价：组间评价和老师点评。

一、约见概述

约见是上级日常工作中的重要组成部分之一。上级日常工作涉及的内容：参加各种会议；工作检查和指导；各种接待、约见、洽谈；出差旅行活动；参观访问、报告演讲；庆典仪式；宴请；私人活动；等等。

（一）约见的含义

约见即预先约定时间与地点进行的会面，涵盖业务洽谈、工作讨论、问题解决、信息交流及情感联络等多方面。在企业事业单位中，其使用频率仅次于电话与书信，是重要的交际方式。现代社会强调预约会面，既体现社交礼仪，又彰显工作效率。文员常需为上级安排约见，此任务便于双方规划工作，高效利用时间。

约见旨在洽谈业务、讨论工作、解决难题、交换信息、增进情谊。

（二）约见的种类

1. 公务约见和私人约见

公务约见是指双方会面商谈公事的约见，参加者代表各自所在公司，它是公司公务活动的重要组成部分。私人约见是指比较有私密性的约见。

2. 正式约见和非正式约见

正式约见是指合乎一般公认标准或一定手续的约见。非正式约见则相反。

3. 例行约见和非例行约见

例行约见是指按照惯例、规定等约见。非例行约见则相反。

4. 对等约见和不对等约见

对等约见是指地位、级别或条件相等的约见。不对等约见则相反。

5. 公开约见和秘密约见

公开约见是指面向大家，将事情的内容暴露于所有人的约见。秘密约见是指有所隐蔽，不为人知的约见。

6. 事务性约见和礼节性约见

事务性约见是指有关外交交涉、业务商谈的约见。礼节性约见是指会见时间较短、话题较为广泛的约见。

（三）约见的方式

1. 电话安排约见

电话中，要以适当的方式，讲清楚约见的事由、时间和地点。如果是主动安排的约见，先准备好要说的内容，打电话时以适当的方式说明是上级的安排，如果对方接受约见，表示感谢；如果对方拒绝约见，则表示歉意。如果是被动安排的约见，需要考虑对方提出约见的理由；如果拒绝对方的提议，首先表示感谢，其次简洁说明拒绝的理由。

2. 信件安排约见

记录来信中约定的会面时间，并在回复前获得上级确认，确认后纳入约见计划。

3. 当面安排约见

上级直接告知的约见，需获上级确认后记录；书面查询约见时间，确定后通知并记录；讨论中提及的后续约见，安排后确保对方收悉并记录在案；与外地参观者的初步约见，用铅笔记录于日程表，可能会有所变动。

二、安排约见的流程

（一）安排约见的基本原则

1. 配合原则

配合上级的时间表、工作习惯和生活习惯来安排约见。不能随便打乱上级的常规工作，应当在上级时间比较充裕、精力比较充沛的情况下安排约见。

注意"三不要":不要在上级出差前后当天安排约见,不要在刚上班和临近下班时安排约见,不要在周末、节假日或对方休息日安排约见。

2. 区分原则

区分轻、重、缓、急。依据约见的性质、重要性、紧迫性,考虑对方身份、时间及约见内容,合理安排约见。重要紧急的约见要适时安排,不重要不紧急的约见坚决不约,但必须说明原因,想办法推辞。该见的但并不紧急的,可稍缓安排约见。

3. 弹性原则

时间上要留有余地,包含两方面内容:一是约见时间要错开,不可太赶或隔太久,两次约见之间留出 10~15 分钟的机动时间;二是远期安排或随口答应的约见,时间不能太确定。

4. 服务原则

要注意提醒上级准时赴约,保证不误约、不失约。特别重要的约见,应在接近约见的时间前,与对方再次联络,确保约见的顺利进行。如果上级不能按时赴约,要设法及早通知对方。

5. 信息原则

协助上级搜集有关信息,做好信息准备,使上级事先做到心中有数。

6. 保密原则

要注意适当保密,约见日程安排表不要随意乱发。需要保密的约见,可在约见卡或约见日程表中使用特定符号标注。

(二) 约见的前期准备工作

(1) 确定议题,明确目标。

(2) 收集信息,分析双方材料。

(3) 确定参加人员。

经常和上级见面的几类人(按优先安排顺序):

① 上级的上司或上司的代表;

② 本公司的重要客户;

③ 政府官员或媒体;

④ 级别与经理相仿的,而且与经理关系密切的人员(对等的人);

⑤ 与上级关系密切的下属;

⑥ 上级的直系亲属和关系密切的私人朋友。

了解对方及对方公司的情况:

① 记住他们的个人特征(姓名、年龄、性别、职位;通信地址和电话号码;与经理的关系状况);

② 记住对方公司的有关情况(公司名称、规模、经营范围、经营状况、在社会上的影响、与本公司的关系;公司的详细地址、电话号码、工作时间)。

(4) 双方协商时间、地点。

(5) 布置座位。

(三) 有效地安排约见

商务活动中,无论主动还是被动约见,事先约定均为必需,否则会被视为失礼。

1. 约见安排细节要点

(1) 记录详尽。确认约见后,详记时间、地点、内容、参会者及联系方式,以备变动时迅速通知。

(2) 出行前复核。上级外出前,文员须再次确认约见无误。

(3) 携带约见卡。多场连续约见时,制作约见卡片,明确顺序、时间、地点,供上级携带。

(4) 变更及时通知。变更约见时,立即通知对方并致歉。

(5) 重视重要约见。与重要客人约见,避免由文员电话约定,最好由文员面商或上级亲自打电话联系。

(6) 准时接待。若上级因故延误,文员先热情接待并说明情况,同时及时提醒上级。

(7) 委婉挡驾。访客未预约且上级不便会见时,文员需委婉回绝。

(8) 每日核对提醒。每日上班后核对当天约见,随时提醒上级准时参加。

2. 约请他人

上级 A 欲约 B 公司研发部主管 C 探讨联合开发新品事宜,委托你代为约请。在约请时,需清晰传达以下信息:

(1) 约请对象:明确 C 主管。

(2) 时间选择:预留调整空间,确保灵活性。

(3) 地点设定:具体会面地点。

(4) 会谈议题:联合开发新产品。

(5) 预计时长:会谈大致时长。

(6) 携带资料:需准备的文件或材料。

情景应对:若对方文员提出调整时间,如 C 主管需提前行程,基于对工作日志的熟悉,你可迅速回应:"调整为某日 10:30,是否合适?"并在会谈前夕再次确认,以防变动,此为谨慎行事的必要步骤。

文员应擅长妥善安排上级约见,事先了解上级日程,评估事项重要性与耗时,依据约见性质将其灵活穿插于工作间隙,确保日程既弹性又高效。如此安排,上级能够顺畅工作,避免手忙脚乱。

3. 来访接待

(1) 接待的含义

接待是对来访者的迎送、招待,常涉及洽谈、联系、咨询等活动,它是办公室文员的日常事务性工作之一。虽然接待在办公室工作中不是处于主要地位,但是它的好坏成败关系到整个公司的形象,所以,接待工作特别要注意过程和细节的周到、完美,为公司树立良好形象。

(2) 接待工作的基本要素

接待工作的基本要素包括来访者、来访意图、接待者、接待规格、接待方式等。

来访者是接待的对象。接待对象有不同类型：按照境内外界别，有国内来访者和境外来访者之分；按照是否预约，有有约来访者和无约来访者之分；按照人数规模，有个人来访者和团体来访者之分。来访者的不同类型决定了接待的不同类型，办公室文员应根据不同类型的来访者采取不同类型的接待模式。

来访意图是指来访者的来访目的。来访者总是带着不同的目的的，一般来说，有联系业务、学习交流、视察调研、参观访问、咨询投诉等，也可能有推销产品、散发广告、催讨债务、刺探商机乃至寻衅滋事等。办公室文员应正确判断来访者的意图，并针对不同的来访意图，制定相应的接待方案或应对预案。

接待者是指接待方出面接待和陪同的有关工作人员。针对不同身份地位和来访意图的来访者，接待方应采用相应的接待规格，派出不同的人员出面接待、陪同。

接待规格一般有三种。一是高规格接待，即接待方出面接待和陪同人员的身份地位高于来访者。一般在有关事宜比较重大或者对来访者表示重视、给予礼遇时采用高规格接待。二是对等接待，即接待方出面接待和陪同人员的身份地位与来访者相当。对等接待最为常用，也符合礼仪规范和平等相待的原则。三是低规格接待，即接待方出面接待和陪同人员的身份地位低于来访者。一般在上级因公抽不出身而授权部下出面接待或上级单位对下级单位视察调研等情况下才会采用低规格接待。

当然，接待规格除了与出面接待和陪同的人员有关，还与接待时给予来访者在住宿、用餐等方面的招待礼遇相关。

接待方式是指接待方采用的接待形式、程序和方法。就文员而言，接待方式主要有以下五种：迎送式，即迎来送往；引见式，引导、介绍、敬茶水、送行；参与式，在上级会见、会谈时文员参与；陪同式，文员陪同来访者参观游览；完全式，文员承担全过程接待。

（3）接待方案的制定

一些有预约的、团体的、重要的、涉外的来访，由于涉及面广、活动内容多，又有一定的逗留时间，应事先制定接待方案，以保证接待工作细致周密、有条不紊地进行。

接待方案一般应包括以下内容。

① 接待的目的、意义或要求

在接待方案中写明接待的目的、意义或要求等，让有关接待人员明确工作目的、要求，用以指导自己的行动。

② 接待规格

接待规格决定了出面接待和陪同的人员、日程安排及经费开支，包括派谁到机场、车站迎接，派谁全程陪同；宴请的规格、地点；住宿的宾馆等级、客房标准等。这些都要在方案中明确写出。

③ 来访者的基本情况

写明来访者的基本情况，有利于接待人员了解来访者、接机、安排住宿等工作的开展。

④ 接待人员分工

给所有参加接待的工作人员分配相应的具体接待工作，并作详细交代，做到各司其职、各负其责、协调配合。

⑤ 接待内容

接待内容主要反映接待活动的各项内容和过程,如迎送、拜会、合影、宴请、会谈、游览活动等,以及这些活动中的出席和陪同人员。

⑥ 日程安排

日程安排是对接待内容的细化、过程化、程序化,它是接待方案的重要内容。文员要把接待内容中有关时间、地点、活动内容、陪同人员等要素按序罗列出来,并制作成表格。

⑦ 接待经费预算

保证接待任务顺利有效完成,需有相应的经费支撑。对这些经费,应事先做出预算,以便衡量其必要性、合理性和充足性。这些经费包括:活动经费,如租借会议场地、资料打印、复印等费用;住宿费;餐饮费;劳务费,如邀请有关人员讲课、演讲和工作人员的加班费等;交通费;参观、游览费用;纪念品购买或制作费用;宣传公关费用等。这些费用都要在方案中制表详列,以供上级审批,并在接待过程中按预算使用。

接待方案要详细,并具有可操作性,要做到可以让有关人员能直观地按照方案规定的程序、步骤完成工作。

在制定接待方案之前,应充分听取上级意见,并与来访者充分协商。方案初稿征求上级意见并得到批准后才能正式定稿。办公室文员应把印制后的定稿复制一份给来访者,让对方做到心中有数;同时还要把方案分发给参与接待的有关人员,以便其遵照执行。

(4) 有约来访者接待流程

① 接受任务。根据上级指示,了解接待任务和方针,了解上级对接待工作的要求和对接待规格的确定。

② 了解来访者。了解来访者的基本情况,包括公司、人数、姓名、性别、年龄、身份、来意、要求、行程、抵达离开的方式和班次,乃至宗教、习惯等有关信息。对来访者的信息应尽可能详细了解,以便提供周到服务。

③ 制定方案。根据来访者的目的、要求、逗留时间和上级意图等拟订包括接待规格、内容、日程、经费、人员、任务分配等在内的详细接待方案。

④ 预订食宿。根据来访者的性别、年龄、职务、民族、宗教、习惯、要求等有关信息和上级确定的接待规格,预订相应标准的宾馆客房和饭店等。

⑤ 迎接来访者。在预定时间于公司门口迎接来访者,或者准备好车辆到机场、车站去迎接来访者。

⑥ 商议日程。将来访者安顿好以后,应安排上级至来访者下榻宾馆作礼节性拜访,并与来访者敲定日程安排,预订回程机票、车票。

⑦ 安排活动。根据来访者的来访意图和双方商定的日程安排来访者的各项活动,包括会见、谈判、座谈、交流、合影、宴会等。

⑧ 陪同参访。在完成主要接待任务后,可安排来访者参观游览当地旅游景点。文员应事先安排好线路、车辆等并全程陪同。

⑨ 送别来访者。在来访者访问结束时,准备车辆将来访者送至车站、机场。

⑩ 总结结算。完成接待任务后,文员应总结工作情况并向上级汇报,结算招待经费。

（5）未预约来访者接待预案

对未预约的来访者，原则上不予接待。但是在实际工作中，要根据具体情况区别对待，并灵活加以处理。

对了解、熟悉的人员的接待——有些来访者是常客，或是文员了解、熟悉的人，如上级熟识的客户，上级的亲属、朋友等，对这些来访者，即使未预约，文员也应热情招呼，引其到会客室就座，并快速通报上级，按照上级的指示接待。

对推销员来访的处理——要区别对待，不可拒之门外。流程如下：电话征询采购部门意见；若采购部门有意会面，引导推销员前往；若无意会面，礼貌告知；若推销员坚持见上级，接收名片及产品资料，转交上级，并告知会按需联系。

对文员可以直接接待的来访者的接待——对无须上级处理的来访，文员可直接处理。联系相关部门主管，介绍来访者并指引洽谈地点及路线，必要时引领前往。

对其他不速之客的处理——待对方自我介绍并说明来意后，请示上级决定是否会见。如果来访者要求见某部门负责人，文员可通知上级或相关人员，并根据不同情况区别对待。如果上级或相关人员有意马上会见，文员应立刻安排接待；如果有意会见，但不能马上就见，文员应该安排来访者等候或做预约；如果上级有意交由他人接待，文员应及时安排有关人员出面接待，并向来访者说明情况；如果上级不愿意接待或没有时间接待，文员应找借口婉拒来访者或建议由他人代理接待；如果上级不在或无法联络，文员则应让来访者留下姓名、事项和联系方式，等待另行答复。

有些来访者需要解决具体问题，但不清楚应由什么部门或人员受理，文员了解情况后，应通知有关部门和人员安排接待，或婉拒并记录来访者的姓名、事项和联系方式，或者另行预约。

4. 接受约请

是否接受约请，关键在于上级的时间安排。

例如，C 公司 A 致电："我是 A，请问 B 总在吗？下周二下午 2 点想与他见面。"但 B 总已订好下周二下午 3 点去横滨的机票。未知事由及会谈时长，若接受，一小时内能否完成？即便能，上级是否愿意如此仓促？因此，应答复："A 先生，非常抱歉，B 总下周二下午 3 点将出差，时间紧迫，等他归来再约时间可好？"

又如，某公司副总 D 的友人 E 致电欲访，D 不在公司，文员告知："D 总今日全天外出，明日上午 10 点半可来访。"次日，E 顺利见到 D 副总。此文员效率颇高，启示在于：即便上级不在，她也能根据事情轻重主动约见。这得益于她对上司日程的熟悉。

（四）日程安排表的制作

1. 日程安排的含义

安排上级的日程是办公室文员通过日程安排表对上级及其工作进行时间管理的一项常规性的事务工作，其目的是帮助上级合理安排时间，提高上级的工作效率和计划性。

安排上级日程的主要内容是对上级要出席的会议、对有关人员的接待和会见、商务旅行活动、有关重大活动以及其他需要上级处理的事务做出时间、地点、方式乃至过程和细节的安排。

2. 日程安排操作流程

（1）初定方案。办公室文员应事先对有关时间安排有几个大致方案，做到心中有数，避免预约的时候产生时间安排上的冲突。初定方案时应事先征求上级的意见。

（2）预约各方。有了大致的方案后，文员可以通过电话、电子邮件等联系有关人员，敲定有关日程。

（3）编制初稿。根据预约的结果和事项的轻重缓急，把相关的事项填入日程安排表，然后检查有无遗漏、冲突等。

（4）递交审核。日程安排表的初稿编定后，应交上级审核，听取上级对时间安排的意见。

（5）印制表格。根据上级意见修改完日程安排表以后，就可以打印定稿，并交给上级一份，自己留一份。

3. 日程安排表的含义

日程安排表是一种以简明、直观的方式对上级计划的工作或活动做出统筹安排的表格。文员对上级的日程安排主要通过日程安排表来实现，文员应该学会制作日程安排表。

日程安排表以时段（时限）分类，一般分为年度日程安排表、月度日程安排表、周日程安排表、日日程安排表等；以事项分类，一般分为常规日程安排表、专题日程安排表（临时性活动、展会、庆典、会议）等。

制作日程安排表，首先要确定表格要素项目，也就是说，要对哪些内容应该填入表格、填在哪一项目下做出选择，然后制作简明、醒目的表格。

4. 表格要占满一个页面

在制作日程安排表的时候，不管内容有多少，都要想办法通过各种方式，把表格占满整页纸。同时，可以根据内容调整表格格式。例如，年度、月度日程表，纵向的内容较多，纸张方向可以选择纵向；周和日日程安排表，横向内容较多，纸张方向选择横向为宜。不管选择哪一种纸张方向，都应该把内容容纳在一页中，以方便阅读。

5. 尽量利用电子日程表

微软的 Outlook 软件中有日程表功能，Excel 也可以用来制作日程表，还有一些日程管理的软件，文员可以尽量利用这些软件制作电子日程表，这样既可以节约表格设计的时间，也可以实现低碳办公，更可以提高效率；而云笔记之类的技术，还可以实现笔记本电脑、平板电脑或智能手机等各类联网终端同步，使用非常方便。

日程安排表可以供上级外出时使用，该表应大小适中，便于携带，见表 4-7。

表 4-7　日程安排表（20××年 2 月 28 日）

时间	内容	地点	备注
10:00	销售工作会议	××分公司办事处（××大街147号）	附：会议日程
13:00	与××分公司上司及威明斯先生（新西兰代理人）共进午餐	××大酒店	

(续表)

时间	内容	地点	备注
14:30	与律师商谈租赁位于××大街的假日别墅事宜	××街11号	附:案卷
16:00	去××机场接约翰·庞德爵士及其夫人	××机场	客房订在××大酒店
19:30	去××大酒店赴晚宴(宴请20:00开始)	××大酒店	服装:正式 附:请帖 为庞德夫人预定的鲜花19:00送到

(五) 约见安排后的记录

(1) 对方参加约见的人(姓名、公司、职位等);

(2) 约见的时间(日期以及约见安排多长时间);

(3) 约见的地点;

(4) 约见的议题;

(5) 赴约前做的准备;

(6) 约见过程中讨论的内容及后续需要跟进的事项。

三、挡驾

(一) 挡驾的含义

文员需为上司阻挡不必要的来访者、邀请活动及电话,无须透露具体原因,只需礼貌且委婉地达到阻挡目的。

(二) 挡驾的方式

1. 电话挡驾

若上级不愿接听,文员应告知暂时无法接听或上级不在,会记录内容然后转告。若上级不能接听,则另约时间或转告内容。

2. 来访挡驾

先询问来访缘由,判断是否需引见给上级,或先向上级请示。

3. 会议/活动挡驾

对于不必要的会议和活动,文员应替上级委婉拒绝。

四、约见变更的处理

变更约见,首先要遵循双方一致、互相尊重、互讲信用的原则;其次根据主动取消和被动取消差异化处理。

(一) 主动取消约见

主动取消约见,要尽快(及时)通知对方;向对方表示歉意;解释取消的原因;有必要的话再次安排约见。

(二) 被动取消约见

被动取消约见,首先表示感谢和理解,其次表明以后有机会继续合作。

任务三 差旅安排

> **实训任务 4-3 协助上级安排差旅事务**
>
> 某科技公司研发部经理李华计划带领三人参加下个月 15 号在广州举办的国际电子产品展览会，展示公司最新研发的产品，并寻求合作伙伴。你作为随从人员之一，需要协助安排这次四个人的差旅事务。
>
> **任务：** 协助安排这次四个人的差旅事务，制作相关表格。
>
> **要求：**
>
> 1. 写出行程规划及安全事项，如个人安全、展品安全、紧急情况应对等。
> 2. 编制差旅行程计划表，包括出发、到达、参展、返程等时间节点。
> 3. 编制差旅费用预算表，包括展台费、住宿费、交通费、餐费等。
> 4. 编制差旅资料和物品一览表，如展品与资料准备，包括最新研发的电子产品、产品说明书、演示视频等与展品相关的东西，以及公司介绍、产品目录、合作意向书、名片等资料。
>
> **评价：** 组间评价和老师点评。

一、差旅管理概述

（一）差旅管理的含义

办公室的差旅管理主要涉及从出差申请、审批，到费用借支、报销，以及出差期间各类材料的管理工作。其目标在于加强对公司员工出差事务的管理，保证出差活动的有效性，节省不必要的出差费用开支以及严格有关出差组织纪律。差旅管理主要是对差旅过程的管理，包括差旅政策制定、流程规范执行、全流程管控、差旅分析等。差旅管理还包括设定差旅标准，以杜绝员工出差机票、酒店等费用超标，从而最大限度地降低企业差旅成本。

（二）差旅管理的意义

1. 资金流转优化

（1）提供账期内无息垫资月结，先消费后结算，增加资金流动。

(2) 资金利用率提升,但需注意,对于资金充裕的公司而言,此效果有限。

2. 差旅流程规范化

(1) 简化审批、预借、报销等流程,减轻人工负担。
(2) 提高工作效率,商旅出行更便捷。
(3) 统一财务凭证,避免不当支出。

3. 缓解雇佣矛盾

(1) 明确出差费用支付责任,避免争议。
(2) 报销工作量减少,提升员工业务精力。

4. 成本控制

(1) 控制机票、酒店成本。
(2) 按级别报销,避免实报实销漏洞。

二、差旅工作流程

作为办公室文员,安排上级出差是一项经常性工作。需要制作差旅行程计划表、差旅资料和物品一览表,办理相关事务。在制作这两个表之前,需要沟通了解相关情况,查询并收集相关信息。

(一) 安排行程

安排行程首先要联系相关各方,了解、知会或预约有关活动的时间、地点、参会者等。

1. 熟悉公司对出差的有关规定

包括差旅请假、销假、报批或报备等要求;差旅出行时间期限的规定;差旅财务制度规定;出差人员食宿标准及报销规定等。出境还需要了解出入境的有关要求。

2. 与上级沟通

明确出差目的、时间、地点、人员构成及商务活动计划。了解上级的出行习惯、住宿及交通要求。未明确事项需主动询问上级。设计差旅路线时,若无特别指示,可基于票价、时间等因素提供多个方案供上级选择。

3. 与随行人员沟通

掌握随行人员的岗位级别、联系方式及证件信息,确保预订相应等级的交通工具。

4. 与到达地相关单位和人员沟通

提前与目的地相关人员沟通,确认细节,为行程安排做准备。了解当地交通、住宿条件,如果涉及出境,还要了解货币、外汇管理、商务规则、护照签证及健康要求等。若对方有接待,则需要确定对方接待的时间、地点、接送车安排,以及相关人员联系方式;与会见单位提前联系,了解会晤人员的基本信息及联系方式等。

安排行程最终要体现在行程表上。文员要在了解上述有关信息后,为上级出行编制一份行程表。

（二）预支差旅费

外出活动需要一定的经费，文员应事先向财务部门预支商旅费用或支票等，当然也要带好信用卡等。根据上级审定的差旅行程计划表信息和公司规定，对上级及随行人员在出行过程中将要发生的会议费、交通费、住宿费、应酬费及出差补贴、礼品等费用进行粗略估算，做出差旅费用预算，然后根据预算帮上级从财务部门预借差旅费，待上级出差回来之后，根据实际费用报销，多退少补。已经办理公务信用卡的单位，可以不借款。

（三）预订行宿

首先，要收集有关吃、住、行方面的信息，包括飞机或火车的班次、宾馆的预订信息，并做出选择；上级出差，安排住宿时一般都要根据上级个人的爱好和习惯来决定。如果出差的地方有分公司或办事处，可请他们代为联系住处。

其次，对有关目的地的情况作详细了解，包括出行线路、沿途情况、目的地及其周边环境等。

再次，按照行程表的安排，在行程确定、清楚出行人员应享受的待遇后，文员应及时预订出行的飞机票或火车票，预订酒店。

如果上级的差旅目的地在国外，则文员还需办理有关出国手续，包括办理护照、签证等。

（四）准备资料和用品

上级出差所携带的物品包括业务文件和资料、出差资料、办公用品和个人物品四类。文员在出差前应该事先准备本次差旅工作将要处理或使用的有关业务文件资料，包括有关工作文件、活动资料等，以及通讯录、护照等一切与差旅工作有关的资料。

文员应事先整理好自己和上级外出所需的工作、生活和文具等用品，包括计算机、名片、笔记本、活动日程表、地图、照相机、录音笔、录像机以及其他用品，如替换衣物、洗漱用品、药品等。

非必需物品尽量少带，若行程涉及多地，应为每站所需文件单独封装并明确标记。长途出差时，可通知各部门尽量只递送重要紧急报告。为确保公司运作不受影响，上级可能临时授权给办公室人员或助理代为处理工作，授权文件可于出差前一天，以复印件或邮件方式送达相关部门及人员。

差旅资料和物品一览表见表4-8。

表4-8 差旅资料和物品一览表

序号	业务资料	差旅相关资料	办公用品	个人物品
1	邀请函	旅程计划表	笔记本电脑	身份证、护照、驾照
2	介绍信	车船票、机票	U盘、移动硬盘	手机、充电宝
3	演讲稿	酒店预订确认凭证	名片、商务通	信用卡、现金、支票

(续表)

序号	业务资料	差旅相关资料	办公用品	个人物品
4	公司宣传册、产品资料目录、样品、其他宣传资料、企划书等	目的地地图	相机、摄像机	换洗衣服;西服、衬衫、领带、领带夹;内衣裤、袜子;睡衣、帽子、鞋子;手表
5	手提公文箱、文件夹	旅行指南	录音笔、快译通	备用眼镜
6	谈判提纲、合同草案、协议书、发票、收据、借据等	……	纸、笔、记事本	洗漱用品、水杯、茶、咖啡
7	对方公司相关资料		公司信封、信笺	旅行箱、旅行包
8	备忘录、通讯录		……	急救药品、口罩
9	礼品			……
……	……			

三、差旅行程计划表的制作

（一）行程计划表的含义

文员为上级商旅活动提供服务的一个重要环节是编制行程计划表。行程计划表涵盖了上级商旅活动全过程的每一个环节,它是表格化、细节化的商旅活动方案。文员在编制行程表之前应充分征求上级意见,并与上级商定基本框架。编制完成后交由上级审定。

（二）行程计划表的内容

行程计划表应涵盖时间、活动事项、参会者、地点、交通工具及备注。

（1）时间:具体活动日期,包括月份、日期及星期、出发与返回时间、活动时段、就餐与休息时间。注意中转间隔,建议预留 2~4 小时,以减少延误。

（2）活动事项:访问、洽谈、会议、考察、宴请等差旅活动。

（3）参会者:所有相关接触人员,包括出席、会面、协助及服务人员。

（4）地点:目的地（含中转站）、活动地点及食宿地点。目的地可详或略,视情况而定。

（5）交通工具:出发、返回及途中所需交通工具。

（6）备注:提醒事项,如中转信息、特殊服务、携带文件及尊重当地习俗等。

最后,制作差旅行程计划表,将上述内容整合在一张表中,按时间编排,简便直观,并留有余地。经上级审定后,才可按计划执行。一般打印三份,一份公司保留,一份上级及随行人员携带,一份文员保管。差旅行程计划表见表 4-9。

表 4-9 差旅行程计划表

张总经理差旅行程计划
深圳→杭州→上海→深圳
20××年7月3日—7月5日

(续表)

```
7月3日    星期一
14:00    从家里出发赴深圳宝安国际机场(公司派车送机场)
15:50    乘坐ZH9885次航班从深圳去杭州(已购买机票)
17:55    飞机抵达杭州(××接机),住××酒店1606号房间(已预订)
         ××酒店总机:×××××××
19:00    与当地公司两位经理共进晚餐(需用的1、2号文件在公文包里)

7月4日    星期二
9:00—17:00   出席电子行业峰会
19:00    与浙江电子协会负责人共进晚餐(我公司市场部公关部经理陪同)

7月5日    星期三
8:00—9:30    从杭州南站乘G7502次高铁到上海虹桥站(已购买高铁票)
10:30    拜访上海客户(我公司市场部、公关部经理陪同,礼品在公关部经理手提箱里)
12:00    与上海客户共进午餐(由上海客户公司安排)
15:00    赴上海虹桥机场,乘MU5343次航班返深(上海客户公司派车送机场)
17:40    抵达深圳宝安国际机场(公司派车接机)
```

(三)编制行程计划表的注意事项

1. 明确出行详情

掌握上级出行目的、时间、地点及工作计划。

2. 了解需求与规定

掌握上级的交通、食宿偏好及公司出差政策。

3. 收集目的地信息

从可靠机构获取交通、路线、住宿、货币、外汇、经商许可、护照签证及健康要求等资料。中转时,优选2~4小时衔接航班,减少时间损耗。

4. 利用定期航班

设计路线时,优先考虑定期航班。

5. 考虑时差

国际旅行时,购票时注意时差。

6. 多方案讨论

提出多个差旅方案,与上级共同讨论,选定最优方案。

(四)差旅行程计划表的格式要求及内容

差旅行程计划表的格式及其内容见前文相关知识,示例见表4-10。

表4-10 差旅行程计划表示例

姓名	钱××	部门	办公室
职位	总经理	出差地点	××—××(如南京—武汉)
起止时间	×月×日—×月×日	预计费用	××元

(续表)

出差事由：
审核： 日期：

四、处理差旅随从事务

(一) 旅途中文员的工作

出差途中主要任务：
(1) 负责携带、照看相关物品。
(2) 听从上级安排，及时与公司保持联系，协助处理相关事务。
(3) 照顾上级饮食起居，确保商务旅行的顺利进行。

出差途中注意事项：
(1) 入住酒店后，即刻告知行政人员酒店名称、地址、房号及联系电话。
(2) 保持手机开机，确保通信畅通。
(3) 每日至少向部门主管汇报一次工作，紧急情况及时报告。
(4) 外出时，贵重物品存入酒店保险箱，确保安全。
(5) 注意饮食卫生，选择卫生条件良好的餐厅就餐。

(二) 到达目的地后文员的工作

1. 到站安排

抵达后，文员须安排交通至预订酒店，并妥善保管行李。安排妥当后，立即联系对方公司。若对方派人员接站，则让上级先行，并主动介绍双方，由上级表达谢意。

2. 酒店调整

若发现预订酒店不便工作，须向上级请示，获准后调整至更合适的酒店，确保利于工作。

3. 周边环境了解

入住后，迅速掌握酒店周边的交通、邮电、医院等信息，以备应急。

4. 通知家属与公司

所有工作安排就绪后，向公司及上级家属通报酒店及联系方式，确保通信畅通。

(三) 文员单独或随同上级出差结束后要做的工作

1. 报销与结算

整理出差单据，经上级审核签字后，提交财务部门报销或结算预支费用。

2. 工作汇报

回归工作岗位后，撰写出差报告。与上级同行时，结合其记录整理报告，经上级审阅后存档。

3. 恢复工作
迅速恢复日常工作,继续处理出差前未完成的事务。

4. 记录人脉
记录出差期间结识的人士及其公司信息,以备后续使用。

5. 表达致谢
通过信函或电话向旅行中给予帮助的部门和个人表达感谢。

(四) 报销注意事项

1. 商务费用报销的对象
在公司的日常运营中,商务活动(如出差、调研等)产生的费用通常由公司承担。有时个人会先行垫付,后由办公室人员协助办理报销手续,从财务部门取回垫付款。

由于办公室零用现金有限,大额商务费用需由文员代向财务部门报销。具体包括:

(1) 国内外出差费用,涉及信用卡、旅行支票等支付方式,需文员预处理;
(2) 上级外地开会交通费;
(3) 工作人员外出办公需要资金,可提前申请支票或现金,或垫付后凭据报销。

2. 商务费用报销的程序
当商务费用超出零用现金范围时,须直接向财务部门申请报销。流程如下:

(1) 申请。提交费用申请报告或申请表,详细说明人员、时间、用途、金额,并签字。
(2) 审核。经授权人审核批准。
(3) 支付与凭证。使用支票或现金时,须获取相应的发票。
(4) 报销。商务活动结束后,将发票附于报销单后提交财务结算。垫付者提交票据后公司返还现金。
(5) 超支处理。费用超出预算时,须提前向上级报告,获批准后方可报销超出部分。

3. 差旅费报销的具体费用
对于差旅费应该包括哪些具体内容,目前的《企业会计准则》《企业财务通则》等均无具体规定,实务中更多参照的是《中央和国家机关差旅费管理办法》中的规定:差旅费是指工作人员临时到常驻地以外地区公务出差所发生的城市间交通费、住宿费、伙食补助费和市内交通费。因此,大多数公司在实务中发生的差旅费具体包括以下几类:

(1) 交通费:出差途中的车票、船票、机票等;
(2) 车辆费用:如果是自带车辆,出差途中的油费、过路费、停车费等;
(3) 住宿费;
(4) 补助、补贴:误餐补助、交通补贴等;
(5) 市内交通费:目的地的公交、出租等费用;
(6) 杂费:行李托运、订票费等。

五、办理出境事宜

（一）办理出境申请

上级因公出境时，文员需协助办理出入境事务，撰写申请。申请内容包括：
(1) 出境事由；
(2) 出境路线，含目的地公司名称；
(3) 日程安排，含境外活动及出入境时间；
(4) 团组人数。
申请书后附邀请函及人员名单，详细列出姓名、年龄、性别、职务、职称等。

（二）办理通行证或护照

护照是公民出入境及国外居留的国籍和身份证明。

1. 护照功能
保障公民在国外的权益，办理签证、购票、住宿必备。无护照不得入境，各国严格检验。

2. 护照种类
外交护照、公务护照、因公普通护照（驻外人员、使馆职员、出国访问团、因公学习工作者）、因私普通护照（侨民、留学生、私事出国者）。

3. 办理机构
国内外交、公务、因公普通护照由外交部及授权单位（如省市外事办）办理；因私普通护照由公安部授权机关办理。国外由我国驻外使领馆负责。

4. 有效期
一般为五年，期满须延期。应妥善保管，避免污损、涂改、遗失。遗失后立即挂失补办，原护照撤销，国外同时通知当地当局。

5. 注意事项
(1) 带齐证件：出国任务批件、政审批件、邀请函等。
(2) 准备相片：二寸正面免冠半身照。
(3) 认真填写申请表等材料。
(4) 仔细核对护照信息，确认无误。

（三）办理签证

护照办理完毕后，需申请目的地及经停国家的签证。签证是主权国家允许外国或本国公民出入境、过境、停留或居住的许可证明，通常附着于护照上。

1. 签证类型
签证一般分为外交、公务、普通签证三种，按使用情形又可分为入境、入出境、出入境、过境及居留签证。

2. 签证内容

签订上一般包含有效次数、停留期、入出境口岸、偕行人员等内容。

3. 办理地点

签证需前往目的国大使馆或领事馆申请。时间紧迫时,可向我国驻外使领馆发报请求协助,抵达后由机场移民局发放签证。

4. 注意事项

(1) 提交护照并填写签证表。

(2) 根据他国要求,可能需额外提交照片、健康证明、防疫接种证明等。

(3) 各国签证处理时间不同,建议提前申请。

(4) 取得签证后,检查有效期、签字及盖章。

(5) 签证过期或失效,国内需申办延长,国外通过驻外使领馆或当地当局办理。

(6) 严格遵守过境签证规定,避免高额罚款或遣返。文员需协助上级办理签证,确保流程顺畅,避免延误。

(四) 海关要求

赴海外旅行的中国公民需熟知我国海关法规,明确可购及可携回国物品,以及需申报的个人物品。申报时,需填写《旅客携带物品出入境申报单》,海关有权进行开箱查验。通常,烟、酒等有限额规定,文物、武器、当地货币、动植物等需特许才可出入境,但外交护照持有者可能享受免检待遇。这些检查旨在确保出入境物品合规,阻止非法物品流通,并验证物品所有权。文员应提前了解这些规定,避免临时慌乱。

海关手续通常包括:填写申报单,涵盖个人基本信息、行程详情及携带物品情况;随后,携带行李与申报单至海关办理结关。出境检查通常较入境宽松。

(五) 保险和免疫

1. 保险安排

针对人身伤害、生病及行李丢失等意外,可通过旅行社或直接向保险公司投保。

2. 防疫措施

(1) 体检。多国规定,患有特定疾病者不得入境。因此,出国前需在国内体检,文员需协助准备体检表并预约时间。

(2) 疫苗接种或预防措施国际证书(黄皮书)办理。黄皮书是世界卫生组织要求的健康证明,用于防止疾病传播。根据《国际卫生条例》,入境者需接种特定疫苗。各国接种要求因时因地而异,文员需提前了解目的地要求。目前,天花疫苗不再是普遍要求,但霍乱和黄热病疫苗接种证明可能必需得有,尤其是前往非洲、拉丁美洲及部分亚洲国家的。黄皮书由中华人民共和国卫生部印制,地方卫生检疫站签发。初次出国者需持单位介绍信办理,已有黄皮书者可根据需要复种。为避免出入境麻烦,建议出国前办妥黄皮书。

(六) 办理出境登记卡

护照、签证、黄皮书等手续完备后，文员须携带上级护照、户口簿、身份证办理临时出国登记。若出国超过六个月，还需注销常住户口。随后，携带所有证件至护照颁发机关，换取第二张"出境登记卡"，凭此卡购买国际航班机票。

任务四 信息与调研工作

> **实训任务 4-4** 校园周边商业环境调查
>
> 本次任务旨在通过模拟真实工作场景,让学生亲身体验信息与调研工作的全过程,提升其信息收集、分析、整理及报告撰写的能力。
>
> **任务**:撰写校园周边商业环境调研报告。
>
> **要求**:确定调研目标、设计调研方案、实施调研、进行数据分析,基于分析结果,撰写一份包含调研背景、目的、方法、主要发现、结论与建议的调研报告。以小组形式完成,明确分工,确保每位成员参与各个环节。所有调研数据和信息须亲自收集,不得抄袭或编造。
>
> **评价**:组员评价、组间评价和老师点评。

一、认识信息工作

(一)信息概述

现代社会已进入信息时代,信息成了现代社会的宝贵资源,信息的作用日益被人们所认识和重视。世界著名未来学家阿尔文·托夫勒(Alvin Toffler)曾说:"谁掌握了信息,控制了网络,谁就掌握了整个世界。"信息工作越来越成为各级文员辅助上级决策的一项重要业务。

管理信息是办公室的一项经常性重要工作。办公室所从事的文秘工作、会议工作、调研工作、督查工作、信访工作、档案工作等,都含有大量的信息工作成分,也包含着信息工作的收集、鉴别、储存、处理、输出、反馈等各个环节。办公室信息工作作为社会信息的特殊类型,与一般工作相比显得更为重要,它是领导实施科学决策和有效管理的重要条件和手段。其中办公室如何为上级决策提供有价值的信息,是服务工作的重点。

1. 信息的含义

信息是事物的运动状态和状态变化方式的陈述,包括大自然中自发产生的自然信息,也包括人类社会有意发送的社会信息,如消息、情报、数据、新闻、指令等。我们现在所讲的信息是指人类能够接收和利用的部分信息。

信息一般分为自然信息和社会信息两大类,办公室工作中所讲的信息主要指社会信息,其范围非常广泛,包括政治、经济、文化、科技、教育等方面,既有宏观的,也有微观的。

2. 信息的意义

办公室是信息集散中心,给上级决策提供参谋,因此对于文员来说,信息具有十分重要的意义。

(1) 信息是文员辅助上级决策的依据。

(2) 信息是文员处理日常事务的依据。

(3) 信息是文员起草文书的基础。

(4) 信息是文员协助管理、协调关系的依据。

(二) 信息的特征

1. 客观性

信息是对客观事物特征和变化的实时反映,不以人的意志为转移。文员需从大量社会信息中甄别其客观性,为决策提供准确依据。

2. 时效性

信息的时效性至关重要,应及时传递以保持其价值。文员需敏锐捕捉新动向,确保上级能基于最新信息做出决策。

3. 可塑性

信息价值因人而异。文员应根据上级需求有针对性地收集和处理信息,以提升其使用价值。

4. 共享性

信息可在时空范围内被多人共享,无须分割,且能持续为不同时代的人所利用,体现了信息与物质、能量的本质区别。

5. 依附性

信息需借助符号(如文字、声音、图像)和媒介(如纸张、磁带、磁盘)传播,不能直接传递。

6. 传递性

信息能通过特定载体(如文字、语言)和渠道(如信道)传递至接收者,传递方式多样。

7. 开发性

信息在利用过程中不断提质增量,是人类社会的宝贵资源和"无形财富"。随着人类对事物的深入认识和探索,新信息不断涌现,信息与信息之间的联系能激发人的创新思维。

8. 无限性

信息的来源和发展无止境,只要事物在运动,人类活动在继续,就会产生新信息。信息是一种永不枯竭的资源,其利用价值具有无限潜力。

(三) 办公室信息工作的内容

办公室信息工作是公司信息工作的组成部分,是指在办公室工作的主要范围内,对有

关信息的收集、加工、处理、传递、存储、交换、检索、利用、反馈等活动。

1. 办公室信息工作的主要范围

（1）撰拟公文。

（2）信访咨询工作。

（3）会务工作。

（4）日常管理工作。

（5）上级事务。

2. 公司信息工作的内容

（1）信息化建设。此为公司信息管理之基石，涵盖网络基础设施构建、生产管理系统信息化、内部管理业务数字化、信息化资源开发利用及信息资源建设等方面。

（2）信息开放与安全。信息开放旨在实现公开与共享；安全保护则通过专利、商标、知识产权、合同及公平竞争等手段维护。

（3）信息开发与利用。涉及市场、科技、生产、销售、政策、金融及法律等多维度信息的挖掘与应用。

3. 公司信息工作的作用

（1）它是管理公司的基础。

（2）它是开发利用新产品、新技术、新工艺的前提。

（3）它是生产过程控制的手段。

（4）它是公司走向市场的关键。

（5）它是提高公司员工素质的阶梯。

（6）它是公司树立良好形象的途径。

（四）办公室信息工作的基本要求

信息工作原则性强，遵循以下要点对做好信息工作至关重要。

1. 时效性

信息价值在于其流动性，流动速度越快，价值越高。过时信息价值会大减，因此信息收集、处理、传递、反馈需迅速及时。

2. 准确性

信息是管理与决策的关键。文员提供的信息须精确无误，坚持客观真实、讲真话、报实情，避免夸大或虚构，确保上级依据真实信息作出正确决策。准确性是信息的核心与灵魂。

3. 针对性

信息工作需有的放矢，既要围绕上级的中心工作开展，聚焦热点、难点，也要根据不同上级机关的具体需求提供信息。

4. 全面性

信息收集与处理应广泛全面，真实反映事物全貌。信息全面有助于上级综合考量，作出正确判断和决策。

二、信息工作的主要程序

基本程序：信息收集（基础）→信息整理（核心，包括筛选、分类、校核）→信息储存→信息传递（发挥价值）→信息反馈→信息开发和利用（价值拓展）。

（一）信息收集

1. 信息收集的主要范围

政策法规信息；社会经济信息；公司（组织）信息；市场信息（包括客户信息、贸易信息、国际金融信息、国际市场信息等）；同级相关信息；平行单位间信息；等等。

2. 信息收集的渠道

大众传播媒介（重要途径）；图书、档案资料、数据库（中国知网）；联机信息检索渠道（搜索引擎）；供应商和客户；贸易交流渠道；信息机构渠道；人脉渠道；调查渠道；等等。

3. 信息收集的原则

准确、及时、完整、适用、选优等。

4. 信息收集的要求

价值性、时效性、层次性、针对性、全面性等。

5. 信息收集的主要方法

观察法、阅读法、询问法、问卷法、网络法、交谈法、购置法等。

（二）信息整理

1. 信息筛选

信息筛选是对收集到的信息进行鉴别和选择，剔除虚假、失效和无效信息，提取真实、有价值、能满足需求的信息。

（1）信息筛选的方法

查重法、时效法、类比法、专家评估法（专业性强、技术性强）、老化规律法（半衰期越长，说明老化速度越慢）等。

（2）信息筛选的要求

① 突出主题思想。分析信息需求，紧靠主题，选择与主题密切相关的信息。

② 选择典型信息、淘汰一般信息。选择带有倾向性、动向性或突发性的信息，能预见未来发展趋势。

③ 有时效性、充满新意。剔除虚假、过时、重复、空洞的信息。

④ 从实际出发，选择宏观、有特点的信息，淘汰微观信息。注意信息的真实性、时效性、系统性、全面性、适用性。

（3）信息筛选的工作程序

看来源→看标题→看正文→决定取舍。

2. 信息分类

信息分类可采用字母（如作者姓名、公司、标题）、地区、主题、数字、时间（按生成顺序）等方法。根据实际需求，可灵活组合多种分类法。

3. 信息校核

信息校核是对初步筛选的信息的进一步核实，旨在能确保可靠性和准确性。校核方法包括分析、核对与调查。

（1）要求：基于原始数据，排除主观干扰。

（2）工作程序：明确内容→选择校验方法→核实分析→作出判断。

（3）方法：溯源法、比较法、核对法、逻辑法、调查法、统计法等。

（4）范围：信息中的事实、观点、数据、图表、符号及时间、地点、人物等元素。

（5）要求：丰富充实信息内容；对信息资料进行综合分析；对信息资料提出处理意见；对信息资料进行修饰润色。

（三）信息储存

1. 信息储存的要求

（1）储存的信息要有价值，定期清理过期信息。

（2）储存的信息要方便利用。

（3）储存手段要逐步实现现代化。

2. 信息储存环节的主要工作

分类、著录、建立储存检索系统、保管等。

3. 信息储存的载体

纸质载体；磁性载体；缩微品；信息存储的设备；文件夹、文件盒、文件袋；专用的柜、橱或保险箱（选用能防盗、防火、防潮、防虫的材质）；等等。

4. 信息储存的装具和设备

案卷存储、音像存储、缩微存储、计算机存储等。

5. 选择存储载体的注意事项

（1）质量优先。选用高质量存储载体。

（2）日常保管。强化存储载体的日常维护工作。

（3）环境调控。调节存储场所温度和湿度，保持环境适宜。

（4）防护措施。防尘、防磁，避免折损及触摸磁面。

（5）定期检查。实施定期检查与数据复制。

（6）计算机保护。对计算机存储采取必要的安全措施。

（四）信息传递

1. 信息传递的基本要求

迅速、准确、保密。

2. 信息传递的方向

（1）单向传递。只朝一个方向进行，不进行双向交流或逆向传递。

（2）双向传递。信息的传递是双方相互的，信息发出者向信息接收者传递信息，同时信息接收者也向信息发出者反馈信息，双方在这一过程中进行互动与交流。

（3）反馈传递。传递者根据接收者提出的意见，有针对性地选择信息内容，进行反馈。

（4）内向传递。在公司内部进行信息交流沟通。

（5）外向传递。利用传播媒介向外界传递信息。

3. 信息传递的主要途径

（1）语言传递。简洁、直接、快捷、难以保存。

（2）文字传递。避免失真，便于利用和储存（文本、表格、图表等）。

（3）电信传递。注意邮件主题的三要素（称呼、主题、落款）。

（4）可视化辅助物传递。

（五）信息反馈

1. 信息反馈的定义

信息反馈是指控制系统把输出的信息与其作用的结果相比较后再反送回来，并对信息的再输出产生影响的过程。

2. 信息反馈的作用

（1）检验信息工作的重要环节。

（2）新一轮信息工作的基础。

（3）判断检验决策的主要尺度，修正决策的主要依据。

3. 信息反馈的重点

信息反馈的重点包括工作的结果，过程中出现的问题及解决方法等。

4. 信息反馈的形式

（1）纵向反馈（上级）和横向反馈（同级）。

（2）正反馈（成绩、经验）和负反馈（问题、失误）。

（3）前反馈（发出前提出要求）和后反馈（发出后提出要求）。

5. 信息反馈的方法

（1）连续反馈。针对过程中的关键问题，短期内持续反映。

（2）系列反馈。在全过程中分阶段连续反馈。

（3）广角反馈。从多角度反映某一过程。

6. 信息反馈的要求

（1）时效性。反馈须迅速。

（2）高质量。准确、真实、广泛且全面。

（3）多元化。采用多信源、多渠道进行反馈。

7. 信息反馈的具体措施

（1）建立健全信息反馈系统。

(2) 简化信息反馈程序。

(3) 建立科学的工作制度。

(六) 信息开发

1. 信息开发的定义

信息开发是对信息资料进行技术处理，以优化信息质量，服务于各级决策与工作。

2. 信息开发的工作程序

(1) 确立主题。

(2) 分析材料。

(3) 选择开发方法。如汇集、归纳、纵深、连横等。

(4) 确定信息形式。如剪辑报纸、编制索引等。

(5) 形成信息产品。

3. 信息开发的类型

(1) 动态型。反映工作、活动或事件的变化。

(2) 建议型。提出问题及解决方案。

(3) 经验型。分享地区、公司或部门的经验。

(4) 问题型。反映负面信息。

(5) 预测型。预测社会、经济、市场相关的发展态势或今后工作情况。

4. 信息开发的层次

(1) 一次开发。将无序信息有序化，按主题、类别或需求整合，如剪报、简报（定期/不定期，工作/生产/学习/会议，综合/专题）。简报包含报头、标题、正文和报尾。

(2) 二次开发。整理一次开发的信息形成新信息，如索引、目录和文摘。索引揭示文献内容出处；目录记录信息内容；文摘摘录重要内容。

(3) 三次开发。基于一、二次开发的信息，通过深入分析形成更深层信息。

通过这三个层次的开发，信息的原始性递减，而开发者的主观性和能动性递增。

(七) 信息利用

信息利用服务是信息工作的核心阶段、终极目的。信息利用最重要的是将有价值的信息汇报递送给有关上级和有关管理部门。

1. 做好信息利用的方法

(1) 明确标准，实行规范化管理；完善职责；规范业务；强化考核。

(2) 把好选稿源头关、把好信息质量关、把好过程控制关、把好文稿审校关，打造精品信息。

2. 信息利用的重点

(1) 提升信息员队伍的工作能力。

(2) 提升报送信息的质量。

(3) 提升信息网络的覆盖面。

(4) 提升信息报送的针对性。

三、调查研究

(一) 调查研究的含义、特点和作用

1. 调查研究的含义

调查研究是指人们运用科学的方式、方法,有目的、有计划地对经济和社会现象进行考察了解与综合分析。调查研究是办公室工作人员的基本功,也是他们获取信息和反馈信息的重要方法。

2. 调查研究的特点

文员(特别是办公室秘书或文秘人员)在开展调查研究工作时,通常表现出以下特点:

(1) 针对性。文员开展的调研工作往往是基于领导的需求或委托进行的,因此具有很强的针对性。他们需要根据领导的意图或决策需求,明确调研的目的和内容,以确保调研结果能够为领导提供有价值的参考。

(2) 多样性。文员调研的内容和方法多种多样。从内容上看,调研可能涉及政治、经济、科技、文化等多个领域,也可能关注群众生活、社会舆论等方面。针对不同的内容,文员需要采用不同的调研方法,如问卷调查、访谈、查阅资料等,以确保获取全面、准确的信息。

(3) 非常规性与突击性。文员的工作往往包含许多计划之外的任务,文员需要快速组织人员深入实地调查研究,以在短时间内拿出解决问题的方案。这种非常规性和突击性的特点要求文员具备较强的应变能力和敏锐的洞察力。

(4) 科学性。调查研究需要遵循科学的原则和方法,需要运用科学的方法论,对事物进行全面的、完整的、辩证的认识,以确保结果的客观性和准确性,从而达到有效地指导实践的目的。同时,文员还需要注重调研过程的严谨性和数据的可靠性,以确保调研结果的可信度。

3. 调查研究的作用

(1) 辅助决策。收集原始信息,为上级管理决策提供支持。

(2) 反馈调整。获取反馈信息,作为修订或重新制定决策的依据。

(3) 问题解决。既是解决常规问题的工具,也是应对突发事件的必要手段。

(4) 个人成长。提升文员自身综合素质的重要途径。

(二) 调查研究的内容和方法

1. 调查研究的内容

(1) 中心工作调研。聚焦上级各阶段中心工作的调研。

(2) 政策执行调研。为实施政策或决定开展的调研。

(3) 文件起草调研。服务于文件撰写的调研。

(4) 突发事件与倾向性问题调研。解决突发及趋势性问题的调研。

(5) 遗漏问题调研。针对易忽视问题的探索研究。

2. 调查研究的方法

（1）实地观察法。实地观察法是指文员通过直接观察研究对象，收集实际数据和信息的方法。这种方法侧重于通过直接感官体验来获取一手资料。

（2）个别访问法。个别访问法是指与特定个体进行深入交谈，以了解其观点、经历或需求的方法。这种方法有助于文员获取特定群体的详细信息和观点。

（3）会议调查法。会议调查法是指通过组织会议，邀请相关人员参会讨论特定主题，从而收集信息和意见的方法。这种方法适用于需要广泛参与和讨论的场景。

（4）文献调查法。文献调查法是指文员通过查阅已有文献、资料或档案来获取相关信息的方法。这种方法可以节省时间和资源，同时利用前人的研究成果。

（5）问卷调查法。问卷调查法是指通过设计问卷，并向特定群体发放，以收集他们的意见、观点或行为数据的方法。这种方法具有标准化和可量化的特点，便于数据分析。

（6）专家调查法。专家调查法是指通过邀请专家进行访谈或填写问卷，利用其专业知识和经验来提供信息和建议的方法。这种方法可以获取高质量的专业意见。

（7）组合式调查法。组合式调查法是指将上述多种调查方法结合使用，以达到更全面、更深入了解研究对象的目的。这种方法可以根据具体情况灵活调整。

（三）调查研究的程序

1. 准备阶段

主要包括确定调研主题、成立调研小组、明确调研任务及要求。

2. 实施阶段

主要包括确定调研方法、搜集整理材料、开展调研、分析材料数据和综合提炼调研成果。

3. 完成阶段

主要是撰写调研报告。调研报告是基于实地调查获取的第一手资料，经过深入分析后提炼出的，能够揭示相关事实本质特征的三次信息成果。调研报告包括标题、前言（概述式、结论式、说明式、提问式）、正文（横式结构、纵式结构、综合式结构、逐点式结构）和结尾。撰写调研报告要注意提炼报告主题、精选基本素材、合理谋划布局、讲究语言的运用。

项目五　文书工作

 学习目标

项目名称	任务分解	知识目标	能力目标	素质目标
文书工作	任务一 识别公文	1. 了解通用文书、专用文书、日常应用文书类型； 2. 掌握常见公文的种类和要求； 3. 熟悉公文的格式要求	1. 能够识别不同文书类别； 2. 能够确定行文关系； 3. 能够识别公文格式要素	1. 培养质量意识、法治观念； 2. 培养程序意识、规则意识
	任务二 公文拟制	1. 熟悉公文的拟制程序； 2. 熟悉公文起草的基本要求	能够使用正确的文种、格式拟制公文	
	任务三 收发文办理	1. 掌握收文的流程方法； 2. 掌握四环节八步的方法； 3. 了解发文办理的特点、流程	1. 能够确定行文关系； 2. 能够准确签收登记； 3. 能够正确阅件、办件； 4. 能够根据情境辨识公文的规范性； 5. 能够进行发文前复核	
	任务四 档案管理	1. 了解档案的基本知识； 2. 熟悉档案管理的流程和基本要求	1. 能够收集整理、传递利用档案； 2. 能够收集整理电子档案	

任务一　识　别　文　书

任务导入

实训任务 5-1　办公室文书识别与分类实践

任务： 办公室文书识别与分类实践。
要求：
1. 收集文书样本。收集不同类型的文书样本，纸质文件、电子文档形式都可以。
2. 学习文书识别标准，并对收集到的文书样本逐一进行识别分类。
3. 撰写识别报告。包括文书样本清单、每类文书的识别标准、识别过程及依据、分类整理的结果及理由。
4. 任务以小组形式完成，鼓励团队成员之间积极沟通、协作，共同解决问题。

评价： 组员评价、组间评价和老师点评。

一、文书概述

（一）文书的定义

文书是指各种社会组织和个人在社会活动中，为了处理公私事务而采用文字形式在一定载体上形成的具有特定效用的信息记录。它具有表达思想意图、交流沟通、记录和发布信息的功能。文书具有悠久的历史，其产生与文字的出现直接相关。在我国，文书一词最早可以追溯到东汉时期，如班固在《汉书·刑法志》中的描述：文书盈于几阁。

文书的概念较为宽泛。它泛指所有以文字形式存在的信息记录，包括公私往来的公文、案卷、契约、文稿等，既有公务文书（以下简称为公文），也有私人文书，如私人信函、日记、自传等。有时，文书可以指一种职业或职务的名称，如从事"文书工作"、担任"文书处理"岗位。

（二）文书的常见分类

现代社会文书的种类繁多。根据不同的分类标准，可以将其划分为不同的类型。常见的分类是按照使用范围分类，分为公务文书（广义公文）和私人文书。公务文书又分为通用公文、专用公文和日常应用文书，如图 5-1 所示。

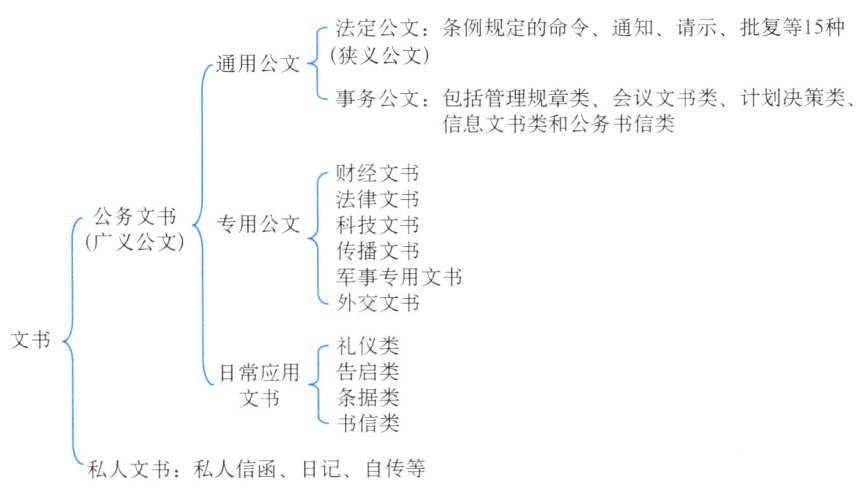

图 5-1 文书的常见分类

1. 通用公文

通用公文又称行政公文。我们通常所说的公文实际上是指通用公文。它是法定机关或组织在公务活动中，按照特定的体例、经过一定的处理程序形成和使用的文书。它具有内容和程序的合法性、形式和格式上的规范性、公文语体的简明性以及对机关工作的依赖性等特点。通用公文在国家机关、社会团体、企业事业单位的公务活动中具有广泛应用，是机关工作的重要工具和手段。它们用于传达政令政策、处理公务、协调关系、推动工作等。通用公文又分为法定公文、事务公文两类。

法定公文，即机关正式公文，依据《党政机关公文处理工作条例》(中办发〔2012〕14号)，涵盖中国共产党机关与国家行政机关常用的15种文种：决议、决定、命令(令)、公报、公告、通告、意见、通知、通报、报告、请示、批复、议案、函和纪要。这些文种为各企业事业单位、团体及社会组织所参照使用，是学习重点。

事务公文用于机关、团体、企业事业单位日常事务的信息沟通与工作安排，具有实用、广泛、灵活、规范的特点。虽非法定，但在日常工作中至关重要，公私场合皆可应用，尤以内部使用为主，必要时可对外发布。事务公文包含五大类。

(1) 管理规章类。条例、规定、办法、章程、守则、规则、准则、细则、制度、公约等。

(2) 会议文书类。开幕词、闭幕词、会议报告、专题讲话、提案、会议记录等。

(3) 计划决策类。可行性报告、计划、工作研究、总结、答复等。

(4) 信息文书类。调查报告、简报、公务信息、信访摘报、信访分析、大事记等。

(5) 公务书信类。介绍信、证明信、公开信、倡议书、慰问信、感谢信、贺信、邀请函等。

2. 专用公文

专用公文是指具有专门职能的机关、部门或团体，或某个行业，或因某种特殊需要而在一定工作部门或一定业务范围内制作、使用的应用文书。它们通常具有行业性、业务性和专用性等特点，对业务知识要求较高。

(1) 财经文书。如合同、招标书等。

(2) 法律文书。如起诉状、答辩书、判决书、公证书等。

(3) 科技文书。如科研报告、技术说明书、实验记录、专利申请书等。

(4) 传播文书。如消息、通讯、特写、广告等。

(5) 军事专用文书。如作战命令、战况报告、军事训练计划等。

(6) 外交文书。如照会、外交声明、外交备忘录等。

3. 日常应用文书

日常应用文书是指人们在日常生活、学习和工作中广泛使用的一种实用性文书，主要用于处理日常事务、沟通信息和解决问题。它们形式多样、内容广泛、语言平实。

(1) 礼仪类文书。如请柬、欢迎词、表扬信、贺电、赠言等。

(2) 告启类文书。如启事、海报、声明等。

(3) 条据类文书。如收条、领条、借条、欠条等。

(4) 书信类文书。如私人信件、商务信函、感谢信、慰问信等。

（三）文书的其他分类

1. 按载体形式划分

(1) 纸质文书。传统书写或打印在纸张上的文件。

(2) 电子文书。以电子数据形式存储和传输的文件，如电子邮件、电子文档、数据库记录等。

(3) 多媒体文书。包含文字、图像、音频、视频等多种媒体元素的文件，如演示文稿、视频会议记录等。

2. 按内容性质划分

(1) 行政文书。如命令、决定、通知、报告、请示、批复等，主要用于行政管理和决策。

(2) 法律文书。如合同、协议、起诉状、判决书等，是涉及法律事务和法律程序的文书。

(3) 业务文书。针对特定业务领域或行业的文件，如财务报告、市场分析报告、项目计划书等。

(4) 科技文书。如科研报告、技术说明书、实验记录、专利申请书等，与科技研发和创新活动相关。

(5) 私人文书。如信件、日记、遗嘱、合同（非商业性质）等，主要涉及个人生活和事务。

3. 按发文机关和行文关系划分

行文即单位间文件的传递。行文关系基于发文与收文单位的组织架构、层级及职权范围，定义了公文传递的规范。根据工作关系的差异，公文可分为上行文、下行文和平行文三类。

(1) 上行文。下级单位向上级单位发送的文件，体现自下而上的沟通，如工作报告、请示等。

(2) 下行文。上级单位向下级单位发布的文件，体现自上而下的指令。常用文种包括命令、决定、通知、批复等。

(3) 平行文。同级或不相隶属的单位间的文件交流，主要使用函或通知（知照性）。例如，国务院各部门间、不同省政府间、同一省内厅局间均为平级关系，相互行文即为平行文。

此外，政府与军队、军队与学校等非隶属单位间的行文亦属平行文范畴。

4. 按密级划分

（1）绝密文书。内容涉及国家核心机密，泄露会对国家安全造成极其严重后果的文书。

（2）机密文书。包含重要秘密，泄露会使国家遭受严重损害的文书。

（3）秘密文书。虽不包含核心机密，但泄露会对国家工作造成损害的文书。

（4）内部文书。仅限一定范围内的人员阅读、不宜公开的文书。

（5）普通文书。无特殊保密要求、可公开的文书。

5. 按文书的来源划分

（1）收文。源自外部单位，旨在传达其意图至本单位的公文，如政府、上下级单位或业务往来公司的文件。

（2）发文。本单位向外部单位发送的公文，涵盖面向上级单位的请示、汇报，面向下级或平行单位的指示、通知，及与其他公司的函件交流。

（3）内部文书。仅供本单位内部使用的文书，如通知、计划、总结、会议纪要等。

在文书工作中，为了管理方便，收文、发文和内部文书通常需分别登记管理。

6. 按文书的性质和作用划分

（1）规范性文书。包括法律、法令、行政法规及企业事业单位内部规章制度。

（2）指挥性文书。上级用于指导工作的文件，如指示、通知。

（3）决断性文书。对特定事项做出决定的文书，如决定、决议。

（4）报请性文书。下级向上级报告、请示的文书。

（5）知照性文书（公布性文书）。通知、通报、公告等，用于告知事项、情况。

（6）契约性文书。合同、协议、意向书等，用于建立契约关系。

（7）记录性文书。记录会议、活动情况的文书，如会议记录、大事记、纪要。

（8）礼仪性文书。用于交际、表达情感的文书，如请柬、贺信、讣告。

（9）计划性文书。为实现目标或任务而预先制定的文件，如计划、规划、纲要、方案等。

二、公务文书

公务文书是法定机关或组织在公务活动中，遵循特定格式与程序形成并使用的文件总称。它们扮演着传达国家政策、发布法规、指导工作、协商事宜、请示答复、报告交流等重要角色。

（一）文书、公文、文件的区别

1. 文书

泛指行为主体（含国家机关、社会组织及个人）采用固定格式语言系统处理事务的书面材料，既涵盖公务文书（即公文），也包含私人文书，如私人信函、自传、房产契约等。

2. 公文

公文是文书的一种，特指党政机关在执行上级指示、履行职能、处理公务时所使用的，具有法定效力和规范格式的文书。公文排除了私人文书范畴,专指用于公务的所有正式文件。

3. 文件

文件是一种特定的公文发布载体形式,是上级机关根据自己的职责范围所制发的具有法律效力的并设有特定版头的公文。

在党政机关工作中,文书、公文和文件这三个概念的基本含义是一致的,都是指党政机关在公务活动中形成和处理的公务文书。文书的外延较大,公文的范围次之,文件的范围较窄。通常把法定公文和事务文书中政策性较强或者内容较重要的那一部分称为文件,如计划、章程、办法、细则、讲话稿、可行性研究报告等。

(二) 公务文书的特点

作为国家机关、社会团体、企业事业单位及其他社会组织在公务活动中形成和使用的文书,公务文书具有作者的法定性、法定的权威性、效用的现实性、格式的规范性、处理的程序性等特点。

1. 作者的法定性

公务文书的作者必须是依法成立的并能以自己的名义行使权利和承担义务的组织或机构,如各级党政机关、社会团体、企业事业单位等。个人一般不能成为公务文书的作者,除非是以法定代表人或授权代表的身份。这一特点确保了公务文书的严肃性和正式性,任何非法定主体发布的类似文件均不具备公务文书的法律效力。

2. 法定的权威性

公务文书是代表法定作者进行公务活动的重要工具,其发布、执行均受到国家法律的保护和约束,具有相应的法律效力或行政效力。公务文书一旦发布,相关单位和个人必须遵照执行,不得违反或抗拒,这体现了其法定的权威性。

3. 效用的现实性

公务文书是为了解决当前或未来一定时期内存在的实际问题而制作的文书,具有鲜明的现实针对性。它要求内容真实、准确,措施切实可行,能够直接指导、规范或推动相关工作的开展,解决实际问题。

4. 格式的规范性

公务文书在长期的实践过程中,逐渐形成了相对固定的格式和规范,在文种、结构、语言、用纸、排版等方面都有严格的要求。这种规范性不仅有助于保持公务文书的严肃性和统一性,也便于文件的识别、处理、归档和检索。

5. 处理的程序性

公务文书的处理必须遵循一定的程序和规则,包括拟制、发文、收文、归档等环节。这些程序性要求确保了公务文书能够按照既定的流程得到妥善处理,防止了工作中的随意性和疏漏,提高了工作效率和质量。

(三) 公务文书的作用

公务文书在行政管理和日常工作中发挥着至关重要的作用,具体表现在以下四个方面。

1. 规范约束作用

公务文书通过制定政策、规定、制度等形式,对组织内部或相关领域的行为、活动进行规范和约束,确保各项工作在合法、合规的框架内进行。这种规范作用有助于维护组织的秩序和稳定,提高工作效率和质量,防止权力滥用和不当行为。

2. 上级指导作用

公务文书是上级机关对下级机关进行工作指导的重要手段。通过发布命令、指示、决定、通知等文件,上级机关可以明确下级机关的工作目标、任务、要求等,指导下级机关有序开展工作。这种指导作用有助于实现上下级之间的有效沟通和协调,确保各项政策、决策及时、准确地得到贯彻和执行。这种指导与约束确保了工作方向的正确性,提高了工作效率和质量,防止了工作的随意性和盲目性。

3. 信息沟通作用

公务文书是信息传递的重要媒介,它能够跨越时空限制,将政策、指令、意见、情况等信息准确、及时地传递给相关单位和个人。通过公务文书,不同层级、不同部门之间的信息得以顺畅流通,促进了组织内部及组织之间的有效沟通和协作。通过请示、报告、函等文件形式,不同机关、组织可以就特定事项进行沟通、协商和合作。这种沟通联系作用有助于加强组织之间的联系和协作,推动工作的顺利开展和完成。

4. 记载凭证作用

公务文书是组织活动的真实记录和反映,具有法律上的凭证作用。保存和归档公务文书,可以追溯和查证组织活动的历史过程和结果,为后续的审计、评估、纠纷解决等工作提供依据。这种记载凭证作用有助于维护组织的合法权益和形象,确保各项工作在透明、公正的环境中进行。

三、法定公文种类

(一) 法定公文种类

公文种类简称文种,特指《党政机关公文处理工作条例》(中办发〔2012〕14号)规定的15种主要党政机关公文。包括:决议、决定、命令(令)、公报、公告、通告、意见、通知、通报、报告、请示、批复、议案、函及纪要。

(1) 决议。适用于会议讨论通过的重大决策事项。

(2) 决定。适用于对重要事项作出决策和部署、奖惩有关单位和人员、变更或者撤销下级机关不适当的决定事项。

(3) 命令(令)。适用于公布行政法规和规章、宣布施行重大强制性措施、批准授予和晋升衔级、嘉奖有关单位和人员。

(4) 公报。适用于公布重要决定或者重大事项。

(5) 公告。适用于向国内外宣布重要事项或者法定事项。

(6) 通告。适用于在一定范围内公布应当遵守或者周知的事项。

（7）意见。适用于对重要问题提出见解和处理办法。

（8）通知。适用于发布、传达要求下级机关执行和有关单位周知或者执行的事项，批转、转发公文。

（9）通报。适用于表彰先进、批评错误、传达重要精神和告知重要情况。

（10）报告。适用于向上级机关汇报工作、反映情况，回复上级机关的询问。

（11）请示。适用于向上级机关请求指示、批准。

（12）批复。适用于答复下级机关请示事项。

（13）议案。适用于各级人民政府按照法律程序向同级人民代表大会或者人民代表大会常务委员会提请审议事项。

（14）函。适用于不相隶属机关之间商洽工作、询问和答复问题、请求批准和答复审批事项。

（15）纪要。适用于记载会议主要情况和议定事项。

（二）15 种公文的主要区别

15 种公文的主要区别体现在行文规则、使用机关和适用范围三个方面。具体区别见表 5-1。

表 5-1 15 种公文的主要区别

序号	文种	行文规则	使用机关	适用范围
1	决议	下行文	党委机关专用	会议讨论通过的重大事项
2	决定	下行文	党政机关通用	决策、奖惩、变更等
3	命令(令)	下行文	行政机关专用	公布法规、批准授予、嘉奖等
4	公报	下行文	党政机关通用	公布重要决定或者重大事项
5	公告	下行文	行政机关专用	向国内外宣布重要事项或法定事项
6	通告	下行文	党政机关通用	一定范围内公布事项
7	意见	上行文、平行文、下行文	党政机关通用	提出见解和处理办法
8	通知	下行文	党政机关通用	发布传达事项，批转、转发公文
9	通报	下行文	党政机关通用	表彰、批评、传达、告知
10	报告	上行文	党政机关通用	向上级汇报、反映情况、回复询问
11	请示	上行文	党政机关通用	向上级请求指示、批准
12	批复	下行文	党政机关通用	答复下级请示事项
13	议案	上行文	行政机关专用	政府依法向同级人大或人大常委会提请审议事项
14	函	平行文	党政机关通用	不相隶属机关间商洽、询问、答复
15	纪要	下行文	党政机关通用	记载会议情况和议定事项

(三) 法定文种使用中的常见问题

在法定公文文种的使用过程中，容易出现一些常见的问题，这些问题不仅影响了公文的规范性和正式性，还可能导致信息传递的混乱或误解。

1. 标题缺少文种

公文标题通常由发文机关名称、事由和文种三个要素组成，缺一不可。缺少文种会导致公文性质不明确，读者难以判断其是通知、报告还是其他类型的公文，进而影响对公文内容的理解和执行。

2. 文种作为公文标题

直接使用文种（如"通知""报告"）作为整个公文的标题是不规范的。这样的标题过于简单，没有说明公文的具体内容或事由，缺乏必要的信息量，不便于归档和检索。

3. 文种重叠、混用、错用

文种重叠：在一份公文中同时使用了多个文种，导致公文性质模糊，如"通知报告"等。

文种混用：将不同性质的文种混淆使用，如将"请示"误用为"报告"，或将"函"与"通知"混淆。

文种错用：根据公文的内容和目的，选用了不恰当的文种，主要表现为报告和请示的错用。如《关于申请××××××××的报告》中应使用"请示"却错用了"报告"。此外，还有出现请示、报告并用的错误，如《关于召开第××届会议的请示报告》。

报告与请示均为上行公文，但性质大有不同：

（1）行文目的。报告侧重于陈述情况，无须上级批复；请示则旨在请求指示或批准，必求上级回应。

（2）内容差异。请示可结合请求事项陈述背景与理由，虽含汇报成分，但报告内不应夹带请示内容。

4. 使用非法定文种或生造文种

在公文写作中，非法定文种是指那些未被《党政机关公文处理工作条例》（中办发〔2012〕14号）等法规明确规定为正式公文种类的文种，如签呈、简报、讲话稿。签呈是各级党政机关内部常用的一种非法定文种，主要用于下级向上级请示或报告事项。简报是另一种常见的非法定文种，主要用于传达会议精神、反映工作动态、交流工作经验等。讲话稿是领导在会议、活动等场合发表讲话时所使用的文稿，不属于正式公文种类。非法定文种不仅不被认可，还可能因缺乏统一的格式和规范而导致信息传达的混乱。

生造文种是指在实际使用中，由于对某些文种的理解不准确或为了追求某种特定的表达效果而创造出的"新文种"。如"补充性通知""试行意见""紧急通报"。它们分别是对"通知""意见""通报"文种的生造。这些生造的文种往往不符合公文处理的规范和要求，难以被其他单位或个人理解和接受。

5. 同类公文使用不同文种

对于同一类型或性质的公务活动，应当统一使用相应的文种。然而，在实际工作中，有时会出现同类公文使用不同文种的情况。如国务院办公厅下发了《国务院办公厅关于做好规章清理工作有关问题的通知》,要求各地区各部门在清理工作完成后,将清理结果和现行有效的规章目录向社会公布。然而在新闻媒体上公布时,各机关使用的文种有决定、通知、通报、公告、通告等。这可能是由于对公文文种的理解不够准确或规范意识不强所致。这种不一致会影响公文的严肃性和规范性,也不利于公文的统一管理和归档。

为了避免上述问题,办公室文员应加强对公文文种相关规定的学习和掌握,提高公文写作的规范性和准确性。同时,各级行政机关也应加强对公文写作和处理的监督和管理,确保公文的质量和效率。

四、公文格式

公文格式即公文规格样式,是指公文的各组成部分在文面上所占的位置、相互的关系及排列的方式,包括书面格式、用纸规格、印刷格式等。它和文种是公文外在形式的两个重要方面,直接关系到机关公文处理的科学化、制度化、规范化。

依据《党政机关公文格式》(GB/T 9704—2012),公文书面格式包含 18 个要素,通常涵盖:份号、密级和保密期限、紧急程度、发文机关标志、发文字号、签发人、标题、主送机关、正文、附件说明、发文机关署名、成文日期、印章、附注、附件、抄送机关、印发机关和印发日期、页码。这些要素可分为版头、主体、版记三部分:版头位于公文首页红色分隔线之上;主体位于首页红色分隔线(不含)以下至末页首条分隔线(不含)之上;版记则位于末页首条分隔线以下至末条分隔线之上。示例如图 5-2 所示。

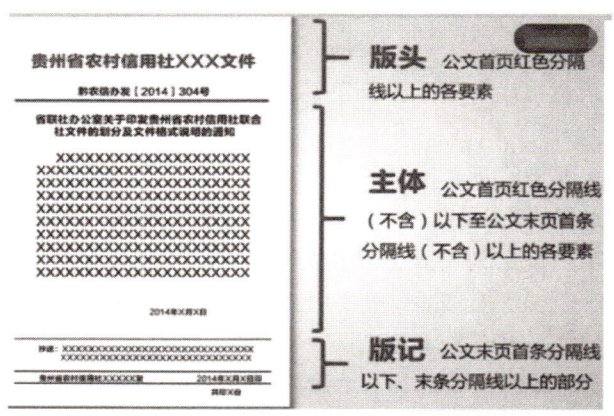

图 5-2　公文的组成部分

(一)版头

版头又称为版首,顾名思义,就是公文的头部。版头是公文制发机关的标志,一般以大红字套印,居于公文首页上方正中位置。其作用是强调公文作者的权属,体现公文性质或行文方向。版头部分通常由份号、秘级和保密期限、紧急程度、发文机关标志、发文字号、签发人、分隔线组成。

1. 份号

为同一文稿多份复制时的顺序编号，按需以 6 位 3 号阿拉伯数字，顶格置于版心左上角首行。

2. 密级和保密期限

涉密公文需标明秘密等级（绝密、机密、秘密）及期限，用 3 号黑体字，顶格置于版心左上角次行，保密期限数字为阿拉伯数字。

3. 紧急程度

紧急公文需注明紧急程度（特急、急件，电报另含特提、加急、平急），用 3 号黑体字，与密级同位置，按需排列。同时标注时，按份号、密级与保密期限、紧急程度自上而下排列。

4. 发文机关标志

由发文机关全称或简称加"文件"二字组成，或仅使用机关名称，居中，上边缘距版心上边缘 35 mm，推荐小标宋体红字，美观庄重。联合行文时，主办机关居前，"文件"二字置右侧，联署机关名称上下居中排布。

5. 发文字号

编排在发文机关标志下空二行位置，居中排布。年份、发文顺序号用阿拉伯数字标注；年份应标全称，用六角括号"〇"括入；发文顺序号不加"第"字，不编虚位（即 1 不编为 01），在阿拉伯数字后加"号"字。上行文的发文字号居左空一字编排，与最后一个签发人姓名处在同一行。

6. 签发人

由"签发人"三字加全角冒号和签发人姓名组成，居右空一字，编排在发文机关标志下空二行位置。"签发人"三字用 3 号仿宋体字，签发人姓名用 3 号楷体字。如有多个签发人，签发人姓名按照发文机关的排列顺序从左到右、自上而下依次均匀编排，一般每行排两个姓名，回行时与上一行第一个签发人姓名对齐。

7. 版头中的分隔线

发文字号之下 4 mm 处居中印一条与版心等宽的红色分隔线。

以上内容如图 5-3 所示。

（二）主体

在公文中，正文部分是用来表述公文内容的主体，是公文的核心部分，负责传达政令政策、处理公务，以及决定事务，使工作正确地、高效地进行。此外，公文的主体还包括其他要素，如标题、主送机关、附件说明、成文日期和附注等，但正文是其中最核心和关键的部分。

1. 标题

含"发文机关＋事由＋文种"，可省略发文机关，简短扼要。2 号小标宋体，居版心红色分隔线下空二行位置，使用梯形或菱形回行排列。除法规名加书名号外，一般不用标点。

2. 主送机关

公文主要受理对象，负责执行或答复。3 号仿宋体，居左顶格编排于标题下空一行位置，多机关时末机关名称后加全角冒号。若机关名过多致首页无法显示正文，则移至版记。

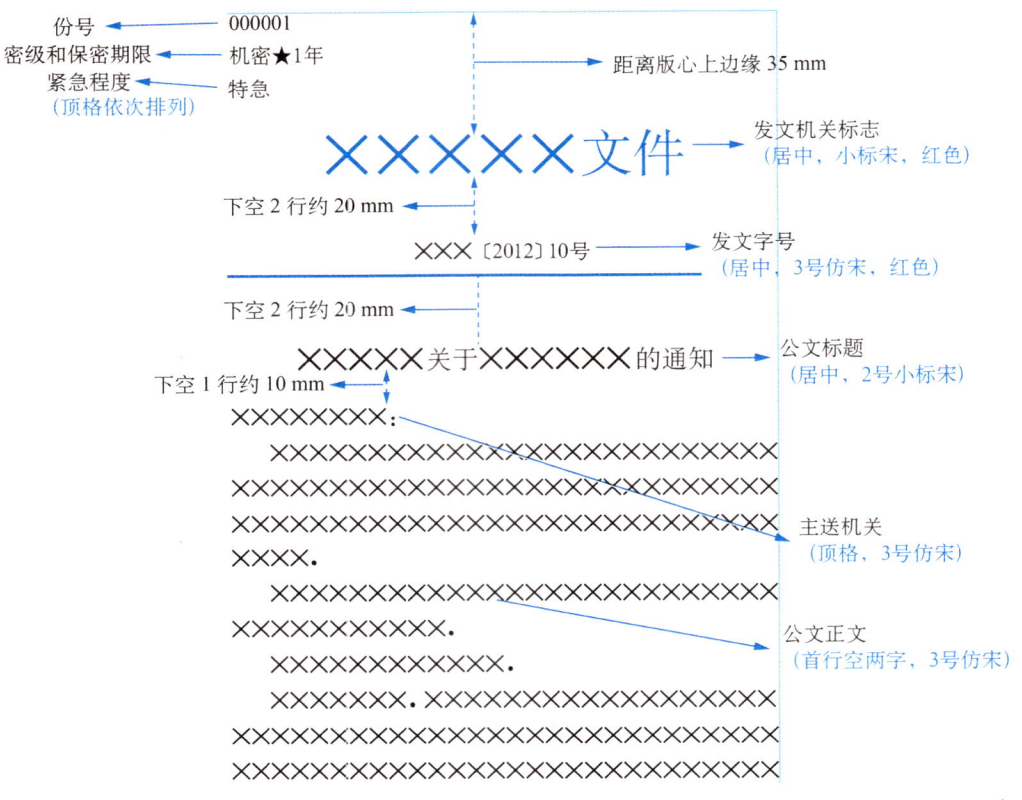

图 5-3 公文的具体格式

3. 正文

传达公文核心信息,公文首页必须显示。3号仿宋体,居主送机关下一行,每个自然段左空二字起行。结构层次用"一、""(一)""1.""(1)"标注,不得逆向,字体按层级依次为第一层黑体、第二层楷体、第三层和第四层仿宋体。

4. 附件说明

如有附件,在正文下空一行左空二字编"附件"二字,后标全角冒号及名称,多附件用阿拉伯数字编号。名称长需回行时,与上行附件名称的首字对齐。

5. 发文机关署名

全称或简称。盖章公文:单一机关时署于成文日期之上、以成文日期为准居中编排;联合行文时整齐排列。不盖章公文:单一机关时署于正文(或附件说明)下空一行右空二字;联合行文时先排主办机关,余下依次下排。

6. 成文日期

以最后签发日期为准,右空四字,居于发文机关署名下一行,阿拉伯数字标全年、月、日,月、日不编虚位。

7. 印章

红色,端正居中盖于发文机关署名上。盖章须与署名相符,单一机关时居中下压发文机关署名和成文日期；联合行文时一一对应，整齐排列，互不相交。特殊情况调整行距字距。

8. 附注

附加说明事项，如发布层次、传达范围。居左空二字加圆括号置于成文日期下一行。

9. 附件

正文补充材料，与正文具同等效力。另面编排，在版记前，与公文正文一起装订。"附件"二字及序号用3号黑体顶格编于版心左上角第一行。附件标题居中编于版心第三行，格式同正文。不能与正文一起装订时，左上角第一行顶格编公文发文字号并在其后标注"附件"二字和序号。

（三）版记

版记如图5-4所示。

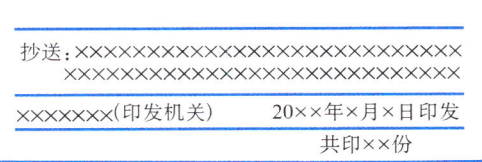

图5-4 文尾版记的格式

公文版记位于末页分隔线间，标识公文结尾。版记由粗细分隔线界定，首末线粗（推荐高度0.35 mm），中间线细（推荐高度0.25 mm）。

1. 抄送机关

非主送但需知悉的机关。如有，用4号仿宋体，在印发机关和印发日期之上一行、左右各空一字编排。"抄送"二字后加全角冒号和抄送机关名称，回行时与冒号后的首字对齐，最后一个抄送机关名称后标句号。如需把主送机关移至版记，除将"抄送"二字改为"主送"外，编排方法同抄送机关。既有主送机关又有抄送机关时，应当将主送机关置于抄送机关之上一行，之间不加分隔线。

2. 印发机关和印发日期

标识公文印制部门及送印时间。4号仿宋体，编排在末条分隔线之上，印发机关左空一字，印发日期右空一字，用阿拉伯数字将年、月、日标全，年份应标全称，月、日不编虚位，后加"印发"二字。版记中如有其他要素，应当将其与印发机关和印发日期用一条细分隔线隔开。

3. 页码

页码不是版记的直接组成部分，通常位于版心外，用于标识公文的页数，便于读者查阅和管理。一般用4号半角宋体阿拉伯数字，编排在公文版心下边缘之下，数字左右各放一条一字线;一字线上距版心下边缘 7 mm。单页码居右空一字,双页码居左空一字。公文的版记页前有空白页的,空白页和版记页均不编排页码。公文的附件与正文一起装订时,页码应当连续编排。

(四)用纸规格

1. 技术参数标准

公文用纸通常为 60~80 g/m² 的胶版印刷纸或复印纸,白度范围 80%~90%,横向耐折至少 15 次,不透明度至少 85%,pH 为 7.5~9.5。

2. 尺寸标准

标准公文用纸采用 A4 纸(GB/T 148),成品尺寸为 210 mm×297 mm,允许±2 mm 误差。特殊公文尺寸按需定制。

3. 版面布局

天头(上白边)37 mm±1 mm,订口(左白边)28 mm±1 mm,版心为 156 mm×225 mm。正文默认 3 号仿宋体字,特殊情况可调整。每面排 22 行×28 字,填满版心,特殊情况除外。文字颜色默认黑色。

(五)印刷装订要求

1. 制版准则

版面清洁,字迹清晰、无断笔,尺寸标准,版心端正,误差不超过 1 mm。

2. 印刷要求

双面印刷,页码套正,两面误差不超过 2 mm。黑色油墨达到色谱所标 BL100% 标准,红色油墨达到色谱所标 Y80%、M80% 标准。印刷着墨均匀,字面清晰、不花。

3. 装订规范

公文左侧装订,牢固不散页,两页页码误差不超过 4 mm。成品尺寸误差±2 mm,四角成直角,无毛茬或缺损。

骑马订或平订要求:

(1)订位为两钉外订眼距上下边缘各 70 mm±4 mm 处;

(2)无缺钉、重钉,钉脚平整牢固;

(3)骑马订钉于折缝线上,平订钉距书脊 3~5 mm;

(4)包本装订需封面、书脊、封底与书芯紧密吻合,平整不脱落。

任务二 公文拟制

任务导入

实训任务 5-2　模拟撰写一份公文

任务：撰写一份"某高校关于毕业典礼暨优秀毕业生表彰大会的通知"。

要求：

1. 案例分析。选取几个典型的通知公文案例，分组讨论，分析结构、内容、语言特点。
2. 模拟撰写。
3. 审核与修改。完成初稿后，须进行自我审核，检查公文格式、内容等，进行互评和修改。
4. 定稿与展示。组员各自完善形成最终定稿。每组选一名代表，进行课堂展示，并分享公文拟制过程中的经验和教训。

评价：组员评价、组间评价和老师点评。

一、公文拟制与公文处理

（一）公文拟制

公文拟制是公文处理的首要环节，与公文办理及管理共同形成了一套连贯有序的公文作业体系。

公文处理体系主要包括拟制、办理与管理三大板块。具体而言，公文拟制涵盖起草、审核、签发等步骤；办理包括收文办理、发文办理及整理归档；管理部分则涉及管理制度、保密措施、文件清理与销毁、发文记录等关键环节。如图 5-5 所示。

公文拟制是公文处理的一个重要环节，具体包括公文的起草、审核和签发等程序。在这个过程中，公文从初步构想到最终形成具有法定效力的文件，需要经过多个环节的严格把关和审查。公文拟制具有政治性强、规范性高、程序性强和时效性显著等特点。在公文拟制过程中，应严格遵守相关要求和规定，确保公文的质量和效率。

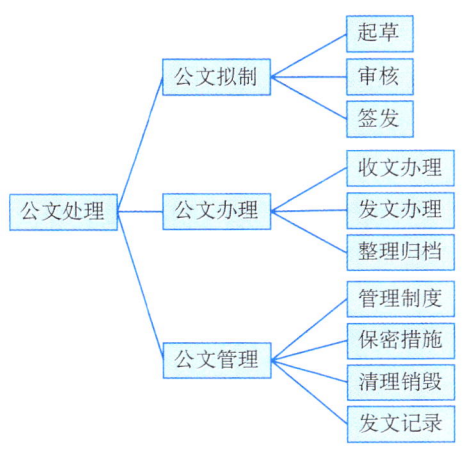

图 5-5　公文处理知识导图

（二）公文处理的原则

公文处理是指遵循既定原则与制度，妥善执行从起草至发文、归档，以及从收文至审阅、回复、归档的一系列流程与手续。一般分为拟制、办理、管理三个环节。

公文处理工作作为组织内部及对外沟通的重要桥梁，其处理过程必须遵循一系列核心原则，即实事求是、准确规范、精简高效、安全保密的原则，以确保信息的有效传递与管理的规范性。

1. 实事求是原则

公文处理需遵循求实原则，强调深入调研、实事求是、认真负责，避免官僚化、形式化及过度文书化。应依据客观事实，准确呈现情况，不歪曲、不夸大、不缩小事实，确保公文的真实性和可信度。具体表现在：

（1）内容真实。公文内容必须来源于实际工作和调查研究，数据、案例、事实依据等均须准确无误。

（2）观点客观。在表述观点、分析问题时，要遵循客观规律，避免主观臆断和片面性。

（3）决策科学。基于实事求是的原则，要充分考虑实际情况，确保决策的科学性和可行性。

2. 准确规范原则

准确规范原则强调公文处理在文字表述、格式要求、行文规则等方面必须准确无误，符合相关规定和标准。具体表现在：

（1）表述准确。公文中的文字表述要清晰、准确，避免歧义和误解，用词要恰当，符合语境和文体要求。内容准确无误，符合政策法规和实际情况。

（2）格式规范。遵循国家公文处理标准，确保公文的文种、格式、行文规则、排版等符合规定。如公文的标题、正文、落款、日期等要素要齐全且格式统一。

（3）行文规则。按照公文的行文规则和用语习惯进行撰写，保持公文的正式性和权威性。

3. 精简高效原则

精简高效原则要求公文处理过程中要减少不必要的环节和繁文缛节，提高处理速度和效率，确保信息的及时传递和处理。具体表现在：

（1）内容精炼。公文内容要突出重点，言简意赅，避免冗长和重复。只写必要的内容，删除无关紧要的细节。

（2）流程简化。优化公文处理流程，减少审批环节和等待时间。采用电子化公文系统等技术手段提高处理效率。

（3）响应迅速。对紧急公文要迅速处理，确保信息的及时传递和反馈。同时，加强对公文处理进度的跟踪和催办。

4. 安全保密原则

保密原则是公文处理的核心原则之一，要求严格遵守保密规定，保护国家机密、商业秘密及个人隐私免遭泄露。具体表现在：

（1）增强保密意识。对涉及机密、绝密内容的公文，严格遵守保密规定。处理人员需强化保密观念，切实遵循相关法律法规及组织保密制度。

（2）采取保密措施。对涉密公文要采取严格的保密措施，如加密存储、限制传阅范围、定期销毁等。同时，加强对涉密设备和场所的安全管理。

（3）追究泄密责任。对违反保密规定的行为要严肃查处，追究相关人员的责任。通过建立健全的保密责任制和奖惩机制来确保保密工作的落实。

二、公文起草

公文起草是公文拟制的初始阶段，主要由机关单位内具有一定文字水平和业务能力的文秘人员或业务部门有关人员负责。

（一）公文起草的特点

公文起草是文件形成的第一步，也是公文拟制的重要环节之一。它指的是为了有效地传达信息、表达意见或执行特定任务而进行的文件书写或制作的过程。草拟公文时，需要根据行文目的、发文机关的职权范围以及公文的具体要求，明确公文的主旨、选择恰当的文种、确定合适的格式，并认真构思文章的结构、布局和内容。草拟过程需要仔细斟酌字词，确保公文表达准确、清晰、简洁。

1. 政治性与政策性

公文起草必须严格遵守国家法律法规和党的路线方针政策，确保公文内容的合法性和正确性。公文起草过程中，需要密切关注国家政策和法律法规的变化，确保公文内容与之一致。

2. 规范性与格式性

公文起草有严格的格式和规范要求，包括文种、格式、用语等都需要遵循一定的标准。这些规范不仅体现了公文的严肃性和权威性，也便于公文的阅读、理解和执行。

3. 目的性与针对性

公文起草需要明确发文目的和受文对象，确保公文内容能够准确传达信息、表达意见或执行特定任务。同时，公文起草还需要考虑受文对象的实际情况和需求，以提高公文的针对性和实效性。

4. 时效性与紧急性

公文起草往往需要在一定的时间内完成，以确保工作的顺利进行和决策的及时传达。因此，公文起草人员需要具备高效的工作能力和应变能力，以应对紧急的起草任务。

（二）公文起草的要求

公文具有严肃性，所以，公文起草对内容、文风和方法这三个方面都有明确的要求。

1. 内容要求

（1）符合法律政策。公文起草必须严格遵守国家法律法规和党的路线方针政策，确保公文的合法性和正确性。公文内容还需要与发文机关的实际情况和职责范围相符合。如公文"通知"中主体的第一句话，往往都会用"为了""根据"等关联词语作为开头，以显示公文的合法性、合理性。

（2）体现发文机关意图。公文应清晰、准确地表达发文机关的意图和决策，确保信息的完整性和准确性。

（3）内容具有可行性。基于实际情况，实事求是分析问题，提出的政策措施及方案需具备可行性。

2. 文风要求

（1）内容简洁

① 去冗存精。直接切入主题，避免无关紧要的细节和冗长的叙述，只保留对解决问题、传达信息、部署工作有直接作用的内容。

② 条理清晰。通过合理的段落划分和逻辑顺序，使内容一目了然，便于读者快速抓住要点。

③ 言简意赅。用词要精准，避免重复和啰嗦，确保每句话都有实际的信息量。

（2）主题突出

① 明确中心。公文开篇即应明确表明主旨，让读者一眼就能抓住文章的核心议题。

② 围绕中心。整篇公文应紧紧围绕主题展开，所有内容都应是主题的阐述和深化。

③ 强调重点。对于关键信息或重要指示，可通过加粗、分段或设置小标题等方式进行突出强调。

（3）观点鲜明

① 立场坚定。公文应明确表达发文机关的立场和态度，不含糊其词，不模棱两可。

② 分析透彻。对于问题或现象，要进行深入的分析和阐述，使观点有理有据，令人信服。

③ 结论明确。在阐述完观点和理由后，应给出明确的结论或建议，便于读者理解和执行。

（4）结构严谨

① 层次分明。具有清晰的结构框架，如引言、正文（包括背景、问题、分析、对策等部分）、结尾等，各部分之间逻辑严密，相互衔接，相互呼应。

② 条理清晰。正文部分应按照一定的逻辑顺序进行组织，如时间顺序、空间顺序、重要性顺序等，需要根据实际需要进行合理的分段和布局，以提高公文的阅读效果和执行效率。确保内容条理清晰，易于理解。

③ 过渡自然。段落之间、句子之间应有过渡性的词语或句子，使整篇公文流畅自然，无突兀之感。

（5）表述准确

① 用词精准。选择恰当的词语来准确表达意思，避免歧义和误解。

② 数据可靠。引用的数据、事实应准确无误，有可靠来源，以增强公文的说服力。

③ 引文规范。如需引用他人观点或文献，应注明出处，并遵循相应的引用规范。

(6) 文字精练

① 精炼语言。在不影响意思表达的前提下,尽量使用简短、有力的词语和句子,避免冗长和烦琐。

② 避免空话套话。减少或避免使用空洞无物的套话、空话,使公文更加实在、有力。

③ 注重修辞。适当运用修辞手法(如比喻、排比等),使公文更加生动、形象,但需注意适度,避免过度修饰而失去公文应有的庄重性。

3. 方法要求

(1) 深入调查研究。充分进行论证,广泛听取意见。

(2) 加强沟通协调。在公文起草过程中,要加强与相关部门和人员的沟通协调,确保公文内容的准确性和一致性。公文若关联其他地区或部门职责,起草方需征询其意见,力求共识。

(3) 关键公文起草工作应由相关负责人主导并指导。

(4) 注重时效性。公文起草应及时完成并发出,以确保工作的顺利进行和决策的及时传达。

(三) 公文起草写作技巧

公文起草是公文处理中至关重要的环节,需要掌握一系列的写作技巧和方法,以确保公文的质量与效率。以下是一些关键的写作技巧和方法。

1. 明确发文主旨

(1) 了解发文目的。任何一份公文都是根据机关工作的实际需要来撰写的,因此首先要明确发文的目的和意图。这包括确定公文的中心内容、采用何种公文名称以及明确公文的发送范围和阅读对象。

(2) 深入领会上级意图。在起草公文时,要准确领会上级的意图和决策,确保公文内容能够准确传达上级的意图和决策精神。

2. 收集有关材料

(1) 广泛收集资料。围绕发文主旨,广泛收集相关的文件材料、实际材料、统计数据等。这些材料应真实、典型、适用、及时,以确保公文内容的真实性和可靠性。

(2) 去伪存真,提炼升华。对收集到的材料进行去粗取精、提炼升华,选取能够体现公文主旨的权威材料、典型材料和新鲜材料。

3. 拟出写作提纲

(1) 确定公文结构。根据公文的内容和目的,确定公文的结构框架。一般来说,公文结构包括引言、正文、结尾等部分,其中正文部分可能包括多个段落或章节。

(2) 列出提纲。在确定公文结构后,列出详细的提纲。提纲应包括公文的主要观点、论据和结论等要素,并明确各个部分之间的逻辑关系。

4. 认真起草正文

(1) 把握公文主题。在起草正文时,要始终围绕公文主题进行阐述和论证,确保公文内容主题鲜明、重点突出。

(2)选好用好材料。根据提纲和公文主题,选用合适的材料进行阐述和论证。材料应准确、具体、有说服力。

(3)注意语言表述。公文语言应准确、简洁、规范。避免使用模糊、含糊或容易产生歧义的词语和句子。同时,要注意公文的格式和排版要求,确保公文整洁、美观。

5. 反复检查修改

(1)主题思想的修改。检查公文的主题思想是否明确、突出,是否符合发文主旨和领导意图。

(2)观点和材料的修改。检查公文中的观点和材料是否准确、具体、有说服力。对不符合要求的观点和材料进行修改或删除。

(3)结构和语言的修改。检查公文的结构是否合理、紧凑,语言是否准确、简洁、规范。对不符合要求的结构和语言进行修改和完善。

(四)特定类型公文的写作技巧

1. 报告总结类文稿

注重总结工作成效、分析形势、提出下一步工作计划等。在报告开头部分,要总结工作成绩和不足之处,为后续内容做好铺垫。在报告结尾部分,要针对存在的问题提出具体的改进措施和建议,以便上级机关或相关部门进行参考和决策。注意用数据说话,突出重点。

2. 专项部署类文稿

明确工作意义、具体目标和工作任务等。注意分阶段推进和具体措施的落实。

3. 工作汇报类文稿

突出工作成效、存在的问题、接下来的计划等。注意与总结类文稿的区别和联系。

4. 请示类文稿

在请示类公文中,要明确请示的事项和理由,以便上级机关或相关部门能够及时了解情况并作出决策。在请示事项后,要表达请求的语气和态度,如"请批示""请予以批准"等。

5. 批复类文稿

批复类公文要针对下级机关的请示事项进行回复,明确表明上级机关的意见和决策结果。要有针对性。在批复时,要注重语气和措辞的恰当性,既要表达上级机关的权威性和指令性,又要避免过于生硬或冷漠的表述方式。

综上所述,特定类型公文的写作技巧包括明确文种特性与格式、精准把握行文目的与意图、精心构思与谋篇布局、注重语言表达与修辞以及细致审核与修改等方面。在具体撰写过程中,还需根据公文的具体类型和要求进行灵活调整和运用。

三、公文审核

公文审核指的是在公文起草完成并准备提交领导正式签发之前,由专门的文电部门人员或秘书部门负责人、拟稿的职能部门负责人等,对公文的格式、内容、行文规则等方面进行确认、核准、修改的过程。审核一般由发文机关办公厅(室)负责,其目的是确保公文内容的正确性、格式的规范性以及检查是否符合党和国家的方针政策、法律法规。审核过程中，需要仔细检查公文的主题是否明确、结构是否合理、文字是否通顺、用词是否准确，以及是否存在其他需要修改或完善的地方。

（一）公文审核的主体

公文审核是保障公文质量和效力的关键环节，公文审核的主体在公文处理流程中扮演着至关重要的角色，他们负责确保公文的准确性、合规性和规范性。一般来说，公文审核的主体可以归纳为以下几个层面。

1. 秘书部门及其负责人

秘书部门是公文处理的核心部门，其负责人及秘书人员通常承担公文初审和复审的工作。他们负责检查公文的格式、内容是否符合规范，以及是否符合上级机关的指示和要求。秘书部门作为机关内部的专业机构，具备较高的专业素养和审核能力，能够确保公文的质量。

2. 业务部门负责人

在某些情况下，特别是涉及专业性较强的公文时，业务部门负责人也会参与审核过程。他们能够从专业角度对公文中涉及的业务内容进行把关，确保公文的准确性和专业性。

3. 法律部门或法律顾问

对于涉及法律问题的公文，法律部门或法律顾问会进行专门的法律合规性审核。他们负责检查公文内容是否违反国家法律法规和政策规定，确保公文的合法性。

4. 机关领导人

在公文审核的最后阶段，机关领导人通常会进行终审。他们负责从全局和战略高度对公文进行把关，确保公文符合机构的工作方针和目标，以及上级领导的意图和要求。

5. 其他相关机构或人员

在特定情况下，如涉及跨部门协作或需要结合外部专家意见的公文，还可能需要其他相关机构或人员的参与和审核。

综上所述，公文审核的主体是一个多元化的群体，包括秘书部门及其负责人、业务部门负责人、法律部门或法律顾问、机关领导人以及其他相关机构或人员。他们各自在公文审核过程中发挥着不同的作用，共同确保公文的质量和效力。

需要注意的是，不同机构和组织在公文审核主体的设置上可能存在差异，但总体上都遵循相似的审核原则和步骤。在实际操作中，应根据具体情况灵活调整审核主体的设置和审核流程。

（二）公文审核的内容

1. 内容一致性

确认文稿与政策法规、上级指示一致，且无矛盾，逻辑清晰。

2. 政策准确性

审核政策界限的恰当性，确保行文便于理解和执行。

3. 措施可行性

评估措施要求的实际可行性、依据充分性及时间安排合理性。

4. 文字表达准确

检查文稿是否准确表达意图、文字通顺无错漏、格式规范。

5. 程序合规性

确保公文遵循处理程序、关系定位准确、等级范围设定恰当。

在公文审核过程中,审核人员需要综合运用各种审核技巧和方法,如明确审核目的和要求、注重结构和逻辑、关注关键信息和细节、利用审核工具和技术、注重沟通和协作等,以提高审核效率和质量。同时,还需要建立审核记录和反馈机制,对审核过程中发现的问题进行记录和反馈,以便及时改进和提高公文质量。

(三) 公文审核的重点

公文签发前,由办公厅(室)审核,重点为:

(1) 行文理由充分,依据准确。

(2) 内容符合政策和法律法规,体现发文意图,衔接现行公文,措施可行。

(3) 涉及他方职权事项已协商一致。

(4) 文种格式正确,信息准确,规范使用文字、数字、符号。

(5) 其他内容符合起草要求。

重要文稿审议前需初核,不宜发文者要退回,并说明理由,需修改者重新报送。

有下列情况的公文会被退回:

(1) 请示件、报告件没有标签发人姓名或没有签署单位公章的;

(2) 请示件没有以单位名义上报的;

(3) 请示件多头报送的;

(4) 报告件中夹带请示事项的;

(5) 正式文件无特殊原因送给领导个人的;

(6) 文件内容有明显错误的。

四、公文签发

(一) 公文签发的定义与意义

定义:公文签发指发文机关领导人在终稿上签署发出意见、姓名及时间,位置灵活。签发后的文稿即为定稿,是正式文本印制与发出的基准。作为公文拟制的最终环节,签发是公文生效的关键。

意义:公文签发是机关领导人行使领导职权的一项重要工作,它标志着公文内容的最终确定和认可,是公文生效的必要条件。通过签发,可以确保公文内容的严肃性、准确性和权威性,有利于公文的传达和执行。

（二）公文签发的范围与权限

公文签发的范围与权限遵循集体领导、分工负责的原则。
(1) 重要及上行文由机关主要领导签发。
(2) 办公厅（室）授权制发的公文，由授权领导签发或按规定签发。
(3) 机关名义发文可由常务领导签发。
(4) 部门名义发文由部门领导签发，重大事项需机关领导审阅加签。
(5) 签发人需签署意见、姓名及完整日期，圈阅或签名即视为同意。
(6) 联合发文需所有联署机关负责人会签。

机关领导人在签发公文时，需要认真审阅公文内容，确认无误后签署意见并注明签发日期。签发的公文即成为定稿，可以印制成文。

（三）公文签发注意事项

在公文签发过程中，需要注意以下几个事项。

1. 严肃性
签发人应对公文内容进行严肃的研究和审定，确保公文内容的准确性和权威性。

2. 规范性
检查公文格式是否符合行政规定和政策要求，包括字体、表格、标题、页眉页脚等格式。

3. 准确性
在签字和签名文档之前，必须仔细检查所有与文档相关的信息，包括主题、日期、文件类型、签署人、联系地址、联系电话和电子邮件等，确保信息的准确性。

4. 授权性
必须确保签署人具有相应的权力签署文件，且签署顺序和签署人的身份须符合规定。

5. 机密性
如果文件需要机密处理，必须确保仅授权人或授权机构有权访问，并严格遵守机密性标准。

6. 存储与保管
签发后，须妥善存储公文，确保文档完整、无损，避免被篡改或删除任何信息。

综上所述，公文签发是公文处理流程中的关键环节，它涉及发文机关领导人对文稿的最后审批和签署。在签发过程中，需要遵循一定的流程和注意事项，以确保公文的准确性和权威性。

任务三 收发文办理

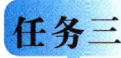

> **实训任务 5-3** 模拟收文办理
>
> 办公室文秘小张收到一份来自上级主管部门的文件《关于开展下一年度员工培训工作的通知》。要求写出小张从收文办理到回复的各个环节的做法,包括签收与登记、初审、承办与传阅、催办与答复。
>
> **任务:** 办理收文——上级主管部门发来《关于开展下一年度员工培训工作的通知》。
>
> **要求:**
> 1. 准确、完整、规范。
> 2. 以小组形式完成,鼓励团队成员之间积极沟通、协作,共同解决问题。
>
> **评价:** 组员评价、组间评价和老师点评。

一、收发文办理概述

(一)收发文办理的定义

公文办理是机关、团体或企业事业单位内部行政管理的重要环节,它涵盖了从公文的制发、接收、处理到最终归档的全过程。这一过程具体分为收文办理、发文办理和整理归档三个方面。其中,收发文办理是公文办理中收文办理和发文办理两个重要环节的统称。发文办理是指公文拟制后发往外部的或只供内部使用的公文的处理活动,一般包括复核、登记、印制和核发四个流程。收文办理是指文书部门收到文件材料后,在机关内部及时运转直到阅办完毕的全过程,包括签收、登记、初审、承办、传阅、催办和答复七个步骤。具体内容见表 5-2。

表 5-2 发文办理与收文办理的比较

内容	发文办理	收文办理
事项	发文	收文
目的	使公文能够准确传达机关的意图和决策	及时有效处理内外部来文,确保信息顺畅流通和高效利用
流程	复核、登记、印制和核发四步	签收、登记、初审、承办、传阅、催办和答复七步

综上所述,发文办理和收文办理在事项、目的和流程上均存在显著差异。二者共同构成了公文处理体系的重要组成部分,对于确保机关工作的顺畅进行和高效运作具有重要意义。

(二) 收发文办理的特点

收发文办理作为组织内部及与外部沟通的重要环节,具有系统性、实践性、严肃性、程序性和时效性五大特点。其特点深刻体现了其在行政管理、业务流程及信息传递中的核心地位。

1. 系统性

(1) 流程完整性。收发文办理涉及从文件的接收、登记、分发、处理、归档到反馈的完整流程,每一个环节都紧密相连,形成一个有机整体。

(2) 协调合作。系统性还体现在多个部门或人员之间的协同工作上,需要各部门按照既定规则和流程密切配合,确保信息的准确传递和高效处理。

(3) 制度支持。建立健全的收发文管理制度是保障系统性的基础,通过制度规范各个环节的操作,确保流程顺畅无阻。

2. 实践性

(1) 操作性强。收发文办理是实实在在的工作,需要具体的人员按照规定的步骤和方法进行实际操作,具有很强的实践性。

(2) 经验积累。在实践中,文员会不断积累经验,提高处理效率和准确性,同时也需要根据实际情况调整和完善操作流程。

(3) 问题解决。面对各种复杂多变的情况,文员需要灵活应对,及时解决遇到的问题,确保工作顺利进行。

3. 严肃性

(1) 内容重要。收发的文件往往涉及组织的决策、指示、报告等重要内容,对组织的运行和发展具有重要影响,因此必须严肃对待。

(2) 责任明确。在处理文件的过程中,每个环节都有明确的责任人,一旦发生问题,可以迅速追责,确保工作的严肃性和规范性。

(3) 保密要求。部分文件可能涉及机密信息,需要严格遵守保密规定,确保信息的安全。

4. 程序性

(1) 规范性。发文办理必须严格按照《党政机关公文处理工作条例》(中办发〔2012〕14号)和相关规定进行,从文件的接收、登记到处理、归档都有明确的步骤和要求,确保公文的规范性和统一性。

(2) 顺序性。收发文办理是一个多环节、多步骤的过程,每个环节都有其特定的程序和要求,必须按照规定的顺序和方式进行,这一程序具有很强的确定性与不可逆性。文件的处理需要按照既定的顺序进行,确保信息的传递和处理有序进行,避免混乱和错误。

(3) 可追溯性。通过程序化的操作,可以清晰地记录文件处理的每一个环节和时间节

点,便于后续的跟踪和追溯。

5. 时效性

(1) 快速响应。在信息快速传播的今天,公文作为传达信息、指导工作的工具,具有很强的时效性。因此,收发文办理必须迅速、高效,确保公文能够及时制发和送达,以满足组织决策和业务发展的需求。

(2) 限时办结。对于有时限要求的文件,如紧急通知、限时报告等,需要在规定的时间内完成处理,避免延误造成的不良后果。

(3) 效率优先。在保证质量的前提下,尽可能提高处理效率,减少文件在各个环节的停留时间,提升整体工作效率。

二、发文办理的主要程序

发文办理指以本机关名义制发公文的过程,它在起草—审核—签发的拟制阶段之后,有复核—登记—印制—核发四步。

(一) 复核

复核是发文办理的首要环节,旨在确保即将印发的公文在内容、形式上都符合规范和要求。对于已经经过发文机关负责人签发的公文,在正式印发之前,必须再次进行细致的复核工作。复核的内容包括但不限于以下几项。

1. 审批手续

检查公文是否已按照规定的流程获得所有必要的审批和签批,确保手续完备。

2. 内容

审核公文内容是否准确、完整,表述是否清晰,逻辑是否严密,是否符合政策法规要求。

3. 文种

确认所选文种是否恰当,能否准确反映公文的性质和目的。

4. 格式

检查公文的格式是否符合国家和行业的标准规范,标题、日期、编号、落款等要素是否齐全且规范。

若发现有需要作实质性修改的内容,必须及时报请原签批人复核,以确保公文内容的准确性和权威性。复核与审核的区别见表5-3。

表 5-3 复核与审核的区别

内容	阶段	结果	重点
审核	在负责人签发之前	可以大改大删	(1) 行文理由和依据是否充分、准确; (2) 内容是否合法合规、可行; (3) 涉及有关地区和部门的事项是否协商一致; (4) 文种、格式、名称、数字等是否规范; (5) 其他内容是否符合相关要求

(续表)

内容	阶段	结果	重点
复核	在负责人签发之后	一般只能小修小补	(1) 审批手续； (2) 内容； (3) 文种； (4) 格式

（二）登记

登记是对复核无误的公文进行编号、分类和记录的过程。主要登记以下几项。

1. 发文字号

为每份公文分配唯一的发文字号，以便于后续管理和查询。

2. 分送范围

明确公文需要送达的部门、单位或个人，确保信息准确传递。

3. 印制份数

根据实际需要确定公文的印制数量，避免浪费或不足。

4. 其他信息

如签发人、签发时间、复核人、登记人等，以便于追溯和统计。

（三）印制

印制是将公文内容转化为纸质或其他载体形式的过程。在印制过程中，必须确保以下几项。

1. 质量

公文印制应清晰、准确，无错字、漏字、模糊等现象，确保信息的有效传达。

2. 时效

按照规定的时限完成印制工作，以满足公文处理的时效性要求。

3. 保密

涉密公文须在保密环境下印制，采取严格保密措施防泄密。重要文件应设专人监制，禁止非相关人员接触。底版、废页、清样等亦须专人监督销毁。

4. 版面与字体规范

公文印制需遵循版面布局规定，字体使用亦有明确要求。如，发文机关标识宜采用小标宋体，标题为2号小标宋体，正文为3号仿宋体，而秘密等级、缓急时限、主题词则用3号黑体表示。

（四）核发

核发是公文印制完成后的最后一道工序，也是公文正式对外发布的标志。在核发过程中，应做到以下几点。

1. 检查

对公文的文字、格式和印刷质量进行全面检查，确保无误。

2. 分发

按照既定的分送范围将公文分发至相关部门、单位或个人。分发过程中应注意保密要求，确保公文的安全传递。

通过这一系列程序，发文办理确保了公文的权威性、准确性和时效性，为机关、团体或企业事业单位的内部管理和外部沟通提供了有力支持。

三、收文办理的主要程序

收文办理指的是文件材料送达文书部门后，在机关内部流转直至处理完毕的流程。此流程包含一系列紧密相连的步骤，即收文处理程序，涵盖签收与登记、初审、承办与传阅，以及催办与答复。

（一）签收与登记

1. 签收

签收是收文办理流程的首要环节，相关收件人在文件递送单据上签字，以此界定交接责任，确保公文传递的安全与准确性。

操作要点：接收公文后，应逐件清点，核对所收文件的编号、份数与签收单上的记载是否相符。核对无误后，要签名或盖收文章收件，并注明签收时间。签收时要确保公文来源可靠，防止错投、错收。

签收时要防止以下状况发生：

（1）签收不及时，导致公文在传递过程中出现延误。

（2）签收手续不完备。签收公文时，未按照规定的程序和要求进行，如未签字、未盖章、未注明签收时间等，可能导致公文在后续处理中出现责任不清、无法追溯等问题。

（3）签收人身份不明确。在签收公文时，未明确签收人的身份和职责，导致公文被错误地传递给无关人员或部门。这可能导致公文处理不当或泄露敏感信息，给工作带来麻烦和损失。

（4）未核实公文数量和编号，导致公文遗失或错乱。

（5）未检查装封是否破损，可能导致公文内容被篡改或泄露。

（6）对特殊邮件处理不当。对于来自公检法、人社部门等国家机关或律师事务所等单位的邮件，以及不明单位、个人的邮递文件，未给予特别关注和处理，可能导致重要公文被忽视或延误处理，给工作带来负面影响。

为了避免上述问题发生，可以采取以下措施：

（1）建立严格的签收制度。明确签收人的身份和职责，确保公文能够及时、准确地被签收。

（2）完善签收手续。按照规定的程序和要求进行签收，确保手续完备、准确无误。

（3）加强培训和管理。对签收人员进行培训和管理，提高其业务水平和责任意识。

（4）建立监督机制。建立监督机制，对公文签收过程进行监督和检查，确保各项工作有

序进行。

(5) 关注特殊邮件。对特殊邮件给予特别关注和处理,确保重要公文能够得到及时、有效的处理。

2. 登记

登记是将需要登记的文件在收文登记簿上编号并记载文件的来源、去向,以保证文件的收受和处理。登记是公文处理工作的基础,便于管理和保护文件,防止积压和丢失。

操作要点:详细记录公文的主要信息和办理情况,包括编号、收文时间、来文单位、来文号、标题、密级、紧急程度、主送机关份数、办理情况。登记不是一次完成的,需要边办边登,多环节登记。

公文登记是公文处理流程中的一个关键环节,它对于确保公文的准确性、完整性和可追溯性具有重要意义。然而,在公文登记过程中,也容易出现一些问题:

(1) 登记信息不完整。在登记公文时,未按照要求填写完整的登记信息,如公文标题、发文字号、发文机关、成文日期、收文日期等关键信息。这可能导致后续处理过程中无法准确识别公文内容,增加查询和追踪的难度,甚至可能引发误解或遗漏重要事项。

(2) 登记不及时。收到公文后未能立即进行登记,导致公文在机关内部流转时间过长,影响处理效率。这可能导致公文处理延误,错过处理时机,影响工作进度和效果。

(3) 登记错误。登记过程中,由于疏忽或理解错误,导致登记信息与公文实际内容不符,如发文字号、发文机关等关键信息登记错误。这可能导致后续处理过程中产生混乱,增加沟通协调的成本,甚至可能引发不必要的纠纷和矛盾。

(4) 登记方式不规范。在登记公文时,未按照规定的格式和要求进行登记,如使用不规范的登记簿、登记字迹潦草、涂改等。这可能导致登记信息难以辨认和查阅,降低公文处理的效率和准确性。

3. 制作收文登记表

使用 Excel 制作收文登记表是一个简单而高效的过程,它可以帮助文员系统地跟踪和管理收到的文件或信息。基本步骤如下:

(1) 打开 Excel 并创建新工作簿。打开 Microsoft Excel 软件,点击"文件"菜单,选择"新建",然后选择一个空白工作簿。

(2) 设计表头。在第一行(通常是从 A1 单元格开始)输入表头信息。对于收文登记表,常见的表头可能包括以下项:序号、收文日期、发文单位、文件编号、文件标题、接收人、处理状态(如已阅、待处理、已处理、归档等)、备注。

(3) 设置表头格式。选中表头行(如第一行,如果需要合并单元格点击"开始"菜单下的"合并及居中"按钮),设置字体大小、加粗等,使表头更加醒目。

(4) 填充数据。从第二行开始,根据需要填写收文登记表的数据。对于日期,可以选中相应的单元格,然后使用 Excel 的日期格式功能(在"开始"菜单下的"数字"组中)来设置日期格式,也可以使用 Excel 的自动填充功能(如拖动填充柄)来快速输入序号或日期序列。

(5) 设置数据验证(可选)。为了提高数据输入的准确性和效率,可以为某些列设置数据验证规则。例如,为"处理状态"列设置下拉列表,以使用户只能从预定义的选项中选择。

具体可选中需要设置数据验证的单元格范围，点击"数据"菜单下的"数据验证"，在"设置"选项卡中，选择"允许"为"序列"，然后在"来源"框中输入选项，选项之间用英文逗号分隔。

（6）设置表格格式（可选）。为了使表格更加美观和易于阅读，可以使用Excel的表格样式功能。选中数据区域（包括表头），点击"开始"菜单下的"表格样式"，选择一个喜欢的样式。

（7）保存工作簿。点击"文件"菜单，选择"保存"或"另存为"，给工作簿命名并选择一个保存位置。

（8）后续使用与维护。每次收到新文件时，只需在表格的下一行填写相关信息即可。定期检查和更新处理状态，确保所有文件都得到妥善处理。可以根据需要添加筛选、排序或汇总等功能，来更好地管理数据。

（二）初审

公文初审是公文处理流程中的重要环节，旨在评估收文是否需要本机关处理及其合规性。它对于确保公文的合法性、规范性、准确性和时效性具有重要意义。

操作要点：确认收文是否属本机关职责范围，检查是否符合行文规范，验证文种与格式是否达标，核实跨部门或地区事项是否已协调会签。

初审人员在审核公文时要全面细致地审查公文的内容、格式、用语、逻辑性等方面，经初审确认为不符合规定的公文，应及时退回来文单位并说明理由。

为了提高初审质量，可以采取以下方法。

1. 明确初审目的和要求，熟悉审核标准

熟悉相关的法律法规、政策文件以及组织内部的公文处理规定，确保初审工作符合标准和要求。

2. 注重细节和规范性

严格按照公文格式要求进行初审，确保格式规范统一。仔细核对公文内容，确保信息准确无误，无错别字、病句等语言错误，同时关注公文中的关键信息和细节，确保内容的完整性和一致性。

3. 利用工具和技术

利用自动化校对软件检查公文中的拼写、语法等错误，提高初审的准确性和效率。采用电子公文系统进行公文处理，实现公文的电子化流转和审批，减少纸质文件的传递和存储成本，同时便于查询和追踪公文处理进度。

4. 加强沟通和协作

初审人员应与其他相关部门和人员保持沟通，及时了解公文处理的需求和进展情况，确保初审工作与其他环节紧密衔接。

5. 建立记录和反馈机制

在初审过程中，要详细记录发现的问题和修改建议，将初审结果及时反馈给相关部门和人员，以便他们及时了解公文存在的问题并进行修改和完善。

(三）承办与传阅

1. 承办

承办是指对需要办理的公文进行实质性的处理,解决公文所针对的问题。在公文处理流程中,承办是至关重要的一环,它直接关系到公文内容的执行与落实。此环节主要涉及对公文内容的理解和执行,具体操作分为以下几个方面。

（1）阅知性公文的分送

阅知性公文即阅知性文件,是指需按规定交有关部门、有关人员阅知的公文。这类公文的主要目的是让相关人员了解文件内容,以便知晓某一情况或信息,而无须作出决策或指示,有通知、简报、报告等。如《关于聘任×××为××××公司经理的通知》就可能被视为一份阅知性公文,因为它主要传递了人事任免的信息,而不需要接收者进行具体的行动或回复。

需要注意的是,虽然阅知性公文不需要接收者作出决策或指示,但它们在组织内部仍然具有重要的作用。它们可以帮助员工了解组织的最新动态、政策变化、人事任免等信息,从而增强组织的透明度和沟通效率。因此,在处理阅知性公文时,应根据公文的具体内容、重要性以及各部门的工作职责和需求,合理确定分送范围。这要求公文处理人员具备良好的判断力和对组织结构的了解,确保相关信息能够准确、及时地传达给需要知晓的部门或个人。

（2）批办性公文的拟办与批示

批办性公文是指需要机关或上级提出最终处理意见的公文。批办性公文具有决策性、针对性、时效性的特点。批办性公文通常针对具体的请示、报告或问题,上级在批示时需要明确指出处理意见和要求。这种公文在公文处理流程中占据重要地位,因为它涉及对公文内容的决策和指示,直接关系到公文后续的处理和执行。

批办性公文处理流程：一是提出拟办意见。对于批办性公文,首先由公文处理人员或相关部门提出拟办意见,即初步的处理建议或方案。文员对在办件认真分析研究后,提出书面办理意见报单位负责人审核决策。写拟办意见要掌握文件内容,领会有关意图；对照先例比较,尊重部门意见；建议完整准确,答复简明得体。二是报请批示。将拟办意见连同公文一并报送本机关负责人进行批示。上级在批示时需要认真阅读公文内容,了解背景情况,然后结合实际情况提出具体的处理意见和要求。三是转办或执行。根据上级的批示意见,将公文转交相关部门或人员办理,或者由本部门直接执行。在办理过程中,须严格按照批示意见进行操作,确保公文内容的准确传达和执行。

批办性公文需要及时处理,确保公文内容的及时传达和执行。同时,紧急公文还需要明确办理时限要求,确保在规定时间内完成办理任务。

（3）紧急公文的时限管理

对于标有"急件""特急"等标识的紧急公文,承办部门必须高度重视,立即行动。在提出拟办意见或转办时,应明确标注办理时限,并跟踪督办,确保公文得到及时、有效的处理。这要求建立快速响应机制,优化流程,确保紧急事务不被延误。

(4) 及时办理与反馈

无论是阅知性公文还是批办性公文,承办部门都应做到及时办理。对于有明确办理时限要求的公文,必须在规定时间内完成办理任务,并适时向交办部门或领导反馈办理结果。这既体现了工作效率,也体现了对公文处理工作的重视和负责。

2. 传阅

传阅是指根据上级批示和工作需要将公文及时送传阅对象阅知或者批示。它是公文处理中的另一个重要环节,关乎公文信息的广泛传播和领导决策的民主化。具体操作分为以下几个方面。

(1) 根据批示与需求传阅

公文传阅应根据上级的批示意见和工作实际需要进行。对于需要上级阅知或批示的公文,应按照一定顺序(如职务高低、职责范围等)及时送达传阅对象手中。这有助于上级全面了解情况,作出科学决策。

常见的公文传阅模式包括:①轮辐式传阅,即以文秘为核心,将公文依次传递至每位阅读者,阅后需归还给管理人员,经文秘检查无误后继续传递;②接力式传阅,即每个阅文者作为传递链中的一环,完成阅读后将公文传递给下一位阅文者;③阅文室传阅,即设立专门的阅文室或阅文时间,供有关人员集中阅读公文;④专人送达传阅,即由秘书人员或指定人员将文件直接送到有关部门或人员手中进行阅读等。除了以上几种常见的传阅方式外,还有一些其他传阅方式,如利用内部刊物公布公文内容、利用计算机网络等现代化技术手段进行电子传阅等。在实际操作中,选择何种传阅方式应根据公文的性质、阅读范围、紧急程度以及单位的具体情况等因素综合考虑。同时,为了确保公文的安全性和传递效率,还需要制定相应的传阅制度和流程,并加强对传阅过程的监督和管理。

(2) 掌握公文去向

在公文传阅过程中,必须随时掌握公文的去向和状态。这要求建立严格的登记制度和跟踪机制,确保公文不丢失、不遗漏、不延误。同时,还应注意保护公文的安全性和保密性,防止信息泄露。

(3) 避免漏传、误传、延误

为确保公文传阅的准确性和及时性,必须采取有效措施避免漏传、误传和延误现象的发生。这要求公文处理人员具备高度的责任心和细致的工作态度,认真核对公文内容和传阅对象名单;同时,还需加强沟通协调和监督检查力度,确保公文传阅工作顺利进行。

(四) 催办与答复

1. 催办

催办是指公文处理机构对公文的承办情况进行督促检查,以确保公文得到及时处理。催办能够督促相关部门和人员加快办理速度,确保公文在规定时间内得到妥善处理,保障公文的时效性;通过催办,可以强化责任意识,促使承办部门认真对待公文内容,积极采取措施解决问题,提高工作执行力和落实效果。催办过程中,往往需要与承办部门进行沟通,了解办理进展和存在的问题,这有助于促进沟通协作,形成工作合力。

催办的具体措施：

（1）建立催办制度。明确催办的范围、方式、时限等要求，制定催办工作流程和责任分工，确保催办工作有章可循、有据可查。

（2）及时跟踪进展。利用公文处理系统或手工记录等方式，及时了解掌握公文的办理进展情况，包括已办结、正在办理、待办等状态，为后续催办提供依据。

（3）分类催办。根据公文的紧急程度和重要程度进行分类催办。对于紧急公文或重要公文，应当采取更加积极有效的催办措施，如适时催办、跟踪催办、重点催办、定期催办、电话催办、现场催办等，确保按时办结。

（4）专人负责。对于紧急公文或重要公文，应当指定专人负责催办工作。催办人员应当具备高度的责任心和沟通能力，能够准确传达催办要求，及时跟进办理情况，并向领导汇报。

（5）建立反馈机制。催办过程中，应当建立反馈机制，要求承办部门定期或不定期地向催办人员反馈办理进展情况和存在的问题。催办人员应当根据反馈情况及时调整催办策略，确保公文得到妥善处理。

2. 答复

答复是指将公文的办理结果及时答复来文单位，并根据需要告知相关单位。答复是公文处理流程的最后一个环节，也是体现公文办理结果的重要环节。

答复操作要点：

（1）及时答复。公文的办理结果应当及时答复来文单位，避免拖延或遗漏。答复内容应当准确、清晰、完整，能够准确反映公文办理的结果和情况。

（2）按需告知。除了答复来文单位外，还需要根据实际需要告知相关单位。这有助于加强单位间的信息共享和沟通协作，促进工作的顺利开展。

（3）注重格式规范。答复应当符合公文格式规范的要求，文号、标题、正文、落款等要素齐全、准确。同时，答复的语言应当简洁明了、通俗易懂，便于收件人理解和执行。

收文办理的七个环节相互衔接、紧密配合，共同构成了公文在机关内部流转直至阅办完毕的全过程。这些环节的规范执行有助于提高工作效率、保障信息传递的准确性以及维护公文管理的规范性和有序性。

任务四 档案管理

> **实训任务 5-4　纸质档案的数字化转换**
>
> 随着信息化时代的到来,某公司需要保存的数据量急剧增长,传统的档案管理方式已难以满足高效、安全、便捷的管理需求。为提升档案管理水平,确保档案信息的完整性、准确性和可追溯性,特要求进行纸质档案的数字化转换,旨在通过数字化、系统化手段优化档案管理。
>
> **任务:** 写出纸质档案的数字化转换任务书,内容包括纸质档案的数字化转换、档案管理系统的电子化。
>
> **要求:**
>
> 1. 任务书需要指出完成现有纸质档案的数字化转换的主要内容,包括扫描、分类、索引建立等工作。确保数字化档案的质量,图像清晰,信息准确无误。
>
> 2. 设计一套电子档案管理系统,实现档案的录入、存储、检索、借阅、归还等全生命周期管理。档案管理系统需具备高稳定性、安全性及可扩展性,支持多用户一起操作。
>
> 3. 达到档案完整性、系统稳定性、操作便捷性等目的。
>
> **评价:** 组员评价、组间评价和老师点评。

一、认识档案

(一)档案的定义与特点

档案是指过去和现在的机关、团体、企业事业单位和其他组织以及个人从事经济、政治、文化、社会、生态文明、军事、外事、科技等方面活动直接形成的对国家和社会具有保存价值的各种文字、图表、声像等不同形式的历史记录。它具有以下特征。

1. 形成主体的广泛性

档案的形成主体广泛,包括但不限于"过去的和现在的机关、团体、企业事业单位和其他组织以及个人"。这意味着,无论是国家机构、社会团体、经济实体还是个人,只要其活动产生了具有保存价值的记录,都有可能形成档案。

2. 活动领域的全面性

这些主体所从事的活动覆盖了经济、政治、文化、社会、生态文明、军事、外事、科技等广泛领域。这显示了档案内容的多样性和全面性,反映了社会生活的各个方面。

3. 形成方式的原始性

"直接形成"强调了档案的原生性和直接性,即这些记录是直接来源于相关活动的,而非间接获取或编纂的。这保证了档案内容的真实性和原始性。

4. 保存目的的价值性

"对国家和社会具有保存价值"是档案的核心价值标准。这一标准决定了哪些记录可以被视为档案并予以保存。它要求档案内容必须具有一定的历史、法律、科学、文化或社会意义。档案的价值体现在两方面:一是凭证价值。档案是历史的真凭实据,具有一定的法律效用,这一点它不同于其他文献。二是参考文献价值。档案具有参考作用。如志书编纂、制度整理、活动展览板的制作均依赖于档案,且档案也是部分关键决策不可或缺的参考依据。

5. 载体形式的多样性

档案的形式包括"各种文字、图表、声像等不同形式"。这体现了档案载体的多样性和记录方式的丰富性。随着科技的发展,档案的形式也在不断扩展,如电子文件、数字影像等新型载体逐渐成为档案的重要组成部分。

6. 档案本质的记录性

档案被定义为一种"历史记录"。这强调了档案的时间性和历史性,即它们是对过去活动的真实记录和反映。通过档案,我们可以了解过去的历史、文化和社会变迁,为未来的决策和发展提供借鉴和参考。

档案和文件之间既有区别又有联系。档案和文件在来源与形态、阶段与价值、保存与处理等方面存在明显的区别,但同时它们之间又存在着紧密的联系。档案是文件的归宿和精华,文件则是档案的前身和基础。这种联系和区别共同构成了档案和文件之间的复杂关系。

(二) 档案的分类

档案的分类是档案管理中至关重要的一环,它有助于确保档案的有序存储、快速检索和高效利用。档案的分类可以根据不同的标准和方法进行,以下是一些常见的档案分类方式。

1. 按内容划分

(1) 文书档案。包括命令、指示、决定、布告、请示、报告、批复、通知、信函、简报、会议记录、计划和总结等。

(2) 科技档案。包括科学研究、生产技术、基本建设等活动中形成的图纸、图表、文字材料、计算材料、照片、影片、录像和录音带等。

(3) 专门档案。包括人事档案、会计档案、诉讼档案、医疗档案、艺术档案、教学档案等,这些档案具有特定的专业内容和形成规律。

2. 按载体划分

(1) 纸质档案。传统的书写在纸张上的档案。

(2) 电子档案。存储在计算机或其他数字设备中的档案，包括文本、图像、音频、视频等多种形式。

(3) 实物档案。具有保存价值的实体物品，如奖章、奖杯、纪念品等。

3. 按时间划分

(1) 现行档案。正在使用中的档案。

(2) 历史档案。过去形成的、经过一定时期保存的档案。

4. 按密级划分

(1) 绝密档案。涉及国家核心机密，需要严格保密的档案。

(2) 机密档案。涉及重要机密，需要限制知悉范围的档案。

(3) 秘密档案。含有不宜公开的内容，但尚不构成机密的档案。

(4) 内部档案。仅供内部人员使用的档案。

(5) 公开档案。可以向公众开放的档案。

5. 按来源划分

(1) 内部档案。组织内部产生的档案。

(2) 外部档案。从外部机构或个人那里获取的档案。

6. 按职能划分

根据档案形成的机构或部门的职能进行分类，可分为行政档案、业务档案、财务档案等。

7. 按制成材料划分

甲骨、竹简、绵帛、纸质、胶片、磁带、光盘、实物档案等。

在实际应用中，档案的分类往往需要根据具体情况综合运用多种分类方法，以确保档案分类的准确性和有效性。同时，随着信息化技术的发展，电子档案的分类和管理也变得越来越重要。

8. 机关档案的类型

(1) 文书、科技（含科研、基建、设备）、人事、会计档案。

(2) 行业专业档案。

(3) 音像档案。照片、录音、录像等。

(4) 数字档案。业务数据、公务邮件、网页、社交媒体记录等。

(5) 实物档案。印章、题词、奖牌等。

(6) 其他类别。

其中，前三项档案分传统载体档案与电子档案两种形式，二者法律效力等同。

(三) 档案管理

档案管理亦称档案工作，广义上，指管理档案和档案事业的活动，也是档案馆（室）及工作人员直接对档案实体和档案信息进行管理并提供利用服务的各项业务工作的总称，包括档案室工作、档案馆工作、档案行政管理工作、档案教育工作、档案科研工作、档案宣传出版工作、档案外事活动等。狭义上，专指档案业务工作（档案室和档案馆用科学的原则和方法管理档案,为各项事业服务),即管理档案。

1. 档案管理的内容

档案管理的内容广泛,涵盖了与档案有关的多个环节和方面,主要包括收集、整理、鉴定、保管、利用等方面。

(1)档案收集。按照一定原则和要求,将分散在机关、部门和个人手中的档案集中起来,实行统一管理。

(2)档案整理。对收集来的档案进行分类、组合、排列、编号、编目,使之系统化、条理化,便于保管和利用。

(3)档案鉴定。对档案的价值进行甄别和判断,确定档案的保存期限和密级,以便更好地管理和利用。

(4)档案保管。采取有效措施,确保档案的安全和完整,防止档案的损坏和丢失。

(5)档案利用。通过各种方式,如提供阅览、复制、咨询等,满足用户对档案信息的需求。

2. 档案管理的特点

(1)专业性。档案管理是对档案实体和档案信息进行有序管理的过程,需要遵循专门的业务标准和工作规范,确保档案的安全、完整和有序。档案管理需要有专业的知识和技能来支撑。

(2)保密性。部分档案内容在一定期限内要保密,需平衡其保密要求与服务需求,确保档案的安全保密性。

(3)服务性。档案管理工作的出发点和落脚点都是为用户提供服务,满足用户对档案信息的需求,促进社会的发展和进步。

(4)系统性。档案的内容往往涉及国家的政治、经济、文化等方面。档案管理是一个复杂的系统工程,需要各个环节相互配合、相互协调,才能确保档案管理的质量和效率。

综上所述,档案管理是一项重要的工作,对于维护国家的历史记忆、传承文化、促进社会发展等方面都具有重要意义。

3. 档案管理的要求

档案管理应当维护档案的真实性、保护档案的完整性、保障档案的可用性和防护档案的安全性,便于检索、利用和开发。

(1)真实性维护。档案是历史活动的真实记录,必须进行原始性保护,保持其原始形态和内容不变,避免任何形式的篡改或伪造。工作中,可采用数字签名、时间戳等技术手段,对电子档案进行真实性验证,确保其在传输、存储过程中未被篡改。

(2)完整性保持。这指的是要确保档案内容的全面性和系统性,不缺页、不缺项,反映活动的全过程。确保档案结构完整,文件构成要素等各个层面齐全,确保电子档案的元数据、背景信息、相关文件的完整性,确保档案的上下文环境得以保留。对纸质档案进行物理保护时,采取防虫、防潮、防火等措施,确保物理载体的完整无损。

(3)可用性保障。文件能够被定位查找、检索、呈现或理解,所以,要按照规范进行组件或立卷,保持文件之间的联系,进行必要的著录,编制检索工具,并规范文档格式等。确保电子档案格式与当前及未来主流软硬件环境兼容,便于随时访问。对电子档案进行定期迁

移和多重备份,以防技术过时或硬件故障导致的数据丢失。建立合理的访问权限管理机制,确保授权用户能够方便地访问所需档案,同时保护敏感信息不被非法获取。

(4)安全性防护。加强档案库房的安全设施建设,如安装监控摄像头、门禁系统,防止非法入侵,确保档案的物理安全。采用加密技术保护电子档案在传输过程中的安全,采取设置防火墙、安装入侵检测系统等措施抵御网络攻击,确保档案的信息安全。制定详细的灾难恢复预案,包括数据备份恢复流程、应急响应机制等,以应对突发事件。

(5)便于检索、利用和开发。建立科学的分类体系和索引机制,使档案易于检索和查找。推进档案数字化进程,提高档案检索和利用的效率。利用数据挖掘、文本分析等技术手段,深入挖掘档案中的知识价值,为组织决策、学术研究等提供支持。开展档案编研、展览、在线查阅等多元化服务形式,满足用户多样化的需求,提升档案的社会效益和经济效益。

综上所述,档案管理是一项系统性工程,需要综合运用多种手段和技术,确保档案的真实性、完整性、可用性和安全性,同时不断提升档案资源的利用价值和服务水平。

二、档案管理流程

档案管理应确保:收集全面完整,整理规范有条理,保管安全可靠,鉴定精准迅速,利用便捷高效,开发实用有效。本节根据2021年1月1日起施行的《中华人民共和国档案法》、2019年1月1日起施行的《机关档案管理规定》、2006年9月19日起施行的《机关文件材料归档范围和文书档案保管期限规定》、2021年6月1日实施的国家标准《党政机关电子公文归档规范》(GB/T 39362—2020)以及2013年2月1日起施行的《企业文件材料归档范围和档案保管期限规定》,说明档案工作具体流程。

(一)形成与收集

档案收集就是通过接收、征集、寄存等方式,把分散在机关、个人手中以及散失在其他地方的档案集中到档案馆(室)。档案收集工作是档案管理工作的第一个环节,是整个档案工作的起点。

1. 档案收集的方法

档案收集的方法有接收、接受捐献、购买、代存等。

(1)接收。根据规定的程序,由档案管理部门负责接收并收集分散在不同机关、部门和个人手中的档案。这种方式通常需要相关部门的配合和监督,以确保档案的准确性和完整性。

操作:各机关单位中形成档案材料的各部门,应在文件材料办理完毕或于当年年底前交各机关档案室统一管理;各机关档案室要根据自身库容情况,定期向档案馆移交,但最长不能超过十年。

(2)接受捐献。鼓励社会各界人士捐赠或寄存他们认为有保留价值的档案,增加档案收集的来源。这种方式能够丰富档案馆的馆藏资源,提高档案的利用率。国家鼓励单位和个人将属于其所有的对国家和社会具有重要保存价值的档案捐献给国家档案馆。国家档案馆应当维护捐献者的合法权益。

操作：当档案分散且数量较多时，可以通过征集的方式进行收集，包括确定征集对象、发布征集公告、提交相关材料等步骤。通过广泛的宣传和动员，吸引社会各界人士捐赠或寄存他们认为有保留价值的档案。

（3）购买。在某些情况下，如果档案馆的资金允许，可以通过支付一定的费用来购买那些市场上难以获得的档案材料。这种方式能够弥补馆藏的不足，满足特定领域的研究需求。

（4）代存。将档案暂时放置在一个安全的地方，以便后续的处理和管理。寄存可以是临时性的，也可以是长期性的，取决于档案的性质和需求。这种方法适用于那些暂时无法确定归属或需要进一步鉴定的档案材料。

除了上述方法外，档案收集还可以采用以下一些具体的方法。

办理完毕随时收：对于已经办理完毕的文件材料，应及时进行收集。

会议文件及时收：会议结束后，应及时收集会议文件和相关资料。

常用文件定时收：对于常用的文件材料，可以设定固定的时间进行收集。

人员变动提前收：在人员变动前，应提前收集其手中的档案材料。

珍贵文件跟踪收：对于珍贵的文件材料，应进行跟踪收集，确保其不遗失或损坏。

总之，档案收集是一项复杂而细致的工作，需要采用多种方法和手段，确保档案的全面、准确、及时收集。同时，还需要建立完善的档案管理制度和流程，加强档案人员的培训和管理，提高档案工作的质量和效率。

2. 档案收集范畴

档案收集需明确范围，确保文件资料得以归档。归档，即各机构（机关、企业事业单位）在日常工作中产生的文件经处理并由相关部门整理后，定期移交至档案室的过程。这是文书工作的结束，亦是档案工作的开端。依据国家规定，应归档材料须定期移交本单位档案部门集中管理，个人不得私自占有。严禁擅自处理非法归档材料。

归档材料主要包括：

（1）反映机关、团体组织沿革和主要职能活动的；

（2）反映国有企业事业单位主要研发、建设、生产、经营和服务活动，以及维护国有企业事业单位权益和职工权益的；

（3）反映基层群众性自治组织城乡社区治理、服务活动的；

（4）反映历史上各时期国家治理活动、经济科技发展、社会历史面貌、文化习俗、生态环境的；

（5）法律、行政法规规定应当归档的。

非国有企业、社会服务机构等单位依照前款第二项所列范围保存本单位相关材料。

所有应归档材料须依规移交，集中管理。禁止私自占有或非法归档。各机构须定期向档案馆移交档案，档案馆不得拒收。

3. 机关文件收集范畴

（1）日常公务活动中形成的文件；

（2）临时机构处理专项工作、突发事件、重要活动的文件；

(3) 重大建设项目、科研课题形成的文件;
(4) 所属机构撤销后的文件;
(5) 向社会和个人征集的与机关相关的文件。

(二) 整理与归档

整理,即将无序档案按原则分类、组合、编号及编目,使之有序。整理的原则包括:遵循文件形成规律,保持联系;区分价值,便于保管利用;符合一体化管理,便于计算机辅助管理;纸质与电子文件协调统一。

1. 分类

根据档案内容和形式合理分类,保持全宗内分类方案一致,具体可采用年度、机构(问题)、保管期限等复式分类,或年度-保管期限两级分类。不同门类档案以卷或件为单位整理,执行相应要求。

2. 编目

遵循《档案著录规则》(DA/T 18—2022),详细著录信息。编制档号,指代单一,体现来源、门类、分类体系和排列顺序。档号结构符合相关规则,不同载体档号协调。设置一级门类代码,如文书(WS)、科技(KJ)等,科技档案设二级门类代码。编目形成编号,由全宗号-门类代码·年度-保管期限-机构(问题)代码-件号组成。

3. 归档

对照《机关文件材料归档范围和文书档案保管期限规定》,剔除不需归档的材料。归档时间分定期和随时,重要文件随时归档。归档范围包括反映机关职能、历史面貌、工作价值等的文件。不归档范围包括普发性文件、重份文件、无查考价值文件等。

公司档案收集范围一般是与企业各方面活动有关的文件。凡是本单位工作活动中形成的、办理完毕的、具有保存价值的文件材料均属归档范围;凡是反映本机关主要工作职能和历史发展面貌的文件材料均有保存价值,应该归档。

(1) 收集与公司活动相关、办理完毕、具保存价值的文件。
(2) 归档范围包括研发、生产、服务、经营等文件,维护权益的文件,上级文件,法律法规文件等。
(3) 不归档范围包括普发性不需办理文件、重份文件、无查考价值文件等。

4. 移交

整理完毕后,次年6月底前向档案部门归档,或随办随归。交接双方清点核对,履行手续。随办随归需登记,记录元数据。禁止个人据为己有或拒绝归档。

(三) 保管与保护

档案的保管旨在确保其完好无损、信息准确且系统有序。这要求根据档案的具体内容和状况,实施恰当的安全防护措施,有效应对并限制可能导致档案受损的各种不利因素,从而维护档案的完整性、精确度和安全性。档案保管保护工作的内容有以下几个方面。

1. 条件性的保管工作

库房的规划建设与使用、档案装具的挑选及设备的购置与维护等。

2. 预防性的保管工作

围绕档案的防火、防盗、防紫外线、防有害生物、防水、防潮、防尘、防高温、防污染等防护工作以及库房温度、湿度[应当符合《档案馆建筑设计规范》(JGJ 25—2010)的相关规定]而采取的防护措施,并进行各种定期不定期检查等。

3. 日常性的保管工作

温度、湿度的观察监测和控制,库房清洁、库房的安全保卫和档案的入柜上架整理等。

4. 流动过程中的保护

造成档案流动的根本原因就是对档案的使用。要保持温度在14～24℃,相对湿度在45%～65%。

5. 抢救性的保管工作

对破损或载体变质的档案进行的修补、复制等。

机关、团体、企业事业单位和其他组织的档案保管参照下列管理措施:

(1)建立健全科学的管理制度和查阅利用规范,制定有针对性的安全风险管控措施和应急预案;

(2)设立符合国家安全标准的专用档案库房,内配防火、防盗、防水、遮光、防尘、防有害气体及生物侵害等设施,以及温度、湿度调控系统;

(3)针对档案的不同保护级别,实施有针对性的保护与管理措施;

(4)结合实际需求与条件,配置推动档案现代化管理的必要设备;

(5)编制档案目录等,便于档案查找和利用。

(四) 鉴定与销毁

档案鉴定是档案管理中最重要也是难度最大的工作,指对档案进行甄别并判断其价值,挑出有价值的档案交给档案部门保管,剔除无价值的档案予以销毁,包括对文件材料能否转化为档案的价值鉴定、对档案保管期限的鉴定、对档案的期满鉴定、对档案的移交鉴定等。档案鉴定遵循全面性、历史性、发展性的原则。

1. 鉴定流程

(1)专业鉴定。由具备专业资质的团队或个人执行,团队由办公厅(室)领导、档案部门及相关业务部门人员构成,必要时邀请外部专家参与。

(2)依据充分。鉴定基于确凿证据与分析,结束后形成报告。对需续存的档案重设保管期并标注,无价值档案则按规定销毁。

(3)结果权威。确保鉴定结果客观、公正,具有公信力。

2. 档案销毁程序

(1)编制清册。档案部门编制销毁清单,含档号、文号、责任人、标题、形成时间、原定保管期、已存时间及销毁日期等,按协调机制报审。

(2)多级审批。经机关档案分管领导、办公厅(室)负责人、档案及业务部门负责人、经办人等多方签署意见。

（3）监销记录。档案部门组织销毁，业务部门派人员共同监销。监销前清点核对，销毁后签字盖章，销毁清册永久留存。

销毁方法：纸质档案的销毁方法通常有燃烧处理、机械破坏、熔浆再生等。电子档案和档案数字复制件的销毁则分为信息清除和介质销毁两个层面，信息清除方法包括删除操作、格式化、数据覆写等，介质销毁则包括物理销毁法和化学腐蚀法等。

销毁要求：销毁工作应在耆定场所进行，并符合相关安全规定。销毁过程应彻底，确保被销毁的档案或信息无法恢复或再利用。销毁后应留存相关记录，以备查证。对于需销毁的电子档案及其数字副本，除在指定地点销毁离线存储介质外，还须确保它们从系统中被完全移除。销毁过程中，须保留相关元数据，并在管理元数据及审计日志中自动记录销毁操作。涉密档案的销毁须遵循《国家秘密载体销毁管理规定》。

（五）利用与开发

档案的利用是档案工作的目的，也是档案工作的出发点。档案的利用是指通过一定的方式和方法尽可能地开发档案信息，直接向有关单位和个人提供档案及其信息加工材料、信息服务，及时、准确地满足个人、单位、社会对档案信息的利用需求。

1. 档案利用方式

（1）档案阅览服务。在阅览室向利用者提供档案信息，既有利于档案的保护和保密，又能提高档案的周转率和利用率。

（2）档案外借服务。将档案借出使用，须履行审批手续，并做好借出和归还的检查与登记工作。

（3）制发档案复制本。根据利用者的合理需要，以档案原件为依据制发档案副本或摘录本，具有速度快、效率高、有利于档案原件保护等优点。

（4）出具档案证明。根据利用者的询问和申请，结合档案中的记载情况出具书面证明材料。

（5）提供咨询服务。以档案为依据，通过解答问题，向利用者提供档案专业知识、档案检索途径的服务。

（6）印发档案目录。将相关的档案目录主动印发给有关领导、业务部门，以提高档案利用率。随着信息化的发展，档案数字复制件或电子文件成为档案利用的主要对象，网络成为档案利用的主要媒介，浏览、下载、打印成为档案利用的主要方式。

2. 档案利用程序

机关档案的利用程序一般包括提出利用需求、履行审批手续、进行利用登记、进行档案利用、利用效果反馈等步骤。在这些程序中，履行审批手续、进行利用登记和利用效果反馈分别形成档案利用审批表、档案利用登记簿、档案利用效果登记簿，以备日后查考和帮助改善档案利用工作。

3. 开展档案利用工作的要求

（1）制度完善。依据档案密级、内容及利用方式，设定不同权限、范围及审批流程。

(2) 单位档案对外提供须获负责人批准。
(3) 档案利用须办理查阅手续,记录查阅信息、反馈利用效果。
(4) 工作人员须对利用活动实施跟踪监督。

4. 档案开发

档案资源开发是指通过编研、展览、拍摄专题片、数据分析和文本挖掘等多种方式,充分挖掘档案的价值,使档案更好地服务于社会和经济建设。编制全宗指南、组织沿革记录、大事记、基础数字汇编、专题文件汇集等,都有助于提供系统的、有价值的档案材料。

档案信息化发展:信息技术进步促使档案向数字化、网络化转型,实现快速检索、远程访问与共享,提升工作效率与服务品质。运用数据分析、文本挖掘技术,深化档案开发利用。

档案服务革新:包括创新服务模式、强化功能、提升服务质量。通过公布开放档案目录、优化利用规则、简化手续等,为档案利用创造便利条件。

三、档案信息化

(一) 档案信息化的主要内容

1. 定义与内涵

档案信息化指档案机构借助现代信息技术,强化档案信息的收集、整理、开发与利用。其本质在于推动档案信息网络化利用、数字化存储及标准化管理。

2. 主要内容

(1) 数字化。将传统档案(纸质、照片、音视频等)及其目录信息转化为数字形式,进行科学管理与利用。在此基础上,利用扫描、OCR 识别(光学字符识别)、数字签名等技术,确保档案信息的数字存储与管理。

(2) 网络化。利用计算机网络技术,促进档案信息的快速传递与广泛共享,提升档案资源的开放度与利用价值。通过建设数字档案室、档案网站等平台,提供远程访问、在线查询、在线利用等服务,实现档案信息的网络化利用。

(3) 标准化。制定和实施档案信息化相关的标准和规范,确保档案信息的真实性、完整性、可用性和安全性,包括元数据标准、数据交换标准、安全保密标准等,以确保档案信息化工作的规范化和统一化。

3. 电子档案应当符合的条件

(1) 来源可靠、程序规范、要素合规。电子档案的形成者、形成活动、形成时间应可确认,确保档案的真实性和可追溯性。电子档案的形成、办理、整理、归档、保管、移交等系统应安全可靠,遵循规定的程序和标准。电子档案的内容、结构、背景信息和管理过程信息等构成要素应符合规范要求,确保档案的完整性和合规性。

(2) 技术和管理措施保障。采用先进的技术手段保证电子档案的安全性、完整性和可用性,如加密技术、防篡改技术等。制定并执行严格的管理制度,对电子档案的生成、存储、利用、销毁等全生命周期进行有效管理。

（3）符合信息安全和保密要求。电子档案应遵守国家关于网络安全、信息系统和数据安全保密的有关规定，确保档案信息的保密性、完整性和可用性。对重要电子档案进行定期备份，以防止数据丢失或损坏。

（4）具备真实性、完整性、可用性和安全性。电子档案应确保其内容在生成、传输、存储和利用过程中未被篡改或伪造。电子档案应包含所有必要的信息和元数据，确保档案的完整性和准确性。电子档案应易于检索、利用和共享，满足用户的使用需求。同时，应通过技术手段和管理措施确保电子档案在存储、传输和利用过程中的安全性。

（二）档案信息化的技术手段

1. 计算机辅助档案管理

强调计算机技术的应用（包括档案管理软件、数据库系统等工具的应用）和人机交互的信息处理，以提高档案管理的效率和准确性，实现档案信息的自动化管理和检索。

2. 档案管理自动化

除了计算机技术外，还包括缩微、复印、传真、摄影等技术的应用，以辅助档案管理工作。这些技术可以加快档案信息的处理速度，提高档案管理的效率和质量。

3. 文档一体化管理

注重从文书与档案管理的整体视角出发，运用计算机技术实现文件从生成、分发至归档管理的全面流程掌控。通过文档一体化管理系统，可实现文件与档案的无缝衔接和一体化管理。

（三）档案信息化建设的整体框架

档案信息化建设的整体框架是一个综合性的系统，旨在通过现代信息技术手段，实现档案资源的数字化、网络化、智能化管理。

1. 建设目标

档案信息化建设的总体目标是实现档案管理工作的规范化、信息化、标准化，提高档案管理效率和质量，为档案的长期保存和传承提供有力保障。

2. 主要内容

（1）档案分类与整理。包括归档顺序、文件夹系统、条目分类等，确保档案的有序组织和易于检索。

（2）档案数字化。利用扫描、OCR识别等技术手段，将传统载体档案（如纸质档案、照片、录音录像等）转化为数字信息，实现档案信息的数字化存储和管理。

（3）档案管理系统建设。开发或采用档案管理系统，实现档案信息的录入、存储、检索、借阅、统计等功能的自动化和智能化。

（4）网络化建设。建设数字档案室、档案网站等平台，实现档案信息资源的网络传递和共享，提供远程访问、在线查询、在线利用等服务。

（5）标准规范体系。制定和实施档案信息化相关的标准和规范，包括元数据标准、数据交换标准、安全保密标准等，确保档案信息化工作的规范化和统一化。

（6）安全保障体系。建立健全档案信息安全保障体系，包括数据加密、访问控制、备份恢复等措施，确保档案信息的真实性、完整性、可用性和安全性。关键技术涉及数字化技术：扫描、OCR 识别等技术，用于档案信息的数字化处理；网络技术，如网络传输、云计算等，用于档案信息的网络传递和共享；数据库技术，用于档案信息的存储和管理；安全技术，如数据加密、访问控制等，用于保障档案信息的安全性。

综上所述，档案信息化建设的整体框架是一个综合性的系统工程，需要多方面的支持和配合。通过科学规划和有效实施，可以实现档案管理工作的现代化和智能化，提高档案管理效率和质量。

（四）档案信息化建设的内容

1. 整体规划协同

将档案信息化融入单位电子政务、电子商务及整体信息化规划，确保同步推进。与单位及档案馆信息化建设紧密配合，实现系统互通、资源共享。

2. 数字档案室建设

依据《数字档案室建设指南》，推进数字档案室建设，涵盖传统档案数字化、电子文件归档与电子档案管理。

3. 档案数字化实施

建立常态机制，有序开展档案数字化，确保真实性，完整收集元数据，数字副本保持原貌并统一管理。遵循《纸质档案数字化规范》(DA/T 31—2017)等标准，实施纸质及录音录像档案数字化，推进全文识别，便于检索利用。

4. 目录数据库构建

建设符合《档案著录规则》(DA/T 18—2022)的室藏传统档案目录数据库，实现与数字化元数据、电子档案管理系统元数据库的融合管理。

5. 电子文件与档案管理

依据《电子文件归档与电子档案管理规范》(GB/T 18894—2016)，建立管理制度，确保网络、硬件、软件、安全系统等满足需求，并适当冗余、易于扩展。在电子政务云或私有云上建设系统时，确保资源与安全防范达标，不使用公有云存储管理电子文件、档案。此外，嵌入办公自动化等业务系统，实现自动或半自动归档。

6. 系统安全与功能

电子档案管理系统功能完善，满足真实性、可靠性等管理要求，等级保护不低于二级，与档案最高密级相匹配。使用电子政务云服务时，明确安全管理责任。

7. 存储备份策略

配置在线存储系统，实施容错方案，定期维护。制定备份策略，采用离线存储介质备份，条件允许时进行近线及容灾备份。制定转换与迁移方案，并记录于管理过程元数据。

8. 安全保密管理

全面考虑传统档案数字化、电子文件归档与档案管理的安全保密，涉密档案处理应严格遵守保密规定。

项目六　会务工作

 学习目标

项目名称	任务分解	知识目标	能力目标	素质目标
会务工作	任务一　会议识别与筹备	1. 掌握会议的组成要素； 2. 熟悉会议种类和特点； 3. 了解会务工作的主要内容和基本流程； 4. 熟悉会议筹备方案写作要素	1. 能够策划一场会议； 2. 能够拟定不同会议筹备方案； 3. 能够制作会议议程表、日程表、会务工作表、预算表	1. 树立敬业服务意识； 2. 培养团队协作精神； 3. 培养口头笔头表达能力； 4. 培养人际沟通能力； 5. 培养会议财务规则意识
	任务二　会前组织与管理	1. 了解会议资料的分类及基本制作要求； 2. 掌握会议通知基本格式； 3. 了解会场布置形式的类型与功能	1. 能够制作会议文件； 2. 能够熟练选择会议地点； 3. 能够布置一般会场； 4. 能够按要求发送会议通知； 5. 能够恰当安排商务会议座次	
	任务三　会间服务与协调	1. 了解会议报到与引导的注意事项； 2. 掌握会议控制技巧； 3. 掌握会间后勤保障工作的主要内容； 4. 了解会议记录格式和内容	1. 能够有序组织报到和签到； 2. 能够做好会议记录； 3. 能够做好会议时间控制； 4. 能够运用沟通技巧处理会间突发事件	
	任务四　会议善后与跟进	1. 了解会议善后工作的内容和流程； 2. 掌握会议纪要的特点	1. 能够在会后引导人车安全离场； 2. 能够撰写会议纪要； 3. 能够写出会议总结报告	

任务一 会议识别与筹备

 任务导入

> **实训任务 6-1　拟制筹备方案**
>
> 　　某公司为了总结过去一年的工作成果,规划下一年的发展方向,决定召开一次年度工作总结与计划会议。该会议旨在让各部门负责人汇报工作进展,分享成功经验,分析存在的问题,并共同制定下一年的工作计划和目标。这次会议的会务工作由你负责,请拟出该会议的筹备方案。
>
> **任务**:拟出该会议的筹备方案。
> **要求**:
> 1. 列出年度工作总结与计划会议会务工作的主要内容及流程。
> 2. 会议筹备方案的内容齐备,会议要素全面,会议议程能够达到预期效果。
> 3. 具有可行性和操作性。
>
> **评价**:组员评价、组间评价和老师点评。

一、认识会议

(一)会议的定义与功能

"会议"一词,其中"会"意为聚会,"议"则指讨论。它代表着一个有组织、目的明确的活动,人们被召集起来商议事务、交流信息、表达意见。作为社会生活中处理问题的常规方式,会议至关重要。孙中山先生有言:"凡研究事理而为之解决,一人谓之独思,二人谓之对话,三人以上而循有一定规则者,则谓之会议。"

作为一种广泛存在的社会现象,会议几乎在有组织的地方都能见到。它不仅是人们集结交流的平台,更是实现多种功能的重要载体。会议的功能多样且全面,主要包括决策、控制、协调以及思想传播等方面。

1. 决策功能

会议是集体决策不可或缺的一环,是解决问题和制定决策的重要"场所"。在会议中,参会者能够充分发表意见、提出问题、汇报工作,并通过讨论和协商,达成共识,最终制定出决策或解决方案。这一过程确保了决策的民主性和科学性。同时,会议还包含了议论、决定、行动三个关键要素,要求会议必须做到有议题、有讨论、有决策、有执行,以确保会议的

有效性和实用性。

2. 控制功能

会议在布置任务和实施管理方面同样具有重要意义。通过会议，管理者可以统一思想、明确目标，确保工作的顺利进行。同时，会议还可以对公司的工作进行监督和评估，检查工作的进度和效果，评估员工的表现和业绩，从而及时调整工作策略和方向，确保公司目标的实现。

3. 协调功能

会议在协调关系、统一思想方面发挥着独特的作用。作为交流思想和信息的重要场所，会议能够有效地聚合分散的意志和智慧，形成共同见解和行动准则，提高公司内部的协同性和工作效率。参会者之间通过相互了解、沟通，可以增强理解和信任，从而协调关系，减少冲突，为公司的和谐稳定奠定基础。

4. 思想传播功能

会议还是促进文化思想传播和经济发展的重要平台。在会议中，参会者可以不断激发出良好的创意和灵感，这对于公司的创新和发展而言具有重要的意义。同时，会议还是一个多向即时传递信息的场所，参会者可以通过会议及时了解组织的发展动态、政策变化、市场动态等信息。此外，会议还可以传递和弘扬公司的文化和价值观，增强公司的凝聚力和向心力。从更广泛的角度来看，会议对所在城市或国家也具有一定的经济拉动作用，能够提升会议目的地的知名度，促进城市建设和发展。

（二）会议的要素

会议的基本要素即会议的组成因素。会议的要素可以分为多个方面，这些要素共同构成了会议的基本框架和核心内容。会议按照不同标准划分，有不同的要素。一般有四个方面的会议要素。

（1）形式要素：主题、组织者、主持人、参会人、时间、地点、议程。

（2）内容要素：指导思想、议题、目的、任务、作用。

（3）程序要素：会议准备、会议开始、会议进行、会议结束、会议决定的贯彻落实。

（4）财务要素：会议经费、会议设备、会议服务设施。

常见的会议要素一般指形式要素和内容要素，包括组织者、与会人员、主持人、议题、名称、时间、地点、议程等。

1. 目的与议题

会议的核心在于其目的与议题，它们指引着会议的方向和讨论焦点。目的需明确具体，议题则围绕目的展开，确保会议目标可达。议题须具备必要性、重要性、明确性及可行性，便于达成共识或通过表决。会议议题应集中单一，避免分散与会人员的注意力，影响问题的解决。重大会议中，代表提案经汇总审议后，方可成为正式议题。

2. 会议名称

正式会议需有恰当名称，概括并体现会议内容、性质、参会者、主办单位、时间、届次、地点、规模等。名称需规范准确，既便于会前通知准备，也利于会后宣传扩大影响，更能在会议中增强凝聚力。大中型会议名称常制成横幅，置于主席台附近，作为会议标志。名称应使用全称，避免误解。

3. 参会者

参会者包括主持人、发言人及参会者，根据会议目的和议题选定，确保讨论质量。正式成员含主持人、文员，不含服务人员。主持人作为会议引导者和组织者，负责会议组织、介绍、进程控制、氛围营造及总结等，对会议成效至关重要。主持人通常由有经验、有能力或地位威望高的人担任，分为常驻主持人和临时选举或协商产生的主持人，重大会议则可能设立主席团集体或轮流主持。

4. 会议时间和地点

会议的时间和地点也是会议要素之一，它们的选择应该考虑到参会者的实际情况和需要，确保他们能够方便地参加会议。同时，会议的时间和地点也应该有利于会议的顺利进行和达成预期的目标。

会议时间的三层含义：

（1）召开时机。选择召开会议的最佳时间需综合考量。首要考虑的是实际需求，如工作例会常设于周末下午，承上启下；年度职工代表会议则在年初举行，便于总结过去，规划未来。同时，会议应适应行业季节性，如农业、教育等领域的会议，应根据生产规律、学校安排选择。其次，确保参会者都能出席，如日本部分企业选择下班前半小时召开汇报会。最后，还需考虑气候、环境等自然及社会因素。

（2）会议时长。会议时长可灵活调整，但需尽量精简。短则几分钟至几十分钟，长则数日乃至十数日。组织者应准确预估会议时长，并在通知中明确告知，以便参会者合理安排时间。

（3）时间限制。单次会议最好不超过一小时，如需延长，应安排中途休息。

会议地点即会址，涉及会议召开的地区及具体场所。为达到预期效果，选择会址需考虑多方面因素。国际性、全国性会议需考量政治、经济、文化等宏观因素；专业性会议则宜选择具有专业特色的地区，便于现场考察。小型、常规会议可安排在公司会议室。此外，还需考虑会场设施、交通、安保、气候环境等条件。

5. 会议程序和规则

会议程序和规则是确保会议顺利进行的重要保障，它们规定了会议的议程安排、发言顺序、表决方式等。会议程序和规则应该提前制定并告知参会者，以确保会议的有序进行。会议议程即会议的程序表。会议议程所涵盖的内容除了足以实现会议目的的各种议案之外，还包括会议时间、会议地点、会议内容以及参会者姓名等内容。会议一定要有完善合理的议程安排，并且严格按照议程来进行，这样才能避免"会而不议、议而不决"的陋习。应遵循以下两个原则：按照议案的轻重缓急编排处理的先后次序；预估和标示处理每个议案所需要的时间。

6. 会议材料

会议材料是会议的重要组成部分，包括会前审批材料、会议进行中的材料、会议议程、会议记录、相关报告，以及服务参会者的文字书面材料等。会议材料应该提前准备并分发

给参会者,以便他们了解会议的背景和讨论的内容。

7. 会议经费预算

会议经费预算是会议主办者就计划召开的会议活动的支出(和收入)情况所做出的计划。在会议活动当中,会议经费预算是会议主办者获得所需的经费和会议财务管理工作的一个重要程序。会议经费预算应根据会议的规模、方式、会期和特定的标准列出有关专项费用和总费用的数额(如会议活动带有盈利的性质,还应按照有关的规定,列出预计的各项收入和总收入的情况)。在做会议经费预算时,对会议所需支出的各项费用,通常按以下几个专项开列与计算:文件印刷费、交通费、公杂费、住宿费、伙食补助费、医疗费、专项活动费和无收入者与会费用等。会议经费预算做出后,应上报上级和财务主管部门。编制会议经费预算是会议组织(筹备)当中的一项重要工作,在这项工作中应特别注意以下两点:第一,要严格遵守财务制度,不能以任何借口或名义,将一些超出会议活动范围的、违反财务制度的费用(或收入)列入会议预算之中;第二,如实列报,即使是属于会议的合理支出(或收费)项目,也应从严掌握,精打细算。

大型会议经费内容概览如下:

(1) 文件资料费。包括制作、印刷文件、文件袋、证件及票卡的费用。

(2) 通信联络费。包括发电报、传真、电传、电话费用,以及远程会议设备使用费。

(3) 设备用品费。会议设备的购置与租赁费用。

(4) 场所租用费。会议室、会场及其他活动场地的租金。

(5) 办公布置费。办公用品购置及会场布置所需费用。

(6) 宣传交际费。现场录像及与协作方交际的开支。

(7) 住宿补贴费。部分自理,部分或全部由主办单位补贴,须在会前明确。

(8) 伙食补贴费。通常由主办单位部分补贴。

8. 会议决议和行动计划

会议决议和行动计划是会议的重要成果,它们总结了会议的主要观点和决策,并明确了下一步的行动计划和责任人。会议决议和行动计划应该得到参会者的认可和支持,并及时跟进和落实。

综上所述,会议的要素包括会议目的和议题、会议名称、参会者、会议时间和地点、会议程序和规则、会议材料、会议经费预算以及会议决议和行动计划等。这些要素共同构成了会议的基本框架和核心内容,确保了会议的顺利进行和达成预期的目标。

(三) 会议的种类

会议的种类繁多,根据不同的分类标准,可以划分为多种类型。常见的会议种类及其特点如下。

1. 按会议性质划分

(1) 法定性或制度规定性会议。如中国共产党全国代表大会、全国人民代表大会、职工代表大会等,这类会议通常按照法定程序召开,具有固定的周期和议程。

(2) 决策性会议。如常务委员会、党组会、理事会等,这类会议通常用于决策或审议重要事项。

(3) 工作性会议。如动员大会、工作布置会、经验交流会等,这类会议通常用于常规事务中的布置工作、交流经验或总结工作。

(4) 学术性会议。如研讨会、论坛、听证会等,这类会议通常涉及某一专业领域或特定话题的深入探讨。

(5) 告知性会议。如表彰会、纪念会、庆祝会等,这类会议通常用于表彰先进、纪念特定事件或庆祝重要节日。

(6) 商务性会议。如招商会、订货会、贸易洽谈会等,这类会议通常用于商务领域的交流、洽谈和合作。

(7) 联谊性会议。如茶话会、团拜会、恳谈会等,这类会议通常用于增进友谊、加强合作和沟通。

2. 按召开方式或会议手段划分

(1) 线下会议。参会者坐在同一个会场中,按照既定程序开会的会议。

(2) 电话会议。通过电话线路将声音信号传送到其他会议,让多个会场的人同时听会的会议。

(3) 电视会议。通过电视台或有线电视信号将会场的声音和画面传到不同的会场中,让异地会场的人有身临其境感觉的会议。

(4) 线上会议。也称为网络会议,指利用网络技术进行会议信号的传递,会议各方均可以通过网络进行发言、参与讨论的会议。

3. 按会议的职级划分

(1) 股东大会。由公司的出资者(股东)来决定企业决策的最高机构。

(2) 董事会。由全体董事构成的机构,这些董事由股东全体任命以管理公司。该机构定期或不定期召开会议,旨在确定公司的经营策略并执行基本业务。

(3) 常务董事会。在董事会休会期间处理公司事务的常务决策机构。

(4) 中层管理人员会议。处长、科长、部门经理等人员召开的会议。

(5) 员工大会。由企业全体员工参加的会议。

(6) 部门会议。各部门于工作场所举办,旨在解决问题、传递信息的集会。

4. 按规模划分

按规模划分是指按照参加会议的人数来划分,一般可分为大型会议、中型会议、小型会议。

(1) 大型会议。通常指参会人数在1 000人以上的会议,这类会议通常涉及全国性、政治性、经济性等重大议题。

(2) 中型会议。通常指参会人数在数十人至数百人之间的会议,这类会议通常用于行业交流、经验分享等。

(3) 小型会议。通常指参会人数较少的会议,这类会议通常用于问题研讨、方案评审等。

大型、中型与小型会议的实际参会人数依具体情况而异。例如,有些公司将500人以上的会议视为大型会议,而有些公司则可能组织上万人的大型集会。

5. 按会议是否涉外划分

（1）国际会议。国际会议通常指的是由三个或三个以上的国家（或地区）为举行多边会谈或为解决共同的问题、交流信息、增进了解、加强合作而定期或不定期举行的集会，具有多国参与、议题广泛、多边交流、正式性强等特点。国际会议的形式和规模各不相同，从小型的研讨会到大型的峰会都可能被称为国际会议。

（2）国内会议。在国内召开的会议，通常涉及国内政治、经济、文化等领域的议题。

6. 按会议阶段划分

（1）预备会议。在正式会议之前召开的准备会议，用于商议正式会议的有关事宜。

（2）正式会议。按照既定规则和程序召开的会议，用于解决共同关心的问题并形成具有法律效力的共同文件。

（3）非正式会议。以协商、交流、宣传为目的的会议，不形成正式的决定或决议，或无确定的议事规则。

此外，还有一些其他分类方式，如按照会议内容划分为综合性会议、专业性会议等；按照会议形式划分为座谈会、研讨会、讲座等。这些分类方式有助于更好地理解和组织会议，提高会议效率和效果。

（四）会议的成本

会议是组织管理不可或缺的一环，但其成本常被忽视。会议成本主要包括以下四项。

1. 时间成本

涉及参会人数与各项时间之和的乘积，包括准备、旅行、正式会议及休息耽搁的时间。实际上，会议占用时间会远超预期，常延时且打乱工作节奏，降低非会议时段效率。

2. 金钱成本

涵盖时间成本转换的薪资成本，以及场地、设施、文件复印、交通、茶水、餐饮住宿等费用。

3. 效益成本

若参会者不参会，其可为公司创造的潜在效益。

4. 机会成本

因会议错失的商机、客户关系损害及未及时处理突发事件的负面影响等。

鉴于此，许多组织会严格控制会议成本，避免非必要会议。如日本太阳工业公司在会议时展示成本分配表，计算方法为：会议成本＝3倍平均工资×2×人数×时间（小时），其中3倍平均工资反映劳动产值，2倍计算中断工作的损失。参会人数越多，成本越高，促使参会者审慎对待，提升会议效果。

二、认识会务工作

（一）会务工作的主要内容

会务工作是为会议服务的各种具体事务，主要内容包括以下方面。

1. 会议策划

会议策划是会务工作的起点，主要是制定会议筹备方案，包括确定会议目的、主题、规模、时间、地点、参会者等。需要充分考虑参会者的需求，确保会议能够顺利进行。

2. 会议文件准备

主要是准备会议资料、设计与发送邀请函。会议资料有会议议程、背景资料、参会者名单等，一般在会议开始前分发给参会者。另外，根据会议主题和参会者信息，设计邀请函，并通过邮件、短信等方式发送给参会者。邀请函应包含会议的时间、地点、议程、注意事项等信息。

3. 场地布置与设备准备

根据会议需求，对会议场地进行布置，包括桌椅摆放，会议的技术支持（如网络设备、音响设备调试，投影设备准备，等等），确保会议场地整洁、舒适，设备正常运行。还需要做好餐饮住宿安排、交通协调、安全保障等服务。

4. 会议执行与管理

包括负责参会者的接待、会议签到、会议记录等会间服务协调。在会议开始前，安排专人接待参会者，并协助他们签到。签到过程中，可以收集参会者的联系方式、职务等信息，以便后续沟通。会议举行期间，安排专人记录会议内容，包括发言要点、讨论情况等。会议结束后，及时整理会议记录，形成会议纪要或报告，供参会者查阅。

5. 会后整理与总结

包括会议纪要的撰写、成果总结、效果评估等。会议结束后，与参会者保持联系，收集他们对会议的反馈意见，以便改进后续会务工作。同时，根据会议达成的决议或协议，进行后续跟进与反馈工作。

（二）会务工作的原则

会务工作一般遵循16字原则，即准备充分、组织严密、服务周到、确保安全。这些原则是确保会议顺利进行和取得成功的关键要素。

1. 准备充分

前期调研：在会议筹备之初，需进行充分的市场调研或内部需求调研，了解会议的目的、规模、参会者构成、预期成果等，为后续的筹备工作提供基础数据支持。前期调研还有一个重要目的，即遵循合理原则，确保会议方式、规模、会期、会议经费和开支办法与会议主办者的身份和职权相适应，避免不必要的资源浪费。

方案制定：依据调研结果，精心制定会议策划方案，涵盖会议日程的细致安排、场地的精心选择、设备的合理配置、预算的周密规划以及人员的明确分工，确保会议的每一个环节都有详尽的计划和妥善的安排。

资料和物资准备：提前筹备会议所需的各类资料，包括会议手册、演讲PPT、背景资料及纪念品等，确保资料内容准确无误且及时分发至相关人员手中。在此过程中，须严格遵循节俭原则，在满足会议基本需求的前提下，力求减少投入，实现资源的最大化利用，坚决抵制铺张浪费行为。

预演彩排：针对会议中的重要环节，如开幕式、闭幕式及技术演示等，组织预演或彩排活动，以确保流程顺畅无阻，有效减少现场可能出现的失误，提升会议的整体效果。

2. 组织严密

流程控制：制定并严格执行会议流程，确保每个环节都能按时开始和结束，避免时间浪费和流程混乱。

人员协调：明确各岗位人员的职责和任务，建立高效的沟通机制，确保信息流通顺畅，人员协作无间。

应急处理：制定应急预案，针对可能出现的突发情况（如设备故障、人员迟到、场地变动等）提前做好准备，确保能够迅速有效地应对。

纪律管理：维护会议现场的秩序和纪律，确保参会者遵守会议规则，营造良好的会议氛围。

3. 服务周到

接待服务：提供热情、专业的接待服务，包括接站送站、签到引导、住宿安排、餐饮服务等，让参会者感受到宾至如归的温暖。

技术支持：确保会议所需的音响、灯光、投影等设备正常运行，并配备专业的技术人员随时待命，解决技术问题。

后勤保障：提供充足的茶水、点心等服务，以及必要的医疗、安全等后勤保障，确保参会者的身心健康和会议顺利进行。

反馈收集：会议结束后，及时收集参会者的反馈意见，了解会议效果和服务质量，为后续改进工作提供依据。

4. 确保安全

场地安全：选择符合安全标准的会议场地，并进行全面的安全检查，确保场地内无安全隐患。

人员安全：制定详细的安全预案，包括消防疏散、紧急救援等措施，确保参会者的人身安全。

信息安全：加强会议信息的保密工作，防止敏感信息泄露，保护参会者的隐私和权益。

（三）文员在会务中的主要任务

文员在会务中的工作角色：

（1）会议策划与组织者。负责制定会议方案、组织会议实施、确保会议顺利进行。

（2）会议参会者。包括担任主讲嘉宾、发言人、参会代表等，负责参与会议讨论、分享经验和观点。

（3）会议支持与服务人员。负责为会议提供技术支持、场地服务、接待服务等。

（4）会议评估与总结者。负责对会议效果进行评估、总结会议成果、提出改进建议等。

因此，文员在会务中的主要任务有：

（1）保障各类会议的顺利进行，圆满完成会议的目标；

（2）为参会者提供优质的物质和精神服务；

（3）协助主办方和参会者解决各种与会议有关的问题；
（4）确保参会者的安全。

三、策划会议

会议策划是会议的总体构思和基本程序，是会议顺利进行和取得实效的保证。会议策划的内容包括会议所涉及的主题、内容、方式、程序、经费、成效等方面，这些内容逐一安排妥当将为会议的顺利召开奠定基础。会议策划一般由负责筹备会议的主要上级提出基本思路和整体方案，由文员具体落实，形成文字。

（一）确定会议主题

会议主题即会议旨在探讨的问题及预期目标，体现会议的必要性和正当性。一个出色的主题能展现主办方独到的见解及问题解决能力，这对商业及社会会议而言尤为关键。

会议主题与内容需紧密结合当前形势及公司实际情况。通常，在筹备方案开篇概述会议缘由、依据及目的。每次会议应聚焦单一、明确的主题，避免分散或包含不相关议题，以免分散参会者注意力，影响问题解决效率。

会议主题具有以下特点：

（1）明确性。会议目的应该明确、具体，能够清晰地传达给所有参会者。避免使用模糊、笼统的语言，确保每个人都清楚会议的目的和预期成果。

（2）相关性。会议目的应该与主办方、参会者的需求和期望相关。确保会议内容对参会者有价值，能够满足他们的需求和期望，从而激发他们的参与热情和积极性。

（3）可实现性。会议目的应该具有可实现性。确保会议目的在时间和资源上都是可实现的，避免设定过于宏大或不切实际的目标，以免给参会者带来不必要的压力和挫败感。

确定会议主题的步骤如下：

（1）分析需求。识别为什么需要召开这次会议，以及它要解决的问题或达到的目标，需要考虑公司的战略目标和当前的工作重点来制定。

（2）收集利益相关者的意见和期望。

（3）明确成果。确定会议结束后希望取得的具体成果或达成的目标。这些成果应该是可衡量和可实现的。确定主题要有切实的依据，要结合公司的实际情况，明确目标成果。

（4）考虑参会者。确定会议的主要参会者和他们的角色。考虑他们的需求和期望，确保会议目的与他们相关。

（二）确定会议议题

会议议题是会议主题的细化体现，是准备讨论和拟决策的具体问题，属会议基本要素。议题需紧密围绕主题，确保对实现主题有所贡献，反映主办方和召集者的管理范畴、幅度及工作重心。确定会议议题是筹备阶段的关键任务。主题与议题均需上级审核决定。

确立议题时，应遵循以下三个原则：

（1）必要性。议题须为当前亟待讨论的问题，排除不必要议题，确保会议精力集中，时间高效利用。

（2）明确性。主题清晰，问题描述直接明了，准备充分，提交议题时附带背景、辅助材料，便于参会者参考决策。

（3）规范性。议题须在参会者职权范围内，确保参会者有权且能有效解决，既需解决，又能解决。

确定会议议题有以下基本要求：

（1）明确议题内容。清晰描述每个议题，确保参会者知道将讨论什么内容。避免议题过于宽泛或模糊，确保讨论能够聚焦。

（2）确保利益相关者参与。让利益相关者参与议题的选择和确定过程，他们的反馈可以确保议题的相关性和重要性。

（3）考虑多样性和平衡。确保议题涵盖不同的观点和利益相关者。平衡内部和外部议题，以及长期和短期目标。

（4）议题优先级管理。面对众多潜在议题，需依据其重要性和紧迫性进行排序，此排序直接影响会议议程及各议题的时间分配。议题编排应遵循主次、轻重、先后原则，首要议题置于前列，既凸显其重要性，也便于广泛参与，促进科学决策。随后议题，非必需人员可提前离场，利于会议高效管理。涉密议题通常安排在会议尾声。

（5）保持灵活性。确保议题和议程具有一定的灵活性，以适应可能出现的变化或新需求。确定会议目的和议题是一个迭代和协作的过程，需要综合考虑组织需求、参会者期望和会议目标。

（三）制定会议议程

构建会议框架需明确区分议程、程序与日程三大要素。

会议议程是会议议题及其讨论顺序的总体蓝图，旨在确保会议有序进行。它包含两方面：一是会议的议事流程，二是具体讨论的各个议题。在制定议程时，需细致规划每个议题的时间分配及预期讨论深度，确保议程详尽。

会议程序侧重于单次会议或特定仪式活动的详细执行步骤。

会议日程则是以"天"为单位，将议程内容细化到具体时间段的安排。它不仅涵盖会议议题的所有活动，还包括聚餐、参观等辅助活动。日程反映了会议进展，并对各项议程所需时间进行预测与限制，以提升会议效率，同时为参会者规划个人时间提供依据。

大型会议的议程、日程、程序必须划分清楚。小型会议将三者合而为一，统称为议程。涵盖的内容除各种议题之外，还包括会议的时间、地点、内容以及参会者姓名等，并制作成会议议程表和会议日程表。

会议日程详细规划了每日会议活动的具体时间安排，适用于各类会议。它涵盖了议题讨论、非议题活动、仪式及辅助性活动，适用于会期超过一天的会议。会议日程按时间（上午、下午、晚上）逐日列出各项活动，确保每项活动都有明确的时间点。作为会议事务性文件，它既是参会者参与会议的指南，也是外界了解会议情况的窗口。日程应在会前通过邮寄或会议报到时当面发放给参会者。其编排形式有文字与表格两种,表格形式更为常见。

会议日程的内容包括:

(1)标题。会议全称加"日程"或"日程安排/日程表"。

(2)稿本标识。若需大会审议,标题后或下方加括号标注"草案"。

(3)题注。通过后,去除"草案",在标题下加括号注明通过日期及会议名称。

(4)正文。日期式:按日期及时间顺序排列活动。表格式:列明会议日期、时段、活动名称与内容、主持人、参会者、地点及要求(备注)。

(5)信息及日期。已注明题注的日程无须落款,其他由会议文员署名,日期可选填。

表格式会议日程表见表6-1。

【案例分析】

第十四届全国人民代表大会第一次会议日程

表6-1 某公司代理商年终大会会议日程表

日期	时间	内容	地点	参会者	负责人	备注
12月12日	8:00—9:30	报到	××国际会议中心		×××	
	9:40—10:30	主持人宣布会议开始,×××总经理介绍公司概况及发展愿景				
	10:40—11:40	×××总经理带领与会代表参观公司	公司总部			
	12:00—13:00	午餐	××国际会议中心		×××	
	13:30—14:30	研发部×××经理介绍新产品情况				
	14:30—15:30	生产部总监介绍目前公司生产情况				
	15:30—17:00	销售部总监介绍公司产品销售情况				
	17:30—20:30	晚宴与联欢晚会				
12月13日	8:00—8:20	报到	×市景点		×××	
	8:30—12:00	组织游览市内景点				
	12:30—13:30	午餐	××国际会议中心		×××	
	14:00—16:00	表彰50位优秀代理商,优秀代表发言				
	16:00—17:30	安排与会人员合影、自由交流				
	17:30—18:30	赠送纪念品				
	18:30	会议结束				

(四)会议报批与组建机构

会议审批是会议组织者获取上级机关对会议计划的批准的过程。当会议规模(如人数、时长、费用)达到一定标准时,需向上级提交请示,详述会议理由、目的、任务、形式、参会者数、时长、地点及预算等信息,并说明需上级关注的事项。

会议机构设立分为常设与临时两种。常设机构负责日常会议安排,如会务处,负责小型、例行会议。大型会议则常以常设机构人员为核心,组建临时机构。临时机构专为特定会议做筹备工作,如"××大会组委会""××会议筹备组"等。

根据会议方式与规模,临时机构有三种形式:

(1)三级工作机构。适用于大型会议,由大会组委会、组委会办公室及各职能处(组)组成。组委会为最高权力机构,办公室负责执行与协调,各职能处(组)负责具体事务。

(2)二级工作机构。适用于中型会议,由会议筹备办公室及各职能组(如宣传组、保卫组、会务组)构成。

(3)一级工作机构。适用于小型会议,通常仅设文员组,由上级指定人员负责,根据工作量配备适当人员,共同完成筹备与组织工作。

四、制定会议筹备方案

制定会议筹备方案是指基于会议目标与待解决问题,对即将召开的会议进行整体性规划,通常由负责前期筹备的部门执行。此方案涵盖会议基础信息,如背景、目的、形式、议程、时长、参会者特征、预计人数及预算等。

(一)制定会议筹备方案的要求

会议筹备方案是详尽规划会议前后各项工作的文书,确保每项工作的起始时间、负责人清晰明确。其制定需遵循以下要求。

1. 全面性

方案应预先考虑会议召开的缘由、方式、预期效果,确保所有与会议直接相关的工作均被纳入,避免遗漏导致会议进程受阻。

2. 明确性

每项会务工作的内容与形式需清晰表述,责任到人,多人合作时指定负责人,并设定明确的时间与质量要求。

3. 有序性

根据会议特点设定基本程序,科学安排会务工作,确保会议组织有序,进程流畅。

4. 审批性

制定方案时须向上级请示批准,包括会议规模、程序、方式及经费使用等,经上级审核后,所有工作人员按方案执行。

(二)会议筹备方案的写作格式

会议筹备方案由标题、引言、主体、结语、落款五部分组成。

(1)标题。包含召开单位(可省略)、会议名称及文种(如方案、筹备方案等)。

(2)引言。说明会议缘由、依据、单位、名称、时间、地点及会期,引出下文。

(3)主体。详细列出会议名称、目的、议题、规模、议程、日程、形式、会务组织分工、文书、经费及保障措施等,附会议议程(日程)表、工作表及经费表,注明联系方式及说明事项。

（4）结语。根据方案性质，可写请示性结语，如"以上方案，请批示"。

（5）落款。包括制发机关、筹备/会务组及日期，经上级审核通过并加盖公章。优秀的筹备方案应内容全面、结构完整、考虑周全、易于操作。

任务二 会前组织与管理

> **实训任务 6-2** 撰写并发送会议通知
> **任务：**某公司计划下个月召开新产品发布会,请撰写并发送会议通知。
> **要求：**会议通知要素齐备、格式规范、发送对象全面合理。
> **评价：**组员评价、组间评价和老师点评。

一、会议材料准备

会议材料是会议宗旨、内容及成果的直观展现,其编制工作是会议筹备的核心环节。这些文档涵盖了会议全程所需的文字资料,主要由会务人员负责撰写、整理及收集。这里所说的会议材料指在会议过程中所需的各种文件和资料。

(一) 会议审批材料

1. 会议邀请类文件

会议邀请类文件包括邀请联合主办、协办、承办会议单位的函件,以及上级、嘉宾、参会者、媒体等的各类邀请函。同时,也需要准备停车证等相关信息。

2. 会议请示、审批类文件

会议请示、审批类文件主要是指报上级及审核部门审批的会议请示文件,以及申请会议经费的预算请示文件等。

3. 协议类文件

协议类文件包括会议承办说明、食宿与场地协议等。

(二) 参会者使用材料

在会议过程中所需的各种文件和资料。对于会议的顺利进行以及参会者有效参与和决策至关重要。围绕会议材料的起草需做的工作有:确定会议的中心议题;成立材料起草小组或指定专人负责撰写;将初稿提交给会议上级机构或负责人进行审阅和修改;审议通过后,对材料进行编号、印刷及分装,以备会议使用。这些材料包括以下几个方面。

1. 会议背景材料

与会议主题相关的背景信息、数据、报告等,起草人员围绕会议的主题查阅到的有关资料或进行必要的调查研究形成的报告等。作用是为参会者提供会议所需的背景知识,帮助他们更好地理解和参与讨论。

2. 会议策划与运作方案

包括会议的整体策划方案、执行方案、日程安排、工作人员通讯表等。会议议程详细列出会议期间要讨论的各项议题、时间安排、主讲人等信息,帮助参会者了解会议的整体安排,明确讨论的重点。会议日程详细列出每天的会议安排、时间、地点、主讲人等。参会者名单则列出所有参会者的姓名、职务、联系方式等,方便参会者之间相互了解和沟通,确保会议期间的联系畅通。注意,会议名单须符合《保密法》以及个人信息管理的要求。

3. 会议议程相关材料

包括与会议内容密切相关的文件资料,如演讲中会提到的论文、指导性文件、学习资料等;演讲稿类文件,包括上级致辞、讲话稿、有关人员发言稿、祝酒词等。会议主持词,这是会议主持人在会议过程中需要使用的稿件;使用幻灯片软件制作的PPT,通常包含文字、图表、图片等元素,以视觉方式呈现会议内容等。

4. 会议讨论的未定稿材料

在会议进程中,部分特定文书虽于会中通过,实则会前已准备就绪。这些文书以"讨论稿""征求意见稿"或"初步草案"的形式呈现给相关人员,旨在供参会者审议并争取最终通过。

5. 会议服务手册或指南

通常包含会议须知、座位表、议程安排、食宿安排、交通安排、活动安排、注意事项、工作人员联系方式等。

除此之外,还需要准备会议地点地图和指南,确保参会者能够方便地找到会议地点;联系方式资料,提供会议组织者的联系方式,以便参会者在需要时寻求帮助;住宿和交通信息,为需要住宿或特殊交通参会者提供相关信息;餐饮安排,如果会议提供餐饮,提供餐饮的时间、地点和菜单;注意事项,列出参会者需要遵守的会议规则、着装要求、禁止行为等信息的文件或资料,提醒参会者遵守会议规定,确保会议的顺利进行。

这些会议材料在会议筹备阶段就应开始准备,并在会议开始前分发给参会者,以确保他们能够在会议中顺利使用。

(三) 会议服务的材料

1. 会议质量评价材料

如问卷调查表,用于收集参会者对会议的评价和反馈。

2. 会议PPT

这是展示议题内容和讨论重点的重要工具,需要制作精美的PPT,确保内容清晰、简洁,并配以适当的图表和图片。

3. 新闻通稿

这是出于统一宣传口径、为媒体报道提供便利等目的,由会议主办方提前准备并发送

给媒体记者的新闻稿件。

此外,根据会议的具体需求和议题,可能还需要收集和整理其他相关资料,如市场调研报告、财务数据、项目进展报告等。在收集和整理这些资料时,务必确保信息的准确性和完整性,并根据会议的具体需求进行适当的分类和组织。同时,也要注意保护参会者的隐私和信息安全,确保所有参会者提前获得必要的资料。

二、发出会议邀请函(或通知)

(一) 会议邀请的类型

发布会议邀请(会议通知)是指会议组织者向相关方或个人传达即将召开的会议详情及预备事项的过程。内容包括会议名称、时间、地点、参会范围、注意事项、入场凭证、主办单位及联系方式等。

1. 按形式划分

(1) 口头邀请。通过面对面交谈或电话进行的邀请。适用于部门内部或可直接通话的场合,其优势在于直接、快速,但需注意表达清晰,避免误解,并建立登记制度,确保通知到位。

(2) 书面邀请。以文字形式传达的邀请,由标题、收件人、内容、落款构成。内容需详细列出会议信息、参会要求及联系方式等。若涉及特殊安排,如入场凭证、携带材料或交通指引,亦需说明。书面邀请正式且具备忘功能,可作为入场凭证。

2. 按功能划分

(1) 预告邀请。提前告知会议概况,便于参会者准备。适用于需提交材料的会议,如论文、意见或经验分享。预告邀请可确保参会者有足够时间准备,提高会议质量。邀请回执是会议组织者发出的回复登记表,要求被邀请者确认参会意向及人员信息。回执通常与预告邀请一同发出,内容包括参会意愿、人员详情及交通方式等,便于组织者提前安排。发出邀请时,应明确回执返回时间,逾期未回复视为不参会。

(2) 正式邀请。在会议准备基本完成后,对预告邀请内容的正式确认。正式邀请常作为参会者的报到或入场凭证。

(二) 会议通知内容结构

1. 会议通知内容的8要素

(1) 会议的名称;

(2) 出席会议人员的姓名或组织、部门的名称;

(3) 日期、时间(从几时到几时);

(4) 地点(详细);

(5) 议题(议事日程);

(6) 主办者的联络处、电话号码等;

(7) 公司外开会所在地详组地址及周边的标志,含交通路线、地图等;

(8) 其他注意事项：是否备有餐点、当天携带资料、住宿、随行司机等。

会议通知的一般表述：

> 为了××，兹定于×月×日（星期×）×午×时在××（地点）召开××会议，会期×天，参加人员包括××，凭××入场，有关会议的具体事宜，请与××联系（电话号码×××××××）。

2. 会议通知的结构

会议通知主要由标题、正文、落款及附加材料四部分组成。

（1）标题。标准的会议通知标题应包含发文单位、事由及文种，格式为"××公司关于召开××会议的通知"，确保读者一目了然。

（2）正文。正文分为会议背景、会议详情及联系方式三部分。会议背景简述会议目的、任务；会议详情包括会议内容、议程、时间、地点、参会公司或个人、报到信息、携带材料及注意事项；联系方式则提供主办方联系人及通信方式，对于外地参会者，可附加交通指南。

（3）落款。落款处注明会议主办方名称及通知发布时间，时间通常为上级审批会议后的日期。

（4）附加材料。部分会议需随通知附上会议委托书及回执，以便参会确认及后续安排。

3. 会议通知格式

会议通知格式多样，国内企业通常使用便函式（见例1）和卡片式（见例2）。

例1：带回执的便函式会议通知

会议邀请函

尊敬的客户：

为了进一步加强与贵公司的协作关系，听取客户对我公司产品和服务的意见，本公司定于××××年8月16日下午3:00在××召开客户咨询联谊会。

敬请回复及光临。

附：会议日程、交通路线图

××公司印章
××××年××月××日

回　执

请于7月30日以前将回执寄至：北京市朝阳区天地大厦××公司销售部王初萌小姐。

邮编：100110　　　电话：××××××××

☐我公司参加此次会议，参加人数：

☐我公司不能参加此次会议。

姓名：××

公司：××

例2:卡片式会议通知

> 部门经理会议
>
> 目的:讨论公司下月工作安排
>
> 时间:××××年3月20日上午8:30　　　　地点:公司第一会议室
>
> 如您无法出席,请于××××年××月××日前电话告知×××,电话号码××××××。

(三) 会议通知传达的注意事项

(1) 务必通知到参会者本人。

(2) 针对区域、全国或国际性的会议,若需为参会者安排食宿及回程交通,应在发送会议通知时一并附上回执单,便于会务团队安排接送服务及预订交通工具。若已分发回执,务必及时回收,对未返回的,需通过电话进行跟进确认。

(3) 要认真统计未参加会议的人员并注明原因,报告给上级。

(4) 注意做好参会者资料的收集整理,以备下次使用。

(5) 常规会议通常仅发布一次正式通知。但对于需参会者进行大量前期准备的会议,如准备发言稿或方案,则会先发布预备性通知,随后再发布正式通知。

(6) 发会议邀请函和请柬的方法与发送会议通知基本相同。

三、布置会场

会场布置是衡量会务工作质量的关键要素。大型会议追求热烈、大方且具特色的氛围,以凸显会议主旨;小型会议则强调简朴,紧扣主题即可。

(一) 会场装饰

会场装饰旨在强化会议主题、营造氛围、调动情绪及提升效率。不同类型的会议对装饰风格各有要求:政治性会议须严肃庄重;学术会议追求和谐轻松,便于交流;内部会议注重紧凑高效;涉外会议则需融合中国特色与主宾偏好。

装饰应与会议内容相协调,如设置背景板、花卉绿植及横幅字画等,大型会议更需精心策划,小型会议则可简化处理。

会议标识的设计与应用也是重要一环,能彰显会议特色与品位。

(二) 会场布局

会场布局指坐席摆放形式,能直观反映会议功能与主题。布局设计需结合场地实际情况,与会议主题相符。会议形式、内容及场地条件决定布局方案,最终由上级机构或主持人确定。

会议室布置形式多样,包括圆桌形、口字形、U字形、V字形、回字形、剧院式、课桌式及鱼骨形等,各具优势,适用于不同会议类型。

(1) U字形。开口处设投影仪桌,中间点缀绿植,营造轻松氛围,适合创意研讨会及头脑风暴会议。

(2) 圆桌或椭圆桌。自由就座,促进近距离交流,适合高端策略会议及小型项目团队会议。

(3) 回字形(环绕式)。不设固定座次,自由就座,适合茶话会、学术研讨会及非正式交流会。

(4) 剧院式。最大化利用空间,容纳更多观众,适合大型报告会、讲座及演讲会。

(5) 课桌式。灵活布置,提供记录空间,适合培训会、教育考试及研讨会。

(6) 鱼骨形。便于小组讨论与集中汇报,适合分组讨论会、项目评审会及策略规划会。

选择恰当的布局形式能有效提升会议效果,见表6-2。

表6-2　会场布置形式的类型及各自优势

会场布置形式名称	样式说明	适合的会议类型	优势	备注
U字形	开口处放投影仪桌,中间置绿植,不设主持位,多麦克风	创意研讨会、头脑风暴	氛围轻松,自由发言	
圆桌/椭圆桌	圆桌排位,参会者围坐,分大型椭圆桌与多圆桌	董事会、高端策略会、小型项目团队会	近距离交流,档次高	
回字形	环绕式布局,座椅设在四周,无固定座次,前方设主持位	茶话会、学术研讨会、非正式交流	自由就座,交流灵活	空间容纳人数少
剧院式	大量座椅排列,空间利用率高,无桌	大型报告会、讲座、演讲会	容纳人数多	参会者无处放资料
课桌式	桌型布置,有桌可放资料记笔记	培训会、教育考试、研讨会	灵活布置,资料记录	
鱼骨形	桌子按鱼骨架八字形排列	分组讨论会、项目评审会、策略规划会	小组交流,集中汇报	

(三) 会场摆设

为彰显对参会者的尊重,会场座位上常设名牌,标明姓名或单位。

大型会议开幕式、闭幕式设主席台,座位数为单数,凸显重要嘉宾,非发言嘉宾通常不就座于主席台。

会议进行中,一般仅设主持席与发言席,会场布局多为方形课桌式,分组讨论时则采用椭圆形或回字形布局。无论何种布局,均应以整齐紧凑为原则,桌椅数量依据参会人数灵活调整,避免空旷,影响会议秩序。

(四) 设备布置

依据实际需求,合理配置屏幕、投影仪、照明与音响设备。

屏幕位置与角度需便于演讲者与主席台嘉宾观看,投影仪摆放应避免遮挡视线,并控制热量散发，以免影响周边参会者。

照明灯光需适中，确保参会者既能清晰观看屏幕，又能方便记录。

麦克风需逐一测试，主席台麦克风按需分配，准备无线麦克风，以备不时之需。

四、座次安排

安排会议座次是一项重要且敏感的会务工作，须遵循稳妥慎重原则，避免不必要的困扰。

（一）会议主席台座次安排

国内会议遵循"左大右小"原则，上级面向会场时，左侧为上，右侧为下。奇数人数时，一号上级居中，二号在其左手边，三号在其右手边，其余依次排列；偶数人数时，一号、二号上级同时居中，一号在左，二号在右，其余依次排列。多排座位时，前排高于后排，主要上级安排于第一排，后排座位依第一排顺序排列。报告会则可采用报告人与主办单位负责人相间或各单位负责人相间的方式安排。

U形会议桌座次编排，以对门正中为主要上级位置，左右依次排列，国内遵循"左大右小"原则，国际会议则遵循"右大左小"原则。

除常见布置外，还可能有T形、E形、多U形等布置。无论何种形式，均需与会议策划者深入沟通，确保服务于会议目的。

大型会议主席台座次，无论人数多少，均按单主位排列，即一号上级居中，二号在其左，三号在其右，其余依次排列。会场区域座位按公司、部门或地区、系统类别安排，依据可以是约定俗成的序列，也可以是汉字笔画或拼音字母顺序。一般以面向主席台为基准，从前至后竖排或从左至右横排。若需按个人职级、身份安排，则遵循前排高于后排、中央高于两侧、左侧高于右侧的规则，并在座位左侧放置双面台签。对老、弱、病、残代表，应适当照顾，安排便于进出的位置。座次编排完成后，须送会务上级小组审核，如有异议，应报请上级决定是否调整，工作人员不得擅自处理。

（二）会议合影时的座次安排

会议合影时的座次安排是一个体现尊重、秩序和礼仪的重要环节。会议合影时的座次安排应综合考虑会议性质、参会者身份、礼仪规范以及平衡与协调等因素。合影时的站位与会议主席台座次安排相一致，遵循礼仪规范为"居前为上""居中为上""居左为上"（国内习惯，但涉外场合可能以右为上）等原则。具体安排如下。

1. 了解会议性质

明确会议是内部会议还是有外部合作伙伴参与的会议。了解参会者的职务、公司层级和其他重要身份。

2. 外部会议

合影站位遵循与主席台座次安排相同的排序原则。合影时，通常由主办方代表居中站立,依据礼宾次序,以主办方代表右侧为尊位,主宾双方交替站立。若主席台上级人数为单数,则一号上级居中,二号上级位于其左侧,三号上级位于其右侧。如有更多上级,则按照职位高低依次向两侧排列。

若人员多时,前排为重要上级,第二排自由站位。也可以事先排好合影图,或准备好站位架子。合影站架搭建好以后,前排椅子按座次表人数摆放好,可以在座椅上放置有姓名标识的牌子,以确保每个人能够快速找到自己的座位。

3. 内部会议

一号上级居中,二号和三号上级分别位于其左右两侧。如有特别嘉宾或主持人,他们通常会坐在前排的中心位置或站在显眼位置。如果有多个部门或分公司的上级参加会议,考虑按照公司层级或部门重要性进行排序,较高级别的或更重要的部门在前排。有些上级可能因为特殊贡献或资历而值得得到特别的位置,如公司创始人、退休的重要上级等。

4. 平衡与协调

在安排座次时,要尽量保持平衡,避免在前排安排过多的上级,导致后排站立人员比例太少,拍摄出的合影比例失调。有时会出现变化或临时加人的情况,要有一定的灵活性,适时调整座次安排。

5. 与相关上级协商

座次安排初步确定后,最好与相关上级或组织者进行协商,以确保没有疏漏或争议。

(三)宴会上的座次安排

宴会座次安排需考虑几个关键因素:首要为面门为上,即正对房门的位置为上座,因其视野开阔;其次为以远为上,即离房门越远的位置越尊贵,反之则越低。

正式宴会通常安排席位,也可仅针对部分贵宾,其余则按桌次或自由入座。请柬需注明桌次,现场设引导人员,以避免混乱。通常,主陪面对房门,副主陪相对,一号客人居主陪右侧,二号居主陪左侧,三号居副主陪右侧,四号居副主陪左侧,其余随意。特殊场景需灵活调整。

国际会议习惯中,桌次依离主桌远近而定,右高左低。桌多则设桌次牌。同桌上,席位高低以距主人远近为准。夫妻共同出席时,主宾夫妇分别坐于男女主人右上方。多桌宴会,其他桌主人位置可与主桌同向或面对主桌。特殊情况灵活处理。

若主宾地位高于主人,为表尊重,可互换位置,或按常规安排。主宾携夫人而主人夫人缺席时,可请相当身份的女士作副主陪,也可请主宾夫妇分坐在主人左右两侧。座次定后,书写座位卡,可用钢笔或毛笔。便宴、家宴虽不设座位卡,但主人需大致安排座位。

(四)乘车时的座次安排

1. 乘车座次

(1)双排、三排座小车。主人驾驶时,前排为上,副驾驶位为首,后排右次之,左再次,中为末;司机驾驶时,后排为上,司机正后为首,右后次之,司机旁为三,后排中为末。

(2)多排座中型车。前排为上,右高左低。

（3）吉普车。无论谁驾驶，座次从高到底依次为副驾驶、后排右、后排左。

（4）旅行车。接待团体时常用，以司机座后第一排为尊，后排依次递减，每排右侧高于左侧。

2. 上下车顺序

尊长、来宾先上后下，走右侧车门；文员等陪同人员后上先下。上车时，后排低位者先上，前排尊者后上；下车时，前排客人先下，后排后下。

任务三 会间服务与协调

实训任务 6-3 模拟解决会议中的突发情况

会议中可能会发生突发情况,如演讲者迟到、偏离主题、意见冲突、会议资料准备不足、会议技术设备故障等,此时如何控制协调是会务工作的核心部分,更是考验管理人员应变能力、组织协调能力和沟通技巧的关键时刻。模拟会议中的实际场景,学会在会议中有效地进行控制与协调,以应对各种突发情况,确保会议顺利进行。

任务:写出面对会议中的突发情况控制协调的方法、步骤及预案。

要求:分组,分配不同的会议场景中的突发情况,如演讲者迟到、偏离主题、意见冲突、会议资料准备不足、会议技术设备故障等,要求组员作为会务人员或会议主持人进行及时的控制与协调。写出控制协调的方法、步骤及预案。

评价:组员评价、组间评价和老师点评。

一、会议签到

会议签到是会议组织过程中的一个重要环节,它确保了参会者的身份确认和会议参与度的统计。会务人员在会议召开前应准备好签到所需的用品。为了随时掌握报到人数,要认真做好签到工作。

(一)签到的重要性

在会议开始之际,会务团队需在宾馆或会场入口迎接参会者,并引导他们进行签到与登记。这一步骤旨在迅速统计实际到会人数。对于包含选举、表决等法定程序的会议而言,签到尤为重要,因为它直接关系到法定人数的达标情况,进而影响选举、表决结果的有效性。因此,需要严格执行签到制度,确保签到工作的细致准确。

会议签到的目的有三个:

(1)确认身份。通过签到,会议组织者可以确认参会者的身份,确保只有被邀请的人员参加会议。

(2)统计人数。签到有助于组织者了解实际参会人数,以便进行后续的会议安排和资源调配。

（3）跟踪参与度。签到记录可以作为评估参会者参与度的依据，有助于了解哪些人对会议内容感兴趣，哪些人可能缺乏兴趣或参与度。

因此，签到要做到以下几点：

（1）认真准备好必备的资料。

（2）明确人员职责，如安排专人负责签到与资料分发。

（3）实时统计参会人数，超出预期时立即上报。

（4）强化签到环节的礼仪规范。

(二) 签到的方式

目前，签到的方式主要有两种：纸质签到和电子签到。

1. 纸质签到

纸质签到分为簿式签到和卡片式签到。

（1）簿式签到。适用于小型或庆典性会议，要求参会者在签到簿或表格上签名并填写相关信息，虽简便但易引发拥挤。对于小型会议，通常使用签到簿，标注姓名、公司、职务及联系方式；而在人数更少的小型会议或例会中，点名或名单签到更为便捷，但需会务人员熟悉参会者。

（2）卡片式签到。分为预发卡片和磁卡签到两种形式。预发卡片类似于入场券，入场时提交；磁卡签到则通过电子签到机录入信息，适用于大型会议，能即时显示签到情况。

重要或大型会议可采用签到卡方式，参会者须佩戴姓名卡入场。签到结束后，会务人员及时向会议主持人报告到会情况，并催促未到者。

2. 电子签到

电子签到指利用电子设备（如平板电脑、手机等）进行签到，有二维码或代码签到、人脸识别签到、NFC（近场通信）签到等方式。

（1）二维码或代码签到。参会者扫描二维码或输入特定的会议代码即可完成签到。这种方式效率更高，且数据实时更新。

（2）人脸识别签到。通过人脸识别技术，参会者站在摄像头前即可完成签到。这种方式不仅高效，而且更加安全。

（3）NFC签到。利用NFC技术，参会者可以通过手机或NFC卡片进行签到。这种方式需要参会者携带特定的设备或卡片。

电子签到虽然具有高效、便捷、环保等优点，但也存在一些缺点。在选择使用电子签到方式时，会议组织者需要充分考虑其技术依赖性、信息安全风险、操作复杂性、设备成本和维护以及兼容性问题等因素，并结合实际情况做出决策。

(三) 签到的步骤

1. 准备签到材料

根据会议规模和签到方式，准备相应的签到材料，如纸质签到表、电子签到系统、人脸识别设备等。

2. 设置签到区域

在会议入口处或指定区域设置签到台,确保参会者能够方便地进行签到。

3. 引导参会者签到

会议工作人员应引导参会者进行签到,确保签到过程顺畅。

4. 统计签到数据

对于纸质签到表,需要人工统计签到数据;对于电子签到系统,数据将实时更新并可供查询。

5. 处理异常情况

对于未按时签到或未签到的参会者,会议工作人员应及时进行处理,如联系参会者确认情况或进行补签。

6. 会议签到后的工作

将签到数据进行整理和分析,了解参会者的身份、公司、参与度等信息。将签到情况反馈给会议组织者或相关部门,以便进行后续的会议总结和评估。将签到记录保存至指定位置,以备后续查阅或审计。

二、会议控制

(一) 会议控制的目的

会议须准时启动,并清晰阐述其目标与议程。会议控制旨在:

(1) 引导会议进程,防止偏离主题,如避免离题、闲聊或非正式议题干扰,以及争吵影响秩序。会议主持人需适时引导,确保会议聚焦于主题。

(2) 发掘并聚焦关键问题,汇聚集体智慧,完善解决方案。

(3) 激励参会者表达真实观点,反映实际情况与难题,共同探讨解决之道。

(4) 通过有效沟通、协调乃至妥协,达成共识,确保会议成果丰硕。

(5) 遇争执或冲突时,会议组织者须以项目总体目标和利益为重,阐述项目价值,强化合作共识,争取各方协调一致,并积极执行任务。

(6) 会议结束时,总结成果,确保所有决策与行动被清晰理解。

(二) 会议时间控制

高效控制会议时间是会务组织者与参会者工作作风及能力的体现。优化会议时间管理,营造有序、积极、高效的会议氛围,是会务服务的重要课题。会议类型多样,规模各异,时间管理要求不同,唯有精益求精的会务服务,才能确保会议高效运行。

1. 优化会议方案

会议方案是会议筹备的基石,也是时间管理的关键。

(1) 精心策划会议方案,依据议题重要性和连贯性,科学安排议程,合理分配时间,确保会议高效流畅。

（2）协助上级筛选议题，根据会议性质与议题紧急程度，议题数量应适宜，避免议题过多导致讨论不充分或会议延长。如征求意见会宜一题一会，具体事项研究会议则控制在五项议题内。与议题承办部门紧密沟通，共同准备，对不成熟或准备不足的议题，建议及时推迟。

（3）制定重点环节分项方案，对会议中的关键、复杂环节进行详细规划，如议题转换、颁奖等，明确人员转场、会场布置等流程，确保变化有序，快速而不混乱。

2. 注重会议引导

（1）准时开始与结束。确保会议按照预定时间准时开始，并尽量在规定时间内结束，以尊重所有参会者的时间安排。

（2）控制发言时间。对于每个议题或发言，尽量控制时间，避免某些议题占用过多时间而导致其他议题无法得到充分讨论。

可以参考全国人民代表大会召开会议的时间控制方法。这些方法包括：

（1）整体上控制好会议议程和日程。

（2）从口头报告的字数控制全体会议时间。

（3）从严规定在全体会议上的发言时间。

（4）做好会议时间管理的服务工作。

（资料来源：澎湃新闻，揭秘：全国人大会议的时间是怎么控制的？https://www.thepaper.cn/newsDetail_forward_3084856）

3. 优化会议提醒机制

（1）强化会前通知与现场提醒。会议开始前十分钟，及时提醒未到场的参会者，特别是上级领导和议题报告人，并组织参会者有序入座，维护会场秩序，确保会议准时进行。对发言人，采用手举牌方式，在发言结束前10分钟、5分钟及时间到时进行提醒；茶歇结束后，以摇铃方式提醒。提前与每位演讲者沟通提醒方式，并根据其习惯调整，如半场、前10分钟及时间到时提醒。此过程需专人负责，并与主持人紧密配合，共同管理会议时间。

（2）实时更新会议动态。准确向候会人员通报议题转换、入场准备及注意事项等关键信息，指导其提前准备，必要时引导下一议题报告人提前候场。

（3）引入数字化引导工具。利用信息技术提升会议管理效率，如多议题、多列席人员的会议，易产生入场混乱等问题，可引入电子候会系统，通过电脑操作，在候会区、走廊等区域显示并播报"××议题即将开始""××议题进行中""××人员准备"等提示，优化衔接流程，提升效率。

此外，会场内采用广播、铃声、报到器、显示屏等多种设施，及时提醒参会者入场、入座及发言时间管理。

（三）会议纪律和事项控制

会议纪律与注意事项是确保会议顺利进行、维护会议秩序、促进有效沟通的重要保障。参会者应严格遵守相关规定，共同营造文明、有序、高效的会议氛围。以下是一份详细的会议纪律与注意事项清单，适用于大多数会议场景。

1. 会议纪律

(1) 准时参会。参会者应严格按照会议通知的时间到达会场,不得迟到或早退。如因特殊情况无法准时参会,应提前向会议组织者请假并说明原因。

(2) 着装得体。参会者应根据会议性质和要求穿着合适的服装,保持整洁、得体,以体现对会议的重视和尊重。避免穿着过于随意或过于正式,以符合会议氛围为宜。

(3) 保持安静。会议期间,参会者应保持安静,不得大声喧哗、交头接耳或随意走动。严禁吸烟、吃零食、打瞌睡等不文明行为。同时,参会者手机等通信设备应调至静音或振动模式,避免干扰会议进程。

(4) 尊重发言。发言人在会前应做好充分的准备,发言时简明扼要,紧扣会议主题,不跑题,并遵守发言时间。尊重他人发言,不打断、不插话,保持礼貌和耐心。提意见和建议要先征得主持人许可,避免七嘴八舌、污言秽语、泄私愤或恶意攻击。

(5) 保密要求。对于保密会议,参会者应严格遵守会议保密规定,不得泄露会议内容、讨论结果或敏感信息,并妥善保管会议材料。对于涉及敏感信息的讨论,应严格控制知情范围。会议材料应妥善保管,不得随意传阅或带走。

2. 注意事项

(1) 提前准备。参会者应提前了解会议主题、议程和背景资料,做好充分准备。如有需要,可提前准备发言稿或PPT等材料。

(2) 积极参与。参会者应积极参与讨论,提出建设性意见和建议。避免沉默不语或消极应对,共同推动会议取得实效。

(3) 记录要点。参会者应认真记录会议要点、决策事项和后续行动计划。如有需要,可使用录音、录像等方式辅助记录。

(4) 遵守会场规定。参会者应遵守会场管理规定,如禁止吸烟、保持会场整洁等。如有需要,应配合会场管理人员进行安全检查等工作。

(5) 后续跟进。会议结束后,参会者应及时整理会议记录,并向相关部门或人员汇报会议情况。根据会议决策和行动计划,积极跟进落实工作,确保会议成果得到有效转化。

(四) 会中控制

主持人在会议中扮演着至关重要的角色,需要有效地控制会议进程,确保会议目标的实现。

1. 明确会议目的和议程

(1) 开场明确目标。会议开始时,主持人应清晰地阐述会议的目的、目标以及预期成果,帮助参会者明确会议的重点和方向。

(2) 掌握议程。主持人应熟悉会议议程,确保每个议题都有足够的时间进行讨论,并根据实际情况灵活调整议程顺序。

2. 保持良好的会议氛围

(1) 态度积极。主持人应保持积极、热情的态度,用亲切的问候、平等的口吻、简洁轻松的话题引导会议氛围,鼓励参会者积极参与讨论。

(2) 避免冷场。在会议中,主持人应密切关注参会者的反应,及时插话提问,防止讨论陷入僵局或冷场。

3. 有效引导讨论

(1) 倾听与回应。主持人应倾听每个参会者的观点,及时给予回应和反馈,确保每个人的意见都得到尊重和表达。

(2) 控制讨论时间。在讨论过程中,主持人应合理控制时间,确保每个议题都有充分的讨论,同时避免讨论时间过长导致会议偏离主题。

(3) 引导共识。主持人应引导参会者就关键议题达成共识,通过提问、总结等方式促进讨论深入,推动会议取得实质性成果。

4. 维护会议秩序

(1) 设立规则。在会议开始前,主持人应明确会议规则,如发言顺序、发言时间等,确保会议有序进行。

(2) 处理冲突。在会议中,如出现意见分歧或冲突,主持人应及时介入,通过中立、公正的方式调解,避免过度争吵或题外话,维护会议和谐氛围。

(3) 应对变化。在会议过程中,可能会出现一些突发情况,如参会者迟到、设备故障等,主持人应保持冷静,灵活应对,确保会议顺利进行。

(4) 调整议程。如会议时间紧张或某个议题讨论过于深入,主持人应根据实际情况调整议程,确保会议高效进行。

5. 总结与反馈

(1) 会议总结。会议结束时,主持人应对会议内容进行总结,概括主要观点、达成共识的事项以及后续行动计划。

(2) 收集反馈。主持人可以邀请参会者对会议进行反馈,了解他们对会议的评价和建议,以便不断改进主持技巧和提高会议效果。

(五) 会议中的沟通技巧

在会议进行阶段,协调沟通可能出现的问题至关重要。会议中的沟通技巧是针对会议中可能出现的各种问题而采用的策略和方法,旨在提高会议的效率和效果,以确保会议能够高效、有序地进行。

1. 积极倾听与尊重

(1) 耐心倾听。当他人表达观点时,应保持耐心,不打断,不插话,充分理解其观点。

(2) 表示尊重。尊重他人的意见和看法,即使与自己的观点不同,也要以开放的心态去理解。

2. 合理表达与沟通

(1) 清晰表达。当自己遇到困难或对某个议题有疑问时,应及时、合理地表达出来,言辞要得体,不带有攻击性。

(2) 寻求共识。通过开放的讨论,寻求与他人的共识,找到双方都可以接受的解决办法。

（3）非言语沟通技巧。通过积极的姿态、自信的笑容和肢体动作来传达积极的信息，注意自己的声调和语速。

3. 引导与控制

（1）明确议程。作为主持人或组织者，应确保会议议程清晰明了，引导会议按照预定的方向进行。

（2）控制时间。合理控制每个议题的讨论时间，避免会议超时或提前结束。

（3）引导讨论。通过提问、总结等方式，引导会议的讨论方向，确保讨论内容紧扣主题。

4. 团队协作与协调

（1）明确分工。确保团队成员之间的任务分工明确，避免重复工作或遗漏。

（2）提供支持。为团队成员提供必要的支持和资源，确保他们能够顺利完成任务。

（3）协调利益。注重协调不同利益方的关系，平衡各方的需求，避免冲突的发生。

5. 灵活应对突发情况和争执

当会议中出现突发情况或意见不一的争执时，要保持冷静和公正，根据实际情况灵活调整会议议程或讨论方式，确保会议顺利进行。可以采取以下措施来应对：

（1）暂停会议。当争执变得激烈或情绪化时，可以考虑暂停会议。这可以让大家冷静下来，避免情绪化的言辞和行为影响会议的氛围和效果。

（2）倾听各方观点。确保每个参会者都有机会表达自己的观点，鼓励大家以开放和尊重的态度倾听他人的意见，不要打断或批评别人的发言。

（3）寻求共同点。尝试寻找各方意见的共同点或交集，这有助于建立共识和推动讨论的进展。强调大家的共同目标和利益，以达成一个互利共赢的结果。

（4）提出解决方案。作为主持人或组织者，可以提出一些解决方案或折中方案，以缓解争执和推动决策的进程。这可以是一个妥协方案，也可以是一个综合各方意见的新提案。

（5）寻求中立第三方。如果争执无法得到妥善解决，可以考虑引入一个中立第三方来协助调解。这个第三方可以是一个具备专业知识和经验的人士，他可以提供客观的意见和建议，帮助各方找到解决方案。

（6）记录并跟进。确保将会议中的争执和讨论内容记录下来，并在会议结束后进行跟进。这有助于确保各方对决策和行动计划的理解一致，并及时解决任何遗留问题。

（7）制定预案。提前制定应对突发情况的预案，包括设备故障、人员缺席等。要保持开放、尊重和包容的态度，鼓励大家积极参与和合作，共同推动会议的进程和达成有效的决策。

三、会议后勤保障

（一）强化会议值班机制

会议值班体系应完善，值班人员须严守岗位，确保中大型会议有会务文员实施全天候值守，以保障会议圆满落幕并有效应对突发状况。值班人员应做到：

（1）协助会议期间信息收集、文件资料整理及信息传递。

(2) 严格会场出入管理，特别是保密会议，严禁无关人员随意进出。
(3) 保留公司及各部门上级联系方式，以便迅速沟通、请示。
(4) 准备设备维修人员、车队调度及后勤服务部门主管的联系电话清单。
(5) 坚守岗位，确保会议信息畅通。
(6) 根据需要，督导并协助专职会议服务人员为参会者提供服务。
(7) 协调会议期间各项活动及解决可能出现的矛盾。
(8) 必要时，实施主管上级带班制度，以增强应急处理能力。

（二）做好会议保卫工作

做好会议保卫工作，需要从多个方面入手。

1. 保障人员安全

检查参会者的身份和携带的物品，禁止携带危险物品进入会场。通过对参会者进行登记和管理，掌握人员的基本信息和行踪。对于未提前报名或身份不明的人员，要进行严格的审查和核实。为重要嘉宾提供专门的安检通道和服务，可以安排专门的安保人员负责重要嘉宾的人身安全。

2. 交通与停车管理

合理规划会议期间的交通流线，确保车辆进出有序。设置专门的停车场，并安排专人负责指挥和管理停车秩序。加强对周边道路交通的疏导，避免出现交通拥堵。与当地交通管理部门保持密切联系，及时获取交通信息和支持。

3. 信息安全与设备保障

加强对会议涉及的敏感信息和数据的保护，采取加密、备份等措施，防止信息泄露。对会议使用的网络和电子设备进行安全检测和防护，防止黑客攻击和病毒入侵。确保会场的电力供应稳定，并备有应急发电设备。保证会议期间的通信畅通，配备有效的通信设备。

选择具备良好消防设施、疏散通道和应急照明系统的场地。合理规划场地布局，设置明确的指示标识，如出入口、紧急疏散通道、卫生间等。确保参会者在紧急情况下能够快速找到疏散通道。

准备必要的安保设备和物资，如灭火器、急救箱等。对场地进行全面的安全检查和维护，包括电气设备、门窗锁具、消防设施等，确保这些设备和物资的完好性和可用性。

4. 应急处置与危机管理

制定完善的应急处置预案，包括火灾、地震、恐怖袭击、人员踩踏等突发事件的应对措施。设立应急响应小组，并设立应急指挥中心。与当地公安机关保持良好的沟通和联系，及时获取安全情报和支持。与消防、医疗等部门建立应急联动机制，确保在发生紧急情况时能够迅速响应和协同处置。与会议主办方、承办方和其他相关单位密切配合，共同做好会议的安全保卫工作。

（三）协助正确使用会场设备并发放会议用品

会场设施涵盖照明、音频、空调、通风及安全设备等。文员须熟练使用录音、摄像工具，并负责会场物资供应,包括分发文具及为参会者提供茶水、饮料等服务。

参会者到达后,应为其倒水服务,倒水时动作要轻,不要发出太大的声响,一般由两人在会议桌两边同时倒水,倒完水后立即返回,并在会议室门口处站立观察会场动态,盯会者必须精神集中,观察上级及每一位参会者的动态,从参会者眼神或动作中领会参会者需求并及时上前询问解决。

会议进行中,盯会人员根据会议议程,提前将发言人的话筒打开,并将话筒对准发言人。

会议期间可根据会场情况适当调节空调温度,会场温度不能过低或过高,会议室内空气保持流通。

会议期间,若上级有重要事情要谈不需要会议服务,应在倒完水后退出会议室在门外等候。

参会者离开会议室后,要立即查看会议室有无参会者遗留物品,若发现遗留物品及时通知参会者,若不清楚是哪位参会者的物品,可与经理办联系帮忙转交。

会议结束后,立即清理会场物品,打扫会场卫生,关闭设备设施,锁好会议室门。

(四)食宿后勤保障

会议期间,参会者的食宿安排是场外服务的重中之重,务必高度重视。尽管食宿准备在会前已完成,但参会者抵达后仍可能提出具体需求或反馈。文员需耐心倾听这些意见,积极回应,力求提供周到的服务。例如,面对换房请求,文员应尽量满足,若无法实现,则需耐心解释并致歉;针对饮食习惯不同的问题,也应努力做出调整。总体而言,应尽可能采纳并满足合理的意见和需求。

四、会议记录

(一)会议记录准备

文员在会议期间需担任记录员,确保会议记录详尽准确。会议记录不仅是会议的原始档案,也具备法律效力,因此必须精确、全面且条理清晰。

(1)备齐文具(钢笔、铅笔、笔记本、记录纸)及录音设备(录音机、录音笔)。

(2)携带议程表及相关资料,以备核对信息。

(3)提前到场熟悉座位布局,便于识别发言人。

(4)结合手工记录与录音,以防设备故障。

(二)会议记录要点

1. 内容

(1)会议基本信息。类型、时间、日期、地点。

(2)参会者名单。主席居首,记录员居末。

(3)会议流程。上次会议记录回顾、问题讨论、通信事务、一般事务、决议(含精确措辞)、其他事务(按会议顺序)、下次会议日期。

(4) 签名。主席与记录员。

2. 要求

(1) 真实。要逐项列出会议决定的事项,确保记录无误,签名后不得更改。

(2) 完整。记录会议全貌,无遗漏。

(3) 简洁。简明扼要地写出会议经过,反映会议进程。

(4) 准确。内容要条理清晰,表述无误。

(三)记录技巧

(1) 详录关键讨论、决议、声明、修正案、结论,其他内容可概括。

(2) 有漏记内容,应在标记后找时间对照录音或请发言人复述/解释,以进行补充。

(3) 记录发言人姓名及其意见、建议。

(四)记录结构与格式

1. 标题

"会议名称+会议记录",如"××集团公司第三届董事会会议记录"。

2. 正文

(1) 首部。会议概况(名称、时间、地点、主席、出席/列席/缺席情况、记录人签名)。

(2) 主体。①议题(多议题时编号);②发言人及内容(姓名+冒号+发言);③决议(分条列出表决方式及结果)。

(3) 结尾。注明"散会"及时间。

3. 尾部

主持人及记录人签名。

【案例分析】

某公司项目会议记录

(五)会议记录修订流程

(1) 草稿审核。在最终打字定稿前,须先向主席提交草稿以供审阅并签字确认。

(2) 错误更正。若会议成员发现记录中存在错误,经会议许可,主席或文员可在记录中直接修正该错误。

(3) 最终定稿。会议记录一旦由相关人员签名确认,即视为最终版本,不得再进行任何修改。

任务四 会议善后与跟进

 任务导入

> **实训任务 6-4** 撰写会议总结
>
> 某公司为了总结过去一年的工作成果,规划下一年的发展方向,决定召开一次年度工作总结与计划会议。该会议旨在让各部门负责人汇报工作进展,分享成功经验,分析存在的问题,并共同制定下一年的工作计划和目标。
>
> **任务:** 撰写会议总结。
>
> **要求:** 内容准确、格式规范,结构清晰、语言简洁,表达清晰、具备专业性与创新性。
>
> **评价:** 组员评价、组间评价和老师点评。

一、送别会议代表

为确保会议圆满结束,须妥善进行离会后续工作,避免给代表留下不良印象。

1. 有序退场

开启所有出口,引导代表及车辆有序撤离,避免拥堵。针对身体不适的嘉宾,灵活调整,让其他代表先行离开。

2. 返程协助

帮助代表预订返程票务,提醒结算费用、归还物品,并清点随身物品。对外地代表,安排送行车辆将其送至交通枢纽,待其离开后返回。对需留地工作的代表,协助安排后续食宿。

3. 温馨送别

根据需求,安排专人送别代表,协助行李托运。代表离会时,工作人员应送上车,安置行李,关好车门,并礼貌地目送离开,直至其消失于视线外。

二、场地清理

(一) 会场清理的内容和程序

会议结束后,会务人员需要组织人员清理会场,恢复场地原貌,确保场地整洁、有序。

(1) 设备归还，对于租赁的设备、器材，会务人员需要及时归还给供应商，并办理相关的归还手续。不能及时还的，应将其归库，并派专人保管。

(2) 撤去会场的临时性布置，包括会标、彩旗、绿植。

(3) 清点会议用品、用具，能再次使用的要归库管理。

(4) 将会场中搬动过的桌椅恢复原样，并清扫地面、门窗。

(5) 撤走会场外的会议标志，如通知牌、方向标。

(6) 清理回收会议文件。

(7) 通知配电人员切断会场不再使用的电源，通知服务人员关闭会场。

（二）现场处理的事务

1. 出席者离开时的主要工作

(1) 正确归还代保管的物品；

(2) 准确传递留言信息；

(3) 确认会场无遗漏物品；

(4) 礼貌送别参会者。

2. 文员离去前的主要工作

(1) 整理并清洁会议室；

(2) 带走会议的材料和用品；

(3) 关闭电器设备、门窗等；

(4) 通知会场管理单位会议结束。

（三）物料回收

1. 会议物料

所有会议使用的办公设备、办公用品如数回收。所有活动物料都需要统一打包，可安排车辆运回，如数量过多可以请会场管理单位邮寄。

2. 会议资料

所有会议相关的纸质资料全部回收，不可留在现场。资料带回后视情况统一存档或销毁。会议分享资料所有源文件及备份销毁。会议上提到可脱敏发出的资料请专人跟进脱敏并发送给适当范围内的参会者。

3. 生活物料

剩余食物如还在保鲜期，可提供给需要的人员。回收好每样遗失物品，在群内拍照寻找失主，确认后交给本人或助理。

4. 会后跟进的资料

所有影音资料分类管理，标注好会议名称和日期。影音资料制作成小短片，供下次会议暖场使用。所有速记内容会后即可反馈初稿，会议结束一周内及时进行校对和整理，产出完整版会议纪要。设专人跟进会议纪要等信息，确认纪要发送范围，及时发送纪要。

5. 发票

所有参与会议所产生的费用发票由专人统一收集整理。

三、整理文件

(一) 资料的收存销

1. 会议材料回收与归档

会议结束后，会务人员应收集全套会议资料，涵盖图文、音视频等，如会议记录、PPT、录音录像等。随后，将这些资料汇编，并根据内容（如文字记录、关键图片、录音录像、论文集等）进行分类、整理与归档，便于日后查阅及为同类会议提供参考。

2. 资料分类立卷管理

收集到的会议资料须精细分类、归档保管。遵循"一会一卷"原则，对文件资料进行系统编排，按时间顺序和重要性排序立卷。同时，编制卷内文件目录、备考表及案卷标题，并设立分类卡片索引，便于检索。此外，根据存档标准，确保纸质文档与电子文档双重保存。

3. 销毁

对于没有保存价值或重复的资料、分享材料统一销毁。

4. 保密处理

对于涉及敏感信息或需要保密的材料，会务人员需要严格遵守保密制度，进行妥善的销毁或加密处理。

(二) 撰写会议纪要

会议纪要是法定公文，旨在传达会议情况与议定事项。它基于会议记录提炼而成，反映会议核心精神。其功能包括沟通情况、分享经验、统一认知及指导实践，适用于向上级报告、向平级或下属单位传达会议精神及要求。会议结束后，会务人员须迅速整理会议纪要，精确概述会议主旨、讨论结果与决策要点，确保信息全面无误。会议决议须及时发布并执行，必要时向相关方公示或通知。

1. 纪要形式

纪要分为议决性与周知性两种。内容涵盖会议概况、精神及核心内容，可按会议程序或议题分类叙述。撰写时要求程序清晰、目的明确、中心突出、概括精准、层次分明、语言精练。

2. 会议纪要的特点

(1) 纪实性。忠实反映会议内容，避免虚构。

(2) 提要性。围绕会议主旨及成果整理，侧重成果介绍，非过程叙述。

(3) 称谓特殊性。采用第三人称，常以"会议"为主体，搭配"会议认为"等惯用语。

3. 会议纪要的内容结构

(1) 简述会议情况。包括会议背景、目的、时间、地点、参会者、讨论问题及结果评价。

(2) 归纳主要内容。纪要的核心是阐述讨论结论与后续任务。内容多时可分标题阐述,或分条列出讨论结果与决定。

(3) 号召与希望(视情况)。重要会议可在结尾提出贯彻会议精神的号召与期望。

4. 会议纪要与会议记录的区别

(1) 性质。会议记录为实录,属事务文书;会议纪要是要点记录,为法定公文。

(2) 功能。会议记录不公开,仅存档;会议纪要需传达执行。

(3) 载体。会议记录为记录簿形式;会议纪要是公文,有法律效力。

(4) 称谓用语。会议记录直接记录发言与决定;会议纪要以第三人称叙述。

(5) 适用对象。会议记录为内部资料,在有限范围内查阅;会议纪要明确读者与适用范围。

四、编写会议简报

会议后需强化宣传,跟进媒体发布,收集报道并归档;同时,更新举办单位网站信息,以图文形式全面展示会议情况。编制会议简报是宣传的关键手段。会议简报(简称简报)旨在反映会议进程、动态及核心问题,助力上级掌握全局,及时指导会议开展。简报编写应简明扼要,迅速及时。

(一) 简报的结构

简报结构含三部分:报头、报核、报尾。

1. 报头

报头位于首页上部,约占页面三分之一,与报核间以横线分隔。包含:

(1) 简报名称。大号字体,必要时加"增刊"或专题标识。

(2) 秘密等级或内部标识。在左上角标注。

(3) 期号。在名称下方加括号标注。

(4) 编印单位。在期号下方左侧书写。

(5) 印发日期。位于编印单位右侧平行处。

2. 报核

报核为中间部分,其结构为"按语+标题+导语+主体+结尾"。

(1) 按语。可选填,置于标题上,说明编发目的或评价。

(2) 标题。简短醒目,揭示主题。

(3) 导语。概括全文主旨,常用提问、结论、描写、叙述等手法,明确时间、人物、事件及结果。

(4) 主体。详细展开导语内容,提供典型、有说服力的材料。

(5) 结尾。总结主体或提出展望。

3. 报尾

报尾位于简报末页下部,以横线分隔,在横线下左侧注明发送范围,右侧括号内标注总印数。

通过上述结构，简报能够系统、高效地传达会议信息。

（二）会议简报的写作要求

会议简报是在会议期间为了反映会议的进展情况而编写的简报，其写作要求主要包括以下方面。

1. 格式规范

报头：会议简报的顶部正中央应使用醒目的大字写明简报的名称，通常由"会议名称＋简报"构成。下方需写明编印机关、日期、编号、期号等信息。

报核：报核是会议简报的核心部分，应包含会议的主要内容、讨论的重点议题、参会者的意见和建议，以及会议达成的决议和决策等。

报尾：在简报的最后一页下方，应注明主送单位、抄送单位、份数等相关内容。

2. 内容要求

标题简洁：标题应简洁明了地概括会议主题，让人一目了然。

时间地点明确：应明确列出会议开始和结束的具体时间，以及具体的会议场所。

参会者清晰：列出主要的参会者名单，以便读者了解会议的参会者。

内容准确：会议简报的内容必须真实、准确，忠实于参会者的原意。重要的观点和词句可以直接引用，以确保信息的准确性。

突出重点：简报内容应紧紧围绕会议的中心议题，反映代表们的主要认识、意见和建议。要突出重点，抓住典型，精心提炼。

语言简练：简报应以简练的文字表达，不冗长。要直接阐述主要内容，开门见山，避免使用过多的修饰语和无关紧要的细节。

3. 时效性

会议简报需要在会议期间及时整理并印发，以便参会者和其他相关人员及时了解会议的进展情况。因此，编写简报需要快速高效，一边听会议讨论，一边分析归纳，确保简报能够及时反映会议的最新动态。

4. 排版要求

会议简报的排版应整齐、清晰，字体大小适中，便于读者阅读。同时，应注意使用合适的标点符号和段落格式，以增强简报的可读性和美观性。

5. 编写技巧

综合式编写：通过对发言内容进行综合分析，梳理归纳成几个问题来编写简报。这种方式有助于读者更好地理解会议的讨论内容和重点。

报道式编写：采用新闻报道的形式，先将要反映的内容用几句话概括成一段导语，然后逐段从不同侧面报道讨论的内容。这种方式能够突出会议的重点和亮点，吸引读者的注意力。

摘要式编写：将发言人的发言摘要整理成简报。可以一期摘发一个人的发言，也可以同时摘发几个人的发言。这种方式有助于读者快速了解参会者的观点和意见。

【案例分析】

某公司会议简报内容

五、会后总结反馈工作

(一) 会务总结

组织相关会务人员进行工作总结,梳理工作流程中出色之处及不足之处。会务总结通常采取召开总结会议的形式进行,全体工作人员齐聚一堂,分享个人感悟,剖析存在的问题,提炼成功经验与失败教训,旨在通过反思促进个人及团队能力的提升,进而增强整体办会质量。总结会议后,须将会议要点整理成书面会务总结报告,提交上级审阅,并最终归档保存。内容包括:

(1) 总结反馈。评估会务工作的整体成效。
(2) 预案执行。检查会议预案中会务工作的精准实施。
(3) 协调状况。考察会务机构及部门间的协作效率。
(4) 个人表现。评价每位会务人员的工作完成质量。

(二) 会后落实

会议结束后,务必实施事后跟进机制,确保"会议有果,落实有踪"。迅速整理会议纪要,并呈交上级审阅后分发给相关人员。为确保会议决策的有效传达,需建立:

(1) 决策传达机制。准确、及时地传达会议决定事项。
(2) 催办与登记制度。对会议决定事项进行跟进与记录。
(3) 反馈制度。收集并评估决议执行情况的反馈。

此外,设立会议追踪流程,每项会议决议均须接受跟踪与稽核检查,以便及时发现并调整执行中的偏差,保证所有会议决议得以圆满落实。

(三) 成果推广

为增强会议效果并扩大其影响力及成果的传播范围,需专项推广会议所取得的各项成果。会后要跟进新闻媒体发稿,及时撰写通讯稿、整理照片,将稿件及照片在公司网站、内刊、微信公众号等平台宣传报道,并将相关报道内容收集、整理、汇总,交有关人员存档。成果推广的主要步骤:

(1) 概括会议要点,发布总结性文章。
(2) 整理会议观点,撰写成果综述,并在媒体上发表,以期产生后续反响。
(3) 汇编会议文字资料,按专题分类,供相关单位及上级查阅。
(4) 根据需要,组织专家提炼对策建议,上报至当地政府及上级部门。
(5) 在内部刊物或资料中,对会议涉及的敏感内容进行适当分析与报告。

通过上述工作,巩固会议成效,提高会议影响力和成果辐射力。

(四) 财务结算

会议结束后,应按会前经费预算计划,进行会议开支财务结算。要提供实际花费清单。

1. 费用核对

会议结束后,会务人员需要核对所有费用,包括场地租赁费、设备租赁费、餐饮费、住宿费等,确保费用支出的合理性和准确性。

2. 报销申请

核对无误后,会务人员需要按照公司或机构的财务规定,提交报销申请,并附上相关的发票、收据等凭证。针对会议各项支出,包括会场布置与租赁、餐饮茶歇、住宿、交通、讲师酬金、宣传发布、资料印刷、视听设备、通信、外宾礼品、考察活动、劳务服务(司仪、翻译、快递、搬运)、办公用品及杂项接待等费用,逐一核对统计。对于超预算且无合理解释的开支,不予处理。

【案例分析】

会议案例模板

参考文献

[1] 卢海燕.办公室事务管理[M].北京:中国人民大学出版社,2015.
[2] 王玉霞,黄昕.办公室事务管理[M].2版.北京:清华大学出版社,2015.
[3] 谭书旺.办公室事务管理[M].北京:中国轻工业出版社,2016.
[4] 杨峰.秘书实务[M].北京:中国人民大学出版社,2015.
[5] 谭一平.现代职业秘书实务[M].3版.北京:中国人民大学出版社,2014.
[6] 杨树森.秘书实务[M].合肥:安徽大学出版社,2012.
[7] 叶黔达.办公室工作实务规范手册[M].3版.成都:四川人民出版社,2015.
[8] 孙荣,杨蓓蕾,徐红,等.现代办公室管理[M].上海:复旦大学出版社,2012.
[9] 黄军辉,赖友源,韩衡畤.办公自动化设备使用与管理[M].北京:电子工业出版社,2017.
[10] 黄良友.办公室工作与管理[M].5版.北京:首都经济贸易大学出版社,2021.
[11] 王允,穆秀英,张岩松.商务沟通实用教程[M].北京:清华大学出版社,2016.
[12] 饶雪玲.商务礼仪实务[M].2版.北京:北京交通大学出版社,2018.
[13] 余贞备.会务精细化运作实用手册[M].北京:知识产权出版社,2014.
[14] 道一云.什么是数字化办公?[EB/OL].(2022-04-25)[2024-01-12].https://www.zhihu.com/question/334622633/answer/2451739146.
[15] 郑建瑜.会议策划与管理[M].天津:南开大学出版社,2014.
[16] 张晓彤.高校会议管理技巧[M].北京:北京大学出版社,2014.
[17] 中华人民共和国国家质量监督检验检疫总局,中国国家标准化管理委员会.党政机关公文格式:GB/T 9704—2012[S].北京:中国质检出版社,中国标准出版社,2012.

后 记

感谢参加本书结构讨论的各位老师、办公室管理专家,感谢参与资料收集整理的 2020 级、2021 级人力 1 班、2 班,2022 级人力 1 班、2 班、3 班的全体同学。谢谢各位的贡献!

编者

2024 年 2 月